서문 FOREWORD

애니메이션은 수많은 사람이 도전해 왔지만, 대가의 경지에 오른 이는 극히 드물다. 복잡한 기술과 예술성, 그리고 스토리텔링이 결합된 집합체이기 때문이다. 연필과 물감, 픽셀로 만들어진 정교한 환상인 애니메이션은 때로 현실을 잊게 만든다. 호소다 마모루는 이 예술 형식을 전혀 다른 방식으로 사용한다. 그는 상상 속 세계에 존재할 법한 연약한 캐릭터들을 통해 오히려 현실을 탐구하고, 관객은 그들을 통해 작품 전반에 깔린 결과와 책임, 희생과 희망 같은 인간적인 주제에 공감하게 된다.

호소다는 애니메이션과 공상과학을 연결하는 자신만의 스타일을 구축했다. 영화의 배경은 인류를 위협하는 환각적이고 압도적인 세계인 반면, 그 안에서 전개되는 이야기는 놀라울 만큼 인간적이다. 우리는 인생에서 종종 비인간적인 힘에 의해 압도되는 복잡한 선택의 순간과 마주하는데, 그의 작품은 그러한 상황을 바라보는 하나의 시선을 제공한다. 그의 영화는 뛰어난 공상과학 소설처럼, 급격히 변화하는 세상 속에서 미래를 사유하게 만든다.

영화를 만드는 사람이라면 누구나, 관객이 트릭을 알아차릴 만큼 같은 마술을 반복하는 마술사처럼 편안하고 예측 가능한 패턴에 안주하는 유혹에 빠지기 쉽다. 그러나 호소다의 작품은 자신의 과거를 토대로 하면서도 언제나 새로운 표현으로 나를 놀라게 한다. 그는 미묘한 성찰과 웅장한 스펙터클, 시간과 공간의 경계를 넘나드는 발상을 두려움 없이 결합하며 스토리텔링의 대가다운 연출을 보여준다. 최근에는 아일랜드의 영화감독 톰 무어와 로스 스튜어트, 영국의 선구적인 건축가 에릭 윙, 그리고 내 친구이자 천재적인 디자이너 김상진 등과의 파격적인 협업을 통해 애니메이션이라는 예술 형식의 외연을 확장하며 명성을 쌓아왔다.

관객들은 호소다의 영화에 담긴 놀라운 예술적 기교와 기술, 그리고 꾸밈없는 노력을 완전히 이해하지 못할지도 모른다. 그러나 아홉 편의 영화를 만들어온 지금, 그의 작업을 보다 깊이 들여다볼 때가 되었다고 생각한다. 찰스 솔로몬은 호소다의 거룩한 밀실에 숨겨진 진지한 예술 세계와 창작의 실체를 드러내며, 우리가 미처 믿지 못했던 것들을 믿게 해줄 것이다. 그리고 우리는 이 놀라운 예술가의 작품을 통해 인간의 조건에 대한 새로운 차원을 발견하게 될 것이다.

돈 한

5쪽

〈늑대아이〉에서 신나게 장난치는 아메의 모습을 그린 애니메이션 드로잉

6쪽

노래가 흐르는 동안 핑크빛 꽃구름에 둘러싸여 회상에 잠긴 벨

돈 한DON HAHN은 아카데미 영화 예술 과학 협회가 수여하는 최우수 작품상 후보에 오른 최초의 애니메이션 영화인 〈미녀와 야수Beauty and the Beast〉를 제작했으며, 〈라이온 킹The Lion King〉으로 전 세계 박스오피스 기록을 모두 갈아치웠다. 〈라이온 킹〉은 기존 애니메이션 영화 중 최고 흥행을 기록했고 브로드웨이의 장기 흥행 뮤지컬로 자리 잡았다. 〈누가 로저 래빗을 모함했는가Who Framed Roger Rabbit〉라는 기념비적인 영화의 공동 프로듀서를 맡았으며 〈노트르담의 곱추The Hunchback of Notre Dame〉, 〈아틀란티스: 잃어버린 제국Atlantis: The Lost Empire〉 등도 제작했다. 2006년에는 〈성냥팔이 소녀The Little Matchgirl〉를 제작하여 두 번째로 아카데미상 후보에 올랐으며 〈말레피센트Maleficent〉, 팀 버튼의 〈프랑켄스위니Frankenweenie〉 등을 제작했다. 〈웨이킹 슬리핑 뷰티Waking Sleeping Beauty〉, 〈핸드 헬드Hand Held〉, 〈더 갬블 하우스The Gamble House〉 등을 감독하기도 했다. 또한 『The Alchemy of Animation』와 『Brain Storm: Unleashing Your Creative Self』, 『Before Ever After: The Lost Lectures of Walt Disney's Animation Studio』, 『Yesterday's Tomorrow: Disney's Magical Mid-Century』 등을 집필한 바 있다. 현재는 미국 LA에 살고 있다.

초기 시절 EARLY DAYS

제 돈으로 처음 샀던 물건은 표지에 '루팡 3세'가 실린 1979년
11월 「아니메주Animage」 잡지였습니다. 〈루팡 3세: 칼리오스트
로의 성The Castle of Cagliostro〉을 보러 극장에 갔는데, 영화를
보고 나서 머릿속이 루팡 3세로 가득 차 아무것도 생각할 수 없
었어요. 「아니메주」 덕분에 미야자키 하야오처럼 애니메이션
을 만드는 사람들에 대해 알 수 있었습니다. 초등학교 6학년 때
'커서 무엇이 되고 싶은가?'라는 주제의 에세이에 "애니메이션
감독"이라고 썼어요.

-호소다 마모루

호소다 마모루는 1967년 9월 19일, 일본 서부 산악지대 도야마현의 작은 마을 가미이치에서 태어났다. 철도 엔지니어의 아들로 태어난 호소다는 유치원에서 만화, 특히 〈마징가 Z〉 같은 메카 시리즈를 봤던 것을 기억한다고 했다. 그는 이렇게 말한다. "저는 슈퍼히어로보다 애니메이션 속 로봇을 더 좋아했습니다. 유치원 시절부터 작은 손으로 그림을 그리기 시작했어요. 장난감을 따라 그리기도 했는데 잘 그리지는 못했죠."

외동아들이었던 호소다는 친구 마츠모토 레이지를 통해 독창적인 공상과학 서사시인 〈우주전함 야마토Battleship Yamato〉를 접했다. 이 작품은 호소다에게 잊을 수 없는 인상을 남겼다. "〈우주전함 야마토〉는 일본 전역에서 큰 인기를 끌었습니다. 저 역시 그 붐에 기여한 일원이었어요. 야마토의 세계관은 그 범위와 규모가 정말 거대했습니다."

다른 젊은 예술가들과 마찬가지로 호소다의 관심 분야는 스즈키 토시오가 편집장으로 있던 선구적인 애니메이션 잡지 「아니메주」의 영향을 많이 받았다. 호소다는 텔레비전으로 데자키 오사무 감독의 복싱 무용담인 〈내일의 죠 2Tomorrow's Joe 2〉(1980)와 린타로의 영화 〈은하철도 999Galaxy Express 999〉(1979), 그리고 다카하시 루미코의 공상과학 코미디 시리즈와 우라시마 타로 설화의 요소를 혼합한 오이시 마모루 감독의 〈우루세이 야츠라 2: 뷰티풀 드리머Urusei Yatsura 2: Beautiful Dreamer〉 등을 보았다.

호소다는 중학교 3학년 때 교육프로그램 〈유You〉에서 예술가 지망생들의 작품을 본 것을 계기로 자신의 첫 번째 애니메이션 영화를 만들었다. 그전까지는 애니메이션을 '그냥 앉아서 보기만 하는 것'으로 생각했지만, 이 작업을 위해 나무젓가락으로 직접 조명 상자를 만들고, 후지 8mm 카메라를 대여하여 총 900장의 그림을 촬영했다.

"호수에 용이 나타나고 갑자기 여러 대의 전투기가 날아와 미사일을 쏘아댑니다"라고 호소다는 회상한다. "용은 화염을 내뿜어 반격하며 전투기들을 물리쳤어요. 한 전투기가 마지막 한 방을 날립니다. 부상을 입은 용의 비늘이 찢어지면서 사실은 거대한 로봇이었음이 드러납니다. 스토리는 단순했지만 폭발 장면이 많았어요. 제 목적은 오로지 전투 장면을 만드는 것이었습니다."

호소다는 학교 문화 축제에서 이 영화를 상영했다. 하지만 그는 친구들의 반응보다는, 영화를 만들고 직접 관람하는 데서 오는 만족감에 더 관심이 있었다. 그는 고등학교 1학년 때 역사극 〈소년 케냐Kenya Boy〉의 영화 말미에 독립 애니메이터들에게 작품을 보내달라는 토에이의 메시지를 보고 자신의 영화를 토에이로 보냈다.

"어느 날 집에 돌아왔는데 어머니가 '도쿄에서 이상한 전화가 왔다'라는 말씀을 하셨어요. 토에이의 프로듀서 타케시 타미야의 전화였죠. 프로 프로듀서에게서 받은 첫 번째 전화였어요! 저는 너무 기뻐서 춤까지 췄습니다. 다음날 긴장하면서 토에이에 전화했습니다. 타미야는 접수된 서른 편가량의 비디오 중에 제 영화를 일등으로 뽑았다고 했어요."

"타미야는 '당신에게는 잠재적인 가능성이 있습니다. 뭔가를 해보고 싶다면 꼭 도쿄로 와야 해요.' 이렇게 말했어요." 호소다는 말을 이었다. "하지만 토에이에서 원한 날짜는 중간고사 일정과 겹쳐서 거절해야 했고 결국 다른 사람이 합격했어요. 이후 대학을 졸업하고 타미야의 도움을 받아 토에이에 입사할 수 있었습니다."

고등학교 2학년 때 호소다는 다른 영화를 만들었다. "〈마크로스Macross〉에 심취했던 저는 지구 곳곳에서 기계들이 폭발하며 부서진 조각들이 튀어 오르는 모습을 만들고 싶었어요." 그는 이렇게 말했다. "약 3,000장의 그림이 필요했습니다. 〈바람계곡의 나우시카Nausicaä of the Valley of the Wind〉에서 안노 히데아키가 그린 거신병의 연기를 연구했고 「나우시카의 예술The Art of Nausicaä」이라는 책도 탐독했어요. 하지만 영화를 완성한 후에는 축제에서 상영하지 않고 혼자만 보는 게 전부였어요. 필름이 어딘가에 남아 있을 거예요."

1991년 토에이에서 작업 중인 호소다

중학교 때 호소다는 그림, 특히 전통적인 서양화의 풍경에 관심을 가지게 되었다. 그는 '사람들이 생명을 불어넣는 공간'을 묘사한 그림을 그리기를 원했고, 이는 나중에 자신의 영화 전반에서 추구하는 특성으로 이어졌다. 고등학교 때는 호소다를 눈여겨 본 시간제 교사에게 방과 후 스케치 수업을 받기도 했다.

호소다는 가나자와 미술공예대학에서 회화를 전공하고 그곳에서 훗날 광고 아트 디렉터가 되는 스즈키 카츠히코와 함께 영화 그룹을 조직했다. "우리는 그 그룹을 '요츠키 로켓단'이라고 불렀어요. 포켓몬의 로켓단에서 따온 이름이었죠." 그는 이렇게 말했다. "저는 그때부터 영화를 본격적으로 만들기 시작했습니다." 두 친구는 시나리오를 쓰고 친구들을 촬영했으며, 밤에는 학교 건물에 몰래 들어가 경비원이 순찰할 때는 전등을 꺼가면서 영화를 편집했다.

대학을 졸업한 호소다는 영화계로 진출할 길을 찾지 못하고 있었다. 잠시 광고 업계에 도전했지만 실패하고 스튜디오 지브리의 입사 시험을 보았다. "소년의 얼굴이 그려진 종이를 받았어요. 그 얼굴에 맞춰 커다란 바위를 들어 올리는 몸을 그려야 했죠. 어떤 포즈를 그리는지 보려는 테스트였어요." 호소다는 말했다. "이후 저는 미야자키 하야오의 편지를 받았습니다. 편지에는 '우리가 채용하기에는 당신의 재능이 너무 출중합니다'라고 쓰여 있었어요. 저는 너무 실망했지만 지브리에 전화해 신입 사원으로라도 채용해달라고 매달렸죠. 지브리 측에서는 지원자 중 단 두 명에게만 미야자키가 편지를 보냈으니, 결과를 조용히 받아들여달라고 했어요. 다른 방법이 없었던 저는 다시 타미야에게 연락했습니다."

호소다는 타미야의 도움으로 토에이에서 애니메이터로 일을 시작했다. 그는 감독이 되고 싶었지만 기회를 잡을 수 없었다. "토에이에 입사해서 기뻤지만 세계 경제 침체와 맞물려 스튜디오는 재정적인 어려움을 겪고 있었어요." 호소다는 설명을 이어갔다. "당시 토에이는 〈트랜스포머〉나 〈젬〉 등 많은 작품을 외국 기업들과 협력하여 공동으로 제작하고 있었습니다. 저환율 상황이 유리했거든요. 하지만 다른 공동제작 국가들에 비해 엔화 가치가 점점 오르면서 오히려 적자를 보고 말았습니다. 게다가 일본도 경기 불황에 빠졌지요. 방송사들은 5~6개였던 TV 프로그램을 3개로 줄여버렸고 필요한 감독의 수도 줄어들어 제 기회는 더 적어졌어요."

토야마에서 어린 시절을 보낸 호소다의 모습

왼쪽

호소다의 중학교 시절 에세이: '애니메이션 감독이 되고 싶다'

오른쪽

고등학교 시절 호소다의 풍경화. 그는 자신의 그림이 '생활 속 공간'을 보여준다고 생각했다.

호소다(검정 셔츠)와 애니메이터
동료들이 함께 식사를 하고 있다.

"그때는 토에이에서 굉장히 힘든 시기였습니다." 그는 덧붙였다. "많은 사람들이 이렇게 물었어요. '왜 여기 들어오셨어요? 침몰하는 배에 탑승한 거예요.' 당시 분위기는 마치 지푸라기 뭉치가 굴러다니고 저 멀리서 코요테 울음소리가 들리는 외국의 텅 빈 거리 같았어요."

토에이의 재정 상황은 1992년 TV 프로그램 〈세일러문Sailor Moon〉이 폭발적인 성공을 거두며 호전되었다. 호소다는 1993년 〈먼 바다에서 온 쿠From a Distant Ocean Came Coo〉와 TV 시리즈 〈드래곤 볼 Z〉, 그리고 〈드래곤 볼 Z〉 극장판 시리즈의 여덟 번째 장편 영화 〈불타올라라!! 열전·열전·초격전Broly-The Legendary Super Saiyan〉 등 다양한 영화와 TV 프로그램의 애니메이션을 담당했다.

호소다는 이렇게 말한다. "애니메이터로 일하는 동안 옆 부서의 야마시타 타카아키에게서 많이 배웠습니다. 그의 작품은 정말 놀라웠어요. 저와는 비교도 할 수 없는 수준이었죠. 제 실력으로는 도저히 그곳에 있을 수 없다고 느낄 정도였어요. 전 야마시타에게 제 작품을 한번 봐달라고 했는데 얼마 후 그는 제게 〈크라잉 프리맨 5Crying Freeman 5〉(1992) OVAoriginal video animation의 키애니메이터로 갈 생각이 없는지 물었어요. 토에이에서 겨우 1년 일했을 때였습니다."

훗날 〈늑대아이Wolf Children〉와 〈괴물의 아이The Boy and the Beast〉에서 애니메이션 작화 감독을 맡게 된 야마시타는 겸손하게 다음과 같이 말했다. "입사 시기로만 보면 제가 호소다의 선배라고 할 수는 있겠죠. 호소다는 애니메이터로 시작했지만 언제나 작은 연출을 추가하려는 사람이었어요. 바로 그게 그가 가고 있던 방향이었습니다."

호소다는 정기적으로 모여 애니메이션에 대해 토론하는 젊은 아티스트들과 친구가 되었다. 그는 '책을 읽는 것뿐만 아니라 차를 마시고 수다를 떨면서 즐거운 시간을 보내는 일'에서 많은 것을 배웠다고 생각한다. 친구들은 또한 최초의 3D 격투 게임이었던 세가의 〈버추어 파이터〉를 플레이하며 많은 시간을 보냈다. "우리는 일을 하다 쉬는 시간에 〈버추어 파이터〉를 한 게 아니라 〈버추어 파이터〉를 하다가 쉬는 시간에 일을 했다고 할 수 있을 정도였어요." 호소다는 이렇게 말한다. "토에이 옆에는 게임 아케이드가 있었는데 우리는 매일 5,000엔(약 5만 원)을 그곳에 쏟아부었어요. 제정신이 아니었죠."

함께 〈버추어 파이터〉를 플레이하던 친구 카네코 신고는 호소다에게 스토리보드를 만들 기회를 주었다. "어느 날 신고가 '마감일이 너무 빡빡해서 혼자 감당하기는 힘든데 혹시 도와줄 수 있어?'라고 물었어요. 그녀 덕분에 저는 〈십이전지 폭렬 에토레인저Twelve Warrior Explosive Eto Rangers〉(한국에서는 〈꾸러기 수비대〉라는 제목으로 방영되었다-편집자)의 스토리보드를 작업할 수 있었습니다. 당시 저는 토에이의 애니메이터였지만 다른 회사의 스토리보드를 작업하는 게 계약 위반이라고는 생각하지 않았어요."

호소다는 자신이 작업한 스토리보드로 만든 프로그램을 보고 실망했다. 하지만 제작진은 그에게 2개의 에피소드를 더 요청했다. 그는 후루하시 카즈히로의 〈바람의 검심 -메이지 검객 낭만기- 추억편 Rurouni Kenshin: Trust & Betrayal〉(1999) OVA에서는 이름의 영문 철자를 다르게 조합한 가명을 사용하기도 했다. 이 OVA는 4부작으로 구성된 모험물로 속죄한 암살자 히무라 켄신의 이야기를 다룬 영화였다. 호소다는 자신의 업적 중 하나로 '또 다른' 호소다를 꼽기도 한다.

〈세일러 문〉의 성공 이후 시리즈 총괄 감독인 이쿠하라 쿠니히코는 〈소녀혁명 우테나Revolutionary Girl Utena〉라는 새로운 프로그램을 제작했다. 호소다는 몇몇 에피소드에서 자신의 할머니 이름을 딴 또 다른 필명인 '하시모토 카츠요'로 콘티 작업에 참여했다. 하지만 동료 아티스트였던 니시키오리 히로시의 스토리보드를 보았을 때는 너무 감명받은 나머지 라이벌 의식을 느꼈고, 작업에 따른 스트레스가 너무 커 탈모에 시달리기도 했다.

"제 스토리보드에 등장했던 갈등 넘치는 학생위원회 안에서 투쟁하는 아리스가와 쥬리 캐릭터는 제 분신이 되었습니다." 그는 이렇게 회상한다. "평생 모자를 써야 할지도 모른다는 생각에 우울했지만 이기기 위해 결코 물러설 수 없는 싸움이 제 안에 있었습니다."

호소다는 이쿠하라 감독에게 〈소녀혁명 우테나〉의 29번째 에피소드 각본이 쥬리의 이야기를 제대로 마무리하지 못했다고 불만을 제기했다. 이에 감독은 마감까지 2개의 스토리보드를 완성하는 조건으로 각본을 다시 쓰는 것을 허락했으며, 그는 또 다른 필명인 '시라이 치아키'로 각본이 크레딧에 올라가게 되었다. 그는 쥬리의 스토리를 완성하자마자 머리카락이 다시 자라기 시작했다.

이후 호소다는 '키타로 하카바'로 알려진 미즈키 시케루의 인기 만화 『묘지기 키타로Kitarō of the Graveyard』를 원작으로 한 TV 시리즈 〈게게게의 키타로GeGeGe no Kitarō〉로 옮겨갔고, 38번째 에피소드의 조감독으로 승진했다. 그는 이 작품을 통해 디지털 기술을 애니메이션에 적용할 수 있는 가능성을 처음 접했다고 한다.

무성영화 시대부터 애니메이터들은 종이에 캐릭터를 그린 뒤, 그림을 투명한 아세테이트 셀로판지로 옮겨 카메라로 촬영하는 방법을 써왔다. 디즈니는 1990년 영화 〈코디와 생쥐 구조대The Rescuers Down Under〉를 만들면서 아티스트들의 그림을 컴퓨터로 스캔하고 디지털로 채색하는 작업을 시작했지만, 일본 애니메이션 업계는 여전히 기존의 '셀 기법'을 사용하고 있었다.

"디지털화에 대한 토에이의 철학은 다른 회사들과 달랐습니다. 토에이는 비용과 노동력 절감을 위해서만 디지털화를 받아들였을 뿐 새로운 기술을 발전시킬 의도는 없었어요." 호소다는 이렇게 말했다. "스튜디오 내에서 작업을 소화하지 않고 하청을 주었어요. 감독과 조감독이 러쉬 필름을 검토하고 재촬영이 필요하다고 판단되면 하청 업체에 연락하는 방식이었습니다."

호소다는 〈게게게의 키타로〉 4기 94번째 에피소드인 '키타로어와 오이테케보리Kitarō's Fish and the Moat'에서 감독으로 승진했다. 그가 감독한 세 에피소드 중 첫 번째에 해당하는 이 에피소드는, 그의 서른 번째 생일 두 달 후인 1997년 11월 9일에 방영되었다. 호소다는 조감독 시절, 감독들이 성우들과 작업하는 다양한 방식을 주의 깊게 살펴보았다. 감독이 된 후에는 각 에피소드의 더빙과 음향 효과, 음악 전반을 직접 관리했고, 이를 통해 영화 제작에서 사운드의 중요성을 깨달았다.

"저는 '심각할 정도로' 사운드 이펙트에 의존하는 편입니다. 특히 화면 밖에서 벌어지는 일들을 표현하는 장면에서는 더욱 그렇습니다. 그렇게 함으로써 제가 구축하고 있는 세계관을 확장할 수 있어요. 스토리보드 작업 과정에서 사운드 이펙트를 반드시 고려하고 회의 때도 많은 논의를 합니다. 더빙과 사운드 작업에 보통의 두 배에 가까운 시간을 쓰는 것 같아요."

〈게게게의 키타로〉가 결말에 다다르면서 호소다는 아카츠카 후지오의 만화를 원작으로 한 세 번째 TV 시리즈인 〈비밀의 아코짱Akko-chan's Secret 3〉으로 자리를 옮겼다. 마법의 거울을 통해 원하는 모습으로 변신할 수 있는 어린 소녀의 이야기였다. 호소다는 첫 에피소드를 완성하기 위해 두 달 동안 고군분투했다. 그러나 다음 에피소드를

〈세일러 문〉의 폭발적인 성공이 있었기에 지금의 제가 있을 수 있었습니다. 처음에는 〈세일러 문〉 때문에 토에이가 망할 거라며 놀리기도 했죠. 이제는 그 말들을 모두 철회하고 싶습니다. 토에이에서 제가 얻은 기회들에 대해 진심으로 감사하게 생각합니다. 성공을 직접 목격한 경험은 제게 겸손함을 가르쳐주었습니다. 〈세일러 문〉의 감독들이 성공을 위해 어떤 일을 하는지 배울 수 있는 정말 좋은 기회였습니다.

—호소다 마모루

작업하면서 주인공이 '그다지 똑똑하지 않아서' 온갖 상황에 끼어들어 상황을 망친다는 점을 깨달았다. "저는 똑똑하지 않은 캐릭터도 충분히 재미있게 만들 수 있다는 사실을 깨닫게 되었어요. 이는 〈시간을 달리는 소녀The Girl Who Leapt Through Time〉에서도 활용한 방법이기도 합니다." 또한 호소다는 〈비밀의 아코짱〉을 만들면서 디지털 기술과 다양한 애니메이션 테크닉을 탐구하는 데 시간을 투자했고, 이 과정에서 버추어 파이터 그룹의 친구들이 지닌 재능을 활용하기도 했다.

호소다가 아버지의 장례식을 위해 토야마에 다녀온 후, 〈비밀의 아코짱〉의 프로듀서 세키 히로미가 그에게 영화 연출을 제안했다. "저는 아무것도 묻지 않고 하겠다고 대답했어요." 호소다는 이렇게 말했다. "그 작품이 바로 〈디지몬 어드벤처Digimon Adventure〉의 첫 번째 단편 영화였습니다. 작업은 1998년 11월 말경에 시작했어요. 그때까지 저는 디지몬에 대해 아무것도 몰랐습니다. 이름만 듣고 포켓몬과 비슷한 작품일 거라 생각했는데, 조연출이 제게 '디지털 몬스터'가 무엇인지 가르쳐주었습니다."

"당시 수많은 괴수 영화가 우리와 같은 시기에 개봉을 기다리고 있었습니다. 〈가메라 3: 사신 이리스의 각성Gamera 3: Revenge of Iris〉, 〈울트라맨 티가: 더 파이널 오디세이Ultraman Tiga: The Final Odyssey〉 같은 작품들이 봄방학 시즌에 개봉될 예정이었죠. 배급사인 '슈트'는 디지몬을 몬스터 영화로 만들어달라고 요청했습니다. 하지만 그들은 디지몬이 TV에서 방영 중이던 포켓몬스터와 경쟁 관계라는 것을 모르고 있었어요. 디지몬은 고질라처럼 과격한 영화가 아니었는데 말이죠."

제작진은 반다이의 휴대용 LCD 장난감에 들어가는 '디지털 몬스터'의 캐릭터를 담당하게 되었다. 호소다는 장난감에 들어가는 그레이몬과 아구몬의 디자인 수정을 요청했고 반다이는 이를 받아들였다. 새해가 시작되기 전에 스토리보드를 완성해야 했지만, 시나리오는 11월 초가 되어서야 승인되었다. 호소다는 "우리는 이 작업이 극심한 시간적 압박 속에서 진행되고 있다는 사실을 알고 있었습니다"라고 회상한다.

주요 캐릭터들은 30대 정도의 부모와 도쿄의 아파트에 살고 있는 아이들이었다. "당시 31세였던 저는 아이가 있는 가정의 생활 모습이 어떤지 전혀 몰랐어요. 그래서 매물로 나온 아파트를 보러 다니기 시작했습니다. 혼자 집을 보러 가면 이상하게 생각할까 봐 여성 스태프와 함께 갔던 것이 기억나네요." 호소다는 이렇게 고백했다.

예정된 일정대로 디지몬을 완성했지만, 계획보다 50퍼센트나 더

많은 그림을 그렸다. 초과비용 때문에 제작부서의 원성을 들었지만, 호소다는 이 작품을 통해 자신의 팀이 일본 애니메이션 산업의 선두 주자가 될 거라 생각했다.

〈디지몬 어드벤처〉는 1999년 3월 6일에 처음 공개되었다. 영화는 TV 시리즈의 프롤로그에 해당하는 내용을 담고 있으며 야가미 타이치와 그의 여동생 야가미 히카리, 그리고 훗날 '선택받은 아이들'을 구성하는 다른 아이들을 세상에 소개했다. 디지털 몬스터를 발견한 아이들은 티라노사우루스를 닮은 그레이몬을 부화시키고, 영화의 클라이맥스에서는 새 형태의 디지몬인 패롯몬과 맞서 싸운다.

호소다의 말에 따르면 몇몇 장면에서 CGI(컴퓨터로 생성된 영상 이미지)가 사용되었지만 극히 일부였다고 한다. "이듬해가 되어서야 제대로 된 CG 부서를 갖추게 되었고 이를 위한 예산도 확보할 수 있었습니다. 그래서 〈디지몬 어드벤처: 우리들의 워 게임!Digimon Adventure: Our War Game!〉에서는 본격적으로 CG를 사용했어요."

호소다는 이후에도 CG 실험을 계속하며 여러 편의 〈디지몬〉 단편들을 만들었다. 〈디지몬 어드벤처: 우리들의 워 게임!〉에서 타이치와 친구 코시로는 사이버 공간에서 디지몬의 알을 발견하는데, 그 알을 깨고 나온 디아블로몬은 사실 살아 있는 악성코드였다. 디아블로몬은 흑화한 팩맨처럼 데이터와 코드 라인을 게걸스럽게 먹어 치우고, 그 행위는 전화기와 컴퓨터, 상점의 금전등록기 등 현실 세계에도 영향을 미쳐 문제가 발생한다. 상품에 부착된 바코드가 뒤틀려 바뀌는 장면은 단순하지만 매우 효과적인 비주얼로 제시된다.

디아블로몬의 힘이 강해지자, 미국의 평화유지군이 일본으로 미사일을 발사한다(1983년 존 바담의 영화 〈위험한 게임WarGames〉의 영향을 일부 받았다). 타이치와 이시다 야마토는 사이버 공간에서 디아블로몬과 결전을 벌인다. 그들의 디지몬은 서로 융합하여 슈퍼파이터로 변신하는데, 영화에서는 이름을 특정하지 않았지만 이후 반다이는 '오메가몬'이라고 명명했다. 코시로는 전 세계 사람들에게 디아블로몬으로 이메일을 보내달라고 요청했고, 디아블로몬은 데이터 과부하로 속도가 느려진다. 오메가몬은 칼로 마지막 일격을 날리고, 해체된 미사일은 도쿄에 떨어지지만 다행히 아무런 피해가 발생하지 않는다.

〈디지몬 어드벤처: 우리들의 워 게임!〉에서 코시로, 타이치, 그레이몬이 아직 모습을 드러내지 않은 디아블로몬과 싸울 준비를 하고 있다. 이 장면의 배경은 훗날 호소다가 연출한 루이 비통 홍보 영상과 〈썸머 워즈〉의 가상 세계 OZ를 연상케 한다.

러닝타임이 40분인 〈디지몬 어드벤처: 우리들의 워 게임!〉은 2000년 3월 4일 〈원피스: 황금의 대해적 우난One Piece: The Movie〉과 함께 동시상영 방식으로 개봉하여 21억 600만 엔(약 197억 원 이상)을 벌어들였다. 호소다는 다카하타 아사오 감독의 〈이웃집 야마다 군My Neighbors the Yamadas〉(1999)이 일본 최초의 디지털 장편 애니메이션 영화라고 언급하며 〈디지몬 어드벤처: 우리들의 워 게임!〉이 그 뒤를 이은 두 번째 작품이라는 견해를 밝혔다. 〈디지몬 어드벤처: 우리들의 워 게임!〉은 호소다의 초기 작품 중 가장 많이 언급되는 작품으로 이야기와 시각적 스타일이 〈썸머 워즈Summer Wars〉를 연상시킨다. 두 작품 모두 웹상의 전투가 현실 세계에 영향을 미치는 이야기다. 호소다는 일상적인 요소들을 활용하여 현실과 사이버 세계의 연결을 보여준다. 디지몬은 회전하는 맑은 파스텔 고리로 가득 찬 관람차를 연상시키는 하얀 사이버 공간에서 전투를 벌인다. 이는 〈썸머 워즈〉의 사이버 영역 OZ에서 펼쳐지는 슈퍼 플랫한 비주얼을 연상시키는듯 하다. 〈디지몬 어드벤처: 우리들의 워 게임!〉은 인기 프랜차이즈의 한 작품인데도 보다 세련된 〈썸머 워즈〉와 비교할 만하다.

〈디지몬 어드벤처: 우리들의 워 게임!〉은 많은 관심을 받았고 호소다는 뜻밖의 제안을 받는다. "스튜디오 지브리의 스즈키 토시오가 전화를 걸어왔습니다. 그들은 〈하울의 움직이는 성Howl's Moving Castle〉을 연출할 유망한 신인 감독을 찾고 있었습니다. 당시 서른세 살이었던 제게는 장편 영화를 감독할 첫 기회였습니다. 토에이와 지브리의 작업 환경이 다르다는 것은 알고 있었기에 약간의 불안감은 있었어요. 하지만 지브리 영화의 열렬한 팬이었기에 큰소리로 '네'라고 대답했습니다."

토에이에서 작업 중인 호소다

토에이에서의 호소다의 책상. 애니메이터의 책상치고는 꽤 깔끔한 편이다.

인기 소녀 애니메이션 시리즈 〈꼬마마법사 레미 비바체〉의 캐릭터들. 호소다가 감독한 에피소드는 매드하우스의 공동 창립자 마루야마 마사오에게 깊은 인상을 남겼다.

하얀 배경에 어우러지는 밝은 파스텔 컬러는 첫눈에
루이 비통 홍보 영상을 매력적으로 보이게 한다.

〈하울의 움직이는 성〉의 사전 작업은 원활하지 않았다. 스튜디오 지브리의 아티스트들은 미야자키 하야오나 다카하타 이사오 같은 애니메이션계의 거장 감독들과 일하는 것에 익숙했고, 호소다를 신인이자 외부 인사라고 생각했다. 자신의 방식으로 영화를 만들고자 하는 호소다의 시도는 저항에 부딪혔다.

"2000년 8월 1일에 지브리에서 일을 시작했고, 2002년 4월 21일에 해고당한 후 토에이로 돌아왔습니다." 그는 말했다. "제작부서 전무였던 요시오카 오사무가 저를 따로 부르더니 이렇게 말했습니다. '힘든 일이 많을 텐데, TV 작업으로 옮겨서 잠시 여유를 갖고 속도를 조절하는 건 어떻겠습니까'라고요."

이후 호소다는 토에이가 제작 중이었던 〈꼬마마법사 레미 비바체Magical DoReMi Dokkān〉에 참여하게 되었다. 동시에 친구였던 가네코 신고가 〈추리 게임 뫼비우스의 띠Spiral: The Bonds of Reasoning〉의 감독을 맡은 후에는 '하시모토 카츠요'라는 이름으로 오프닝 콘티 작업을 도왔다. 2002년 11월 무라카미 다카시는 루이 비통의 홍보 영상 제작을 위해 토에이에 협업을 제안해 왔는데, 무라카미의 작품이 순수 예술과 대중 예술의 경계를 허무는 것으로 유명했기 때문에 호소다는 논란이 있을 것임을 인식하고 있었다. 하지만 그 프로젝트가 일본의 현대 미술을 한 단계 발전시킬 수 있으리라 판단했다.

"루이 비통 담당자들은 〈디지몬 어드벤처: 우리들의 워 게임!〉의 아트워크를 보기 전까지 콘셉트를 명확하게 구체화하지 못하고 있었습니다. 그런데 그 아트워크가 루이 비통에서 봄·여름 컬렉션 쇼케이스에서 보여주고자 했던 이미지와 잘 맞아떨어졌어요." 호소다는 이렇게 설명했다. "무라카미와 당시 루이 비통의 크리에이티브 디렉터였던 마크 제이콥스, 그리고 저는 시각적으로 강렬한 무언가를 창조하고 싶다는 의견에 동의했어요. 애니메이션에 관심이 없는 관객이라도 시각적 요소가 워낙 독특해서 그냥 지나칠 수 없게 만드는 것이었죠. 저는 이 협업이 매우 자극적이라고 생각했어요."

몇 달 후 무라카미가 다시 찾아왔다. 이번에는 도쿄의 대규모 도심 개발 프로젝트인 롯폰기 힐스의 광고를 위해서였다. 54층짜리 모리 타워를 중심으로 사무실과 쇼핑 공간, 오락 시설, 공원, 주거지까지 포함한 대규모 프로젝트였다. 힘든 시기를 겪고 있었던 호소다는 처음에는 거절했다.

"결국에는 하겠다고 했어요. 외계인을 등장시켜달라는 요청이 있었지만, 전반적인 콘셉트는 제약 없이 열려 있었습니다." 그가 말했다. "제 콘셉트는 모든 것을 감싼 거대한 덩쿨에서 갑자기 커다란 꽃들이 피어나는 것이었어요. 도시가 폐허가 된다고 해도 인간의 노력으로 다시 태어나고 더 큰 아름다움을 얻게 된다는 의미였습니다. 광고 캠페인을 시작하는 공식 행사에 초대받았을 때 새 건물이 도쿄의 랜드마크가 될 거란 걸 알았어요. 광고 반응도 좋았고 프로젝트에 참여하게 되어 기뻤습니다."

이와 동시에 호소다는 〈내일의 나쟈Tomorrow's Nadja〉 TV 시리즈의 세 에피소드를 연출했고 비디오 게임 〈슬라임 모리모리 드래곤 퀘스트〉의 광고도 제작했다. 그러던 중 토에이 경영진은 그에게 초보 감독이 고전하고 있던 프로젝트를 수습해달라고 요청했다.

"그들은 프로젝트가 성공할 거라고 기대하지는 않았지만 어떻게든 완성하기를 바랐어요." 호소다는 한숨을 쉬며 말했다. "전 직원이 매달려야 하는 비상 상황이었기 때문에 저는 최선을 다했습니다. 그 경험을 통해 깨달은 건, 세상은 때때로 이런 문제를 던져준다는 사실이었어요. 그 불행한 프로젝트가 끝난 후 저는 그만두겠다고 말할 완벽한 타이밍이라고 생각했어요."

"토에이로 돌아왔을 무렵 저는 토에이의 전무였던 요시오카 씨와 대화를 나눈 적이 있습니다. 그는 '토에이는 젊은 아티스트에게 학교와 같은 곳이에요. 최소한 장편 영화 한 편은 만들어야 그만둘 수 있다는 말입니다. 〈원피스〉 극장판 하나를 만든 후에나 그만두는 게 어떤가요.' 토에이에 인력이 부족해서 만들 사람이 없었던 건 아니었어요. 토에이 사람들은 제가 적어도 장편 영화 한 편은 만들고 떠나길 원했던 것 같아요."

〈원피스: 오마츠리 남작과 비밀의 섬One Piece: Baron Omatsuri and the Secret Island〉(2005)은 엄청난 인기를 얻고 있던 프랜차이즈 〈원피스〉의 여섯 번째 극장판 영화였다. 루피와 밀짚모자 해적단이 신비로운 오마츠리섬으로 향하고, 오마츠리 남작은 이들에게 '지옥의 시련' 콘테스트에 참가하도록 설득한다. 그 과정에서 복잡한 상황과 결투, 반전의 결말이 펼쳐진다. 영화는 흥행면에서 좋은 성과를 거두었지만, 팬들 사이에서는 전형적인 〈원피스〉 영화가 아니라 '호소다'의 영화 같다는 평이었다.

훗날 〈용과 주근깨 공주Belle: The Dragon and the Freckled Princess〉의 캐릭터 디자이너이자 애니메이션 감독이 된 아오야마 히로유키는 이렇게 회상한다. "〈원피스〉 영화를 작업하면서 호소다 감독님을 처음 만났습니다. 당시 저는 텔레콤이라는 회사에 다니고 있었고 두 장면에만 참여했기 때문에 회의 때 잠시 뵀을 뿐이었어요. 감독님은 이미 〈디지몬 어드벤처: 우리들의 워 게임!〉의 성공으로 유명한 상태였습니다. 뛰어난 실력을 칭송하며 미래가 기대된다고 입을 모았지요. 저도 그분과 함께 있을 때는 긴장을 했습니다."

그 무렵, 매드하우스의 공동 창립자인 마루야마 마사오는 호소다가 연출한 〈꼬마마법사 레미 비바체〉의 에피소드를 보게 된다. "마루야마에게서 이메일을 받았어요. '당신은 영화를 만들 운명을 타고 났습니다'라는 내용이었죠. 그와 만났을 때 〈시간을 달리는 소녀〉를 영화로 만들자는 아이디어를 처음으로 꺼냈습니다. 마루야마는 '좋은 생각입니다. 영화를 만드는 데 참여하고 싶어요'라고 말했고 저는 토에이를 떠나기로 결심했어요."

"매드하우스로 이직하던 과정에서 마루야마는 만화를 원작으로 하거나 바그너의 오페라 중 하나를 골라 애니메이션 영화로 각색하자는 의견을 제시했습니다. 흥미로운 아이디어긴 했지만 제가 원하던 바는 아니었어요." 호소다는 말했다. 〈시간을 달리는 소녀〉를 만들 계획을 논의하던 중 마루야마는 이렇게 말했다. "이렇게 큰 프로젝트를 함께 작업하기 전에 워밍업으로 딱 맞는 완벽한 작품이 있습니다."

그 작품이 바로 와타나베 신이치로 감독의 〈사무라이 참프루Samurai Champloo〉였다. 이 작품은 히트작 〈카우보이 비밥Cowboy Bebop〉의 후속작으로, 에도 시대 사무라이와 히로시마 홈보이, 그리고 도쿠가와 시대의 힙합 감각을 과장되게 결합한 파격적인 작품이었다. 호소다는 당시를 이렇게 회상한다. "와타나베 감독과 미팅했을 때, 그는 영화를 에도 시대 풍으로 만들되 과장되고 호들갑스럽기를 원한다고 설명했어요. 제가 담당했던 오프닝 시퀀스를 가능한 한 거칠고 정신없게 만들어 달라고 요청했죠."

호소다는 그렇게 했다. 그는 오프닝 시퀀스를 구성하고 직접 연출했으며, 세 명의 개성 강한 주인공인 냉철하고 강직한 낭인 진, 어설픈 웨이트리스 후우, 브레이크 댄서 싸움꾼 무겐을 플래시백과 플래시포워드를 연속적으로 활용하는 파격적인 구성으로 소개했다. 그리고 〈사무라이 참프루〉의 오프닝 시퀀스를 만들면서 미래의 프로듀서 사이토 유이치로를 만나게 된다. "사이토는 업계에 막 발을 들여놓은 27세의 젊고 활기찬 프로듀서였습니다. 눈망울이 크고 초롱초롱했죠." 호소다는 이렇게 회상했다.

사이토는 매드하우스에서 5년째 일하고 있었다. 그는 지브리 영화와 〈맨발의 겐Barefoot Gen〉처럼 깊이 있는 메시지를 담고 있는 휴머니즘 드라마에 끌려 애니메이션 업계에 뛰어들었다. 매드하우스가 제작하던 액션 시리즈에 염증을 느끼고 있었던 그는, 호소다의 〈디지몬〉 영화에서 깊은 인상을 받았다. 그리고 호소다와 함께 일할 생각이 있냐는 마루야마의 질문에 곧바로 합류를 결정했다.

"2004년 2월에 호소다 감독님을 처음 만났습니다. 그는 독특한 사람이었어요." 사이토가 말했다. "만나자마자 그는 '왜 이 업계에 종사하게 되었나요? 왜 영화를 만들고 싶은가요?' 같은 질문을 쏟아부었습니다. 분명 독특한 사람이었지만 한편으로 그의 질문들은 매우 순수하고 솔직했어요. 감독이자 창작자로서 열정을 느낄 수 있었습니다. 저는 감독과 제작자의 의견이 일치하는 게 무엇보다 중요하다고 생각해요."

17쪽

와타나베 신이치로 감독의 〈사무라이 참프루〉에서 주요 등장인물을 소개한 세 장의 스틸컷

위에서부터 아래로

냉철하고 고귀한 낭인 진, 사람을 찾아 모험을 나선 서투른 웨이트리스 후우, 난폭하고 거친 싸움꾼 무겐

시간을 달리는 소녀
THE GIRL WHO LEAPT
THROUGH TIME

<시간을 달리는 소녀>를 토에이에 제안했을 때, 스튜디오 측은 만장일치로 그 영화를 거부했습니다. 하지만 저는 이 작품에 분명 가능성이 있다고 생각했고, 마루야마 마사오에게 말해주었죠. 그가 듣자마자 "바로 이거야!"라고 말했을 때 마침내 긴 터널의 끝에서 빛을 본 기분이었습니다. 그 말 덕분에 영화를 만들 수 있을지도 모른다는 희망을 가질 수 있었어요.

—호소다 마모루

호소다가 스튜디오 지브리를 떠난 후 〈하울의 움직이는 성〉은 미야자키 하야오가 감독했다. "〈하울의 움직이는 성〉의 작업을 멈추고 토에이로 돌아가는 일은 매우 고통스러운 경험이었어요"라고 호소다는 회상한다. "프로젝트를 시작하기로 승인받았는데 완성하지 못했다는 경험은 마음속에 커다란 실패로 남았어요. 하지만 한편으로는 영화를 계속 만들고 싶다고 생각했습니다. 만일 다음날 버스 사고로 죽게 된다면 장편 영화를 만들지 못했다는 사실에 한이 맺혀 눈을 감지 못할 것 같았거든요."

"몇몇 동료들은 제가 돌아왔을 때 이렇게 말했어요. '토에이를 그만두고 〈하울의 움직이는 성〉을 만들었다면 성공했을 텐데. 각오가 부족했던 것 같아.'" 그는 말을 이었다. "받아들이기 힘든 말이었지만 일정 부분 사실이기도 했어요. 그래서 소위 말하는 복수전을 펼치고 싶었고 〈시간을 달리는 소녀〉를 만들었죠."

토에이 시절 호소다는 TV 시리즈 〈꼬마마법사 레미 비바체〉을 만들었다. 당시 프로그램을 보았던 오랜 시청자들은 "이건 호소다의 〈시간을 달리는 소녀〉에 있는 장면과 비슷해"라는 평을 많이 내놓는다.

호소다는 토에이의 창립 50주년을 기념하는 자리에서 〈시간을 달리는 소녀〉를 처음 제안했는데, 당시 스튜디오에서는 50주년을 기념하는 장편 영화를 제작하자는 이야기가 있었다. 호소다는 여러 아이디어를 제시했지만, 어느 것도 승인되지 않았다. 호소다는 토에이의 경영진이 그의 발언을 진지하게 받아들이지 않는 것처럼 느꼈다고 회상한다.

사이토는 초창기 호소다와의 우정과 직업적인 관계를 돌이켜보며 이렇게 말했다. "〈하울의 움직이는 성〉이 잘 풀리지 않았을 때 호소다는 업계에서 약간 배제당한다는 느낌이 있었어요. 호소다와 다른 여러 크리에이터 사이에는 다소 거리가 있었다고 할 수 있습니다. 당시 〈꼬마마법사 레미 비바체〉를 작업하고 있던 호소다에게 마루야마 마사오(매드하우스의 공동 창립자)는 '당신은 영화를 만들어야 합니다. 이건 당신이 잘할 분야가 아니에요'라고 말했어요. 호소다는 토에이에서 월급을 받는 감독이었기 때문에 그곳을 떠난다는 것은 커다란 모험이었을 겁니다. 하지만 마루야마는 거의 협박하듯이 이렇게 얘기했어요. '영화 감독을 하려면 정말로 그 일에 자신의 모든 것을 다 바쳐야 합니다.'"

판타지 소설 《시간을 달리는 소녀》는 1967년 책으로 출간되자마자 큰 인기를 끌었다. 호소다가 자신의 버전으로 처음 작업하기 시작했을 때는 이미 네 번의 TV 드라마, 두 번의 장편 영화, 그리고 만화로도 제작된 후였다. (이후 또 다른 TV 드라마, 실사 영화, 연극은 호소다의 버전으로 만들어졌다.) 첫 번째 장편 영화는 1983년 오바야시 노부히코가 감독하고 배우이자 가수였던 하라다 토모요가 출연했는데, 그해 일본에서 두 번째로 높은 흥행을 기록한 영화가 되었다.

"중학교 1학년 때 《시간을 달리는 소녀》를 읽었어요. 하지만 1983년 여름 영화가 나왔을 때는 보지 않았습니다." 호소다는 이렇게 고백했다. "당시에 저는 고등학교 1학년이었어요. 반항적인 시절이었죠. 모든 것이 불쾌하고 역겹게 느껴지던 때였습니다. 비디오테이프로 영화를 보긴 했지만 받아들이지 못했어요. 하지만 몇 년 후 영화를 다시 봤을 때는 부끄럽지만 걸작이라고 인정할 수밖에 없었습니다."

真琴 MAKOTO

가방은
별도
용지에
설정 있음

속옷이 보이지 않도록 때에 따라서는
스커트가 조금 더 길어지기도 하고…

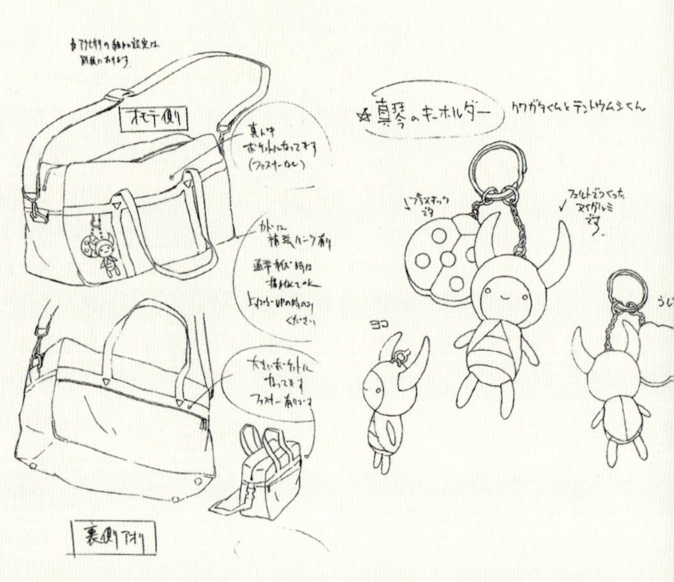

마코토의 자전거(2차 수정안)
* 캐릭터는 크기 비교를 위한 참고용입니다.

22쪽

마코토의 캐릭터보드를 통해 그녀의 태도와 의상, 표정을 확인할 수 있다.

23쪽

껄렁한 치아키와 진지한 코스케의 성격이 드러나는 캐치볼 장면. 애니메이션 드로잉과 영화 속 장면

24~25쪽

마코토의 절친들을 위한 캐릭터보드. 불량스러운 태도와 덥수룩한 머리, 흐트러진 옷차림의 치아키는 꼼꼼하고 세심한 성격인 코스케와 선명한 시각적 대비를 이룬다.

호소다는 베테랑 시나리오작가 오쿠데라 사토코와 작업하면서 원작의 판타지를 확장하고 심화시켰다. 그들은 함께 어울리는 고등학교 친구 세 명에게 초점을 맞추면서도 인물들이 앉아서 대화를 나누는 것만 보여주는 게 아니라 야구 장면을 추가하여 시각적 재미를 제공했다. "〈시간을 달리는 소녀〉는 이전에도 각색된 적이 있었지만, 늘 매우 진지한 방식으로 접근했어요." 호소다는 이렇게 말한다. "저는 과거의 향수를 자극하는 영화가 아니라 젊은 관객들이 즐길 수 있는 영화를 만들고 싶었습니다. 관객들이 이런 경험을 완전히 즐기기를 바랐어요. 그래서 시간 여행이라는 개념을 코믹한 요소로 바꾸고 싶었고 노래방 장면도 그런 맥락이었습니다. 저의 최우선 목표는 정말 재미있는 영화를 만드는 일이었어요."

호소다와 오쿠데라는 이야기를 새롭게 다듬는 과정에서 등장인물들을 더욱 다층적이고 현대적이면서 매력적으로 변화시키기 시작했다. 원작 소설에서 번화한 상점 주인의 아들이었던 고로는 성실한 의사 집안의 아들 코스케로 바뀌었다. 소설에서 다소 수수께끼 같은 캐릭터로 보였던 카즈오는 장난기 넘치고 껄렁한 치아키라는 인물로 바뀌었다. 스토리의 가장 큰 중심축이 되는 주인공 카즈코는 덜 진지하며 훨씬 입체적인 마코토로 재창조되었는데, 이는 호소다의 작품에 등장하는 캐릭터 중 최초의 복합적인 여주인공이다. 야구, 수다 떨기 등 세 친구 사이에서 매일 벌어지는 반복적이고 평범한 일상은 마코토의 시간을 이동하는 능력을 더 환상적으로 보이게 만든다.

심슨 가족 단편영화 〈즐거운 놀이방The Longest Daycare〉과 영화 〈심슨 가족, 더 무비The Simpsons movie〉의 감독이자 아카데미상 후보에도 오른바 있는 데이비드 실버맨은

千昭 CHIAKI

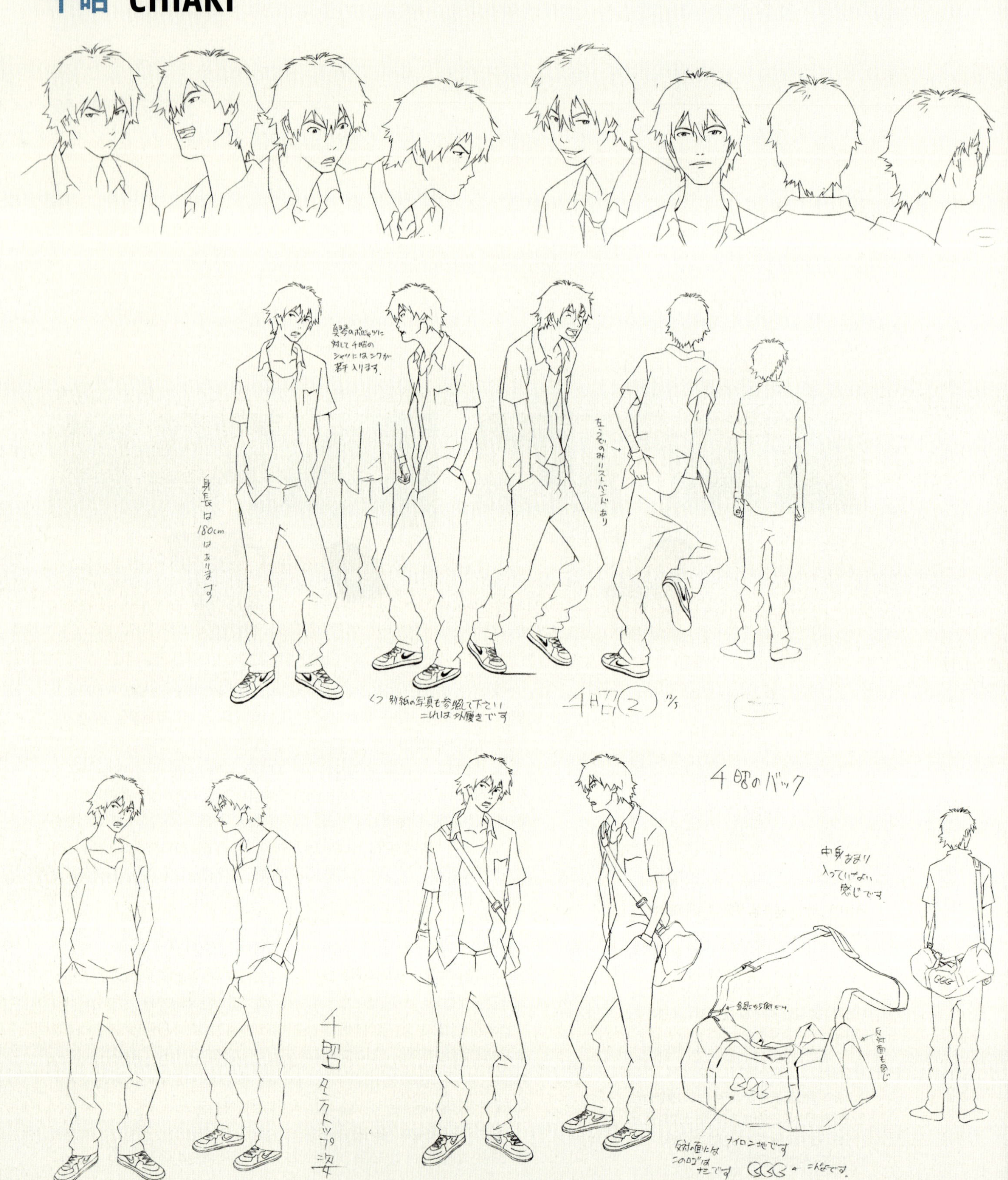

功介 KOSUKE

이런 말을 했다. "우정과 약간의 로맨스, 연애에 대해 이토록 현실적으로 묘사하는 젊은 감독은 처음 봅니다. 과장되지 않고 지나치게 로맨틱하지 않게, 군더더기 없이 아주 미묘하게 표현했어요. 그저 사람들이 실제로 어떻게 행동하는지를 매우 명확하게 보여줘요. 정말 영리하고 창의적이면서도 재미있고 매력적입니다."

캐릭터 디자인 역시 호소다가 인물들의 성격을 재해석한 것으로 반영했다. 호소다가 캐릭터의 성격을 해석하고 재창조한 부분은 캐릭터의 외모에도 반영되었다. 통통한 체구에 작은 키, 붉은 얼굴의 고로는 키가 크고 잘생긴 코스케로 바뀌었다. 치아키 역시 키는 크지만 진지한 인상의 코스케와는 대조적으로 다소 덥수룩한 머리 스타일의 모습이다. 마코토는 또래 남자아이들의 시선을 끌 만큼 귀엽지만, 주변에서 일어나는 일들에 충분히 관심을 기울이지 않아 종종 덜렁대는 행동을 할 때가 있다.

호소다와 〈원피스〉 극장판을 함께 작업했던 애니메이터이자 감독 아오야마 히로유키는 이렇게 말한다. "저는 〈시간을 달리는 소녀〉의 키애니메이터로 시작해 작화 감독의 역할까지 맡게 됐어요. 그 자리에 세 명이 각자 맡은 포지션에서 일하고 있었는데 프로젝트가 진행되면서 캐릭터 디자인까지 맡게 됐어요. 처음 전달받은 캐릭터 디자인의 약 80퍼센트를 수정해야 했습니다. 지금 돌이켜보면 작화 감독으로서 더 욕심을 내고 싶었던 장면들이 많아요. 하지만 워낙 여러 역할을 동시에 맡고 있었기 때문에 그럴 여력이 없었습니다."

호소다는 감독으로서의 첫 장편 영화 〈시간을 달리는 소녀〉를 통해 이미 설득력 있고 호감 가는 인물을 만들어내는 흔치 않은 능력을 보여주었다. "호소다 감독은 공주나 슈퍼히어로처럼 특별한 인물이 아닌 일상적인 인물을 다룹니다. 그런 캐릭터를 만드는 일은 쉽지 않습니다." 애니메이션 〈미녀와 야수〉의 제작자 돈 한은 이렇게 말한다. "지난 5년에서 10년 사이에 나온 애니메이션 영화 가운데 기억에 남는 영화는 손에 꼽을 정도입니다. 그 영화들이 기억남는 이유는 등장인물이 살아 숨 쉬는 사람처럼 생생하게 느껴지기 때문입니다. 애니메이션에서 인물을 만화적으로 과장하거나 부드럽게 표현하는 것은 매우 쉬워요. 하지만 호소다 감독은 그렇게 하지 않죠. 그는 여주인공을 아주 평범한 인물로 만듭니다. 스크린 속에 존재하지만, 그녀가 스크린 밖의 세상에서도 어떤 인물일지 알 수 있을 정도입니다."

마코토의 첫 번째 타임 리프(시간을 이동하는 것)는 소설의 온화한 체험보다 훨씬 공포스럽다. 마코토는 엄마의 부탁으로 엄마의 지인인 마녀 이모에게 복숭아를 전해주러 자전거를 타고 길을 나선다. 마코토가 자전거를 타고 수없이 오가는 익숙한 거리 풍경은 거의 눈에 들어오지 않고, 지명조차 화면에 등장하지 않는다. 백화점 꼭대기에 설치된

왼쪽

〈시간을 달리는 소녀〉의 로케이션을 찾아다니는 호소다

오른쪽

경사진 주택가에서 자전거를 타고 내려가는 마코토를 보여주는 스토리보드와 영화 속 해당 장면

27쪽

영화 속 주요 사건이 벌어지는 오르막길 배경

시계탑에서 정각을 알리는 종이 울려도 마코토는 관심조차 없다. 하지만 기차 건널목으로 이어지는 가파른 내리막길에 들어서는 순간, 자전거 브레이크가 말을 듣지 않는다. 마코토는 발로 자전거를 멈춰보려 애쓰다가 한쪽 신발이 벗겨져 날아가고 만다. 시간을 알리는 종소리가 계속해서 울려 퍼지고, 마코토는 보행자 게이트를 들이받아 공중으로 튕겨 올라 달려오는 기차 앞으로 날아간다. 그런데 갑자기 언덕 위에서 우연히 부딪혔던 성난 여성에게서 자전거를 떼어내고 있는 상황으로 돌아간다.

마코토가 박물관에서 일하는 마녀 이모에게 자신이 겪었던 무서운 일을 털어놓자, 이모는 마코토가 시간을 뛰어넘은 것이며 같은 현상을 겪는 젊은 여성들이 많다고 알려준다. 마코토의 죽을 뻔한 경험을 이모는 마치 시험을 잘 치거나 마음에 드는 스웨터를 발견한 것처럼 대수롭지 않게 여긴다.

마코토는 새로 얻은 능력을 열성적으로 실험하기 시작하는데 높이 뛰어올라 시간을 뛰어넘는 점프에 집중하는 게 전부다. 변화를 겪은 후 일상으로 돌아온 그녀는 타임 리프 능력을 일상에서 '다시 보기' 버튼처럼 사용한다. 마코토는 코스케, 치아키와 함께 노래방에서 10시간이나 시간을 늘려서 노래를 부르고 목이 쉰 채 집으로 돌아온다. 그녀는 낙제했던 시험을 다시 쳐서 만점을 받고, 요리 수업에서 튀김을 만들던 중 같은 반 학생인 타카세를 이용하여 화재 사고를 일으키며, 소심한 친구 카호가 코스케에게 짝사랑을 고백하도록 상황을 꾸민다. 마코토는 치아키에게 호감을 느끼지만, 그가 데이트 신청할 기회를 번번이 막는다.

요리 수업에서 사고를 당하는 마코토(왼쪽)가 타임 리프를 사용해 다른 학생이 사고를 당하게 만들지만, 상황은 점점 통제 불능으로 치닫고 만다(오른쪽).

타임 리프로 여러 사고를 막으려 애쓰는 마코토의 모습이 그려진 스토리보드

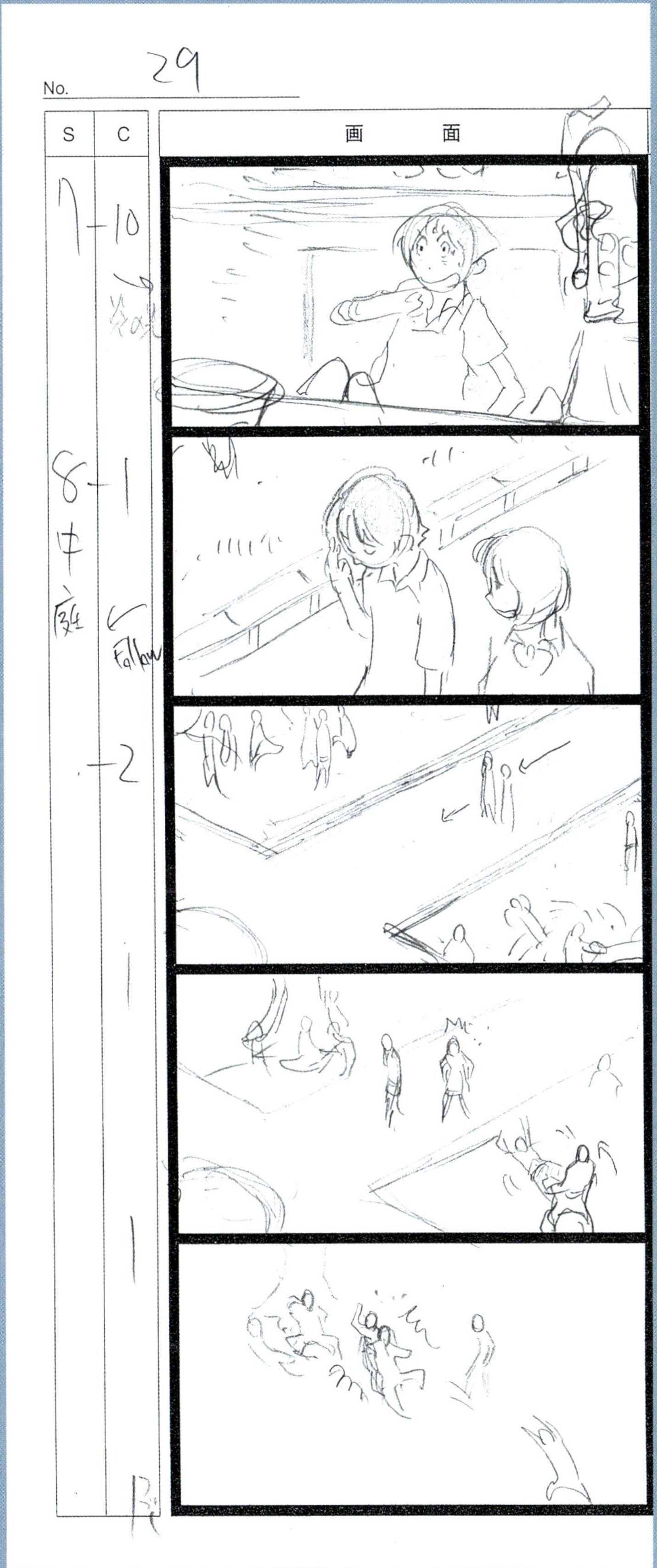

S	C	画　　面

No. 29

S	C	画　　面

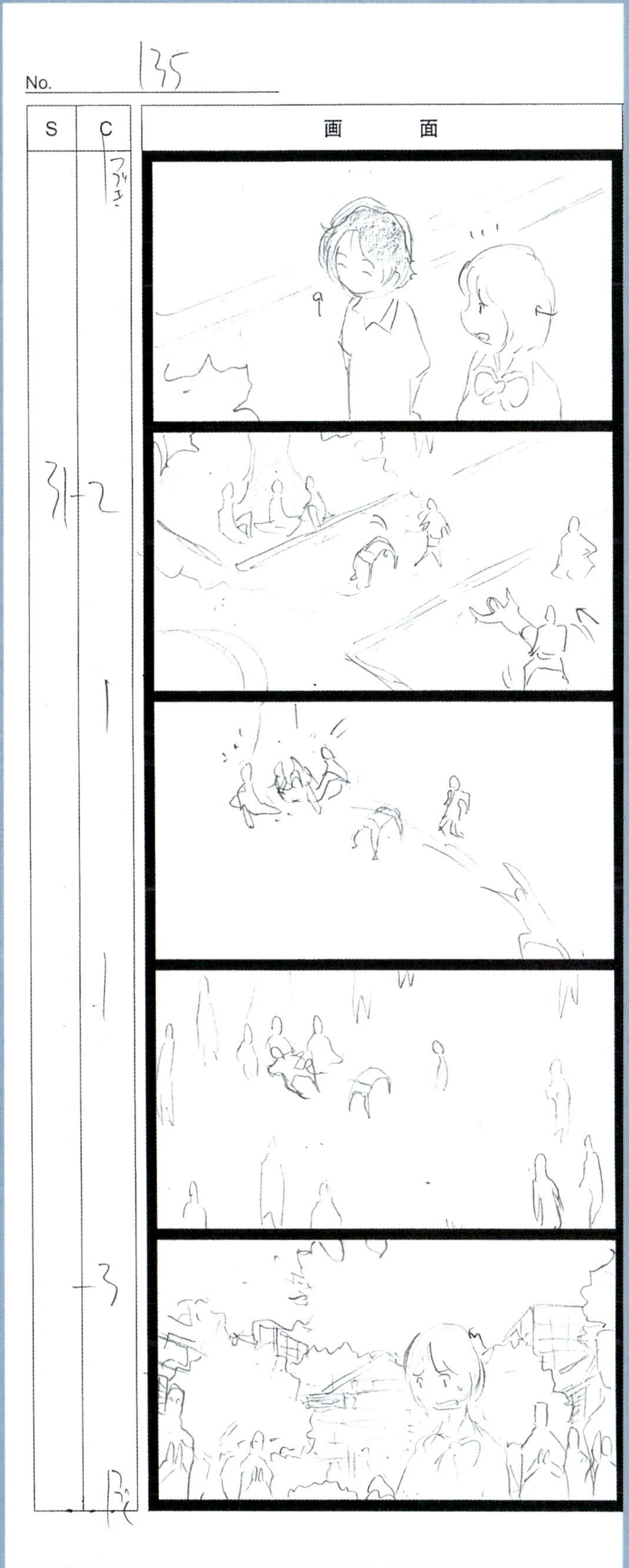

No. 135

오른쪽

호소다의 스토리보드. 마코토는 세 번 시간을 뛰어넘고, 다시 세 번 엉망으로 착지한다.

31쪽

이를 악문 채 미지의 세계로 향하는 마코토의 모습을 같은 시퀀스의 프레임으로 보여주는 애니메이션 드로잉들. 각각의 종이 색은 서로 다른 아티스트가 그렸음을 나타낸다. 감독의 수정 사항은 파란색, 조감독은 분홍색, 작화 감독은 초록색, 선임 애니메이터는 노란색. 원화, 혹은 오리지널 키애니메이션 드로잉은 흰색 종이에 그려진다.

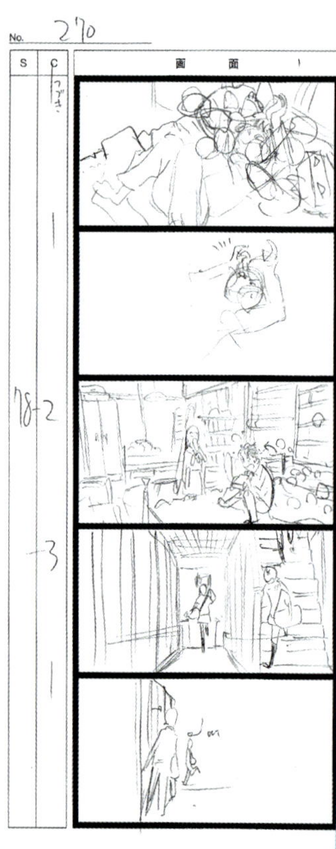

normal - makoto
A①
A①
A①

A⑨
A⑨

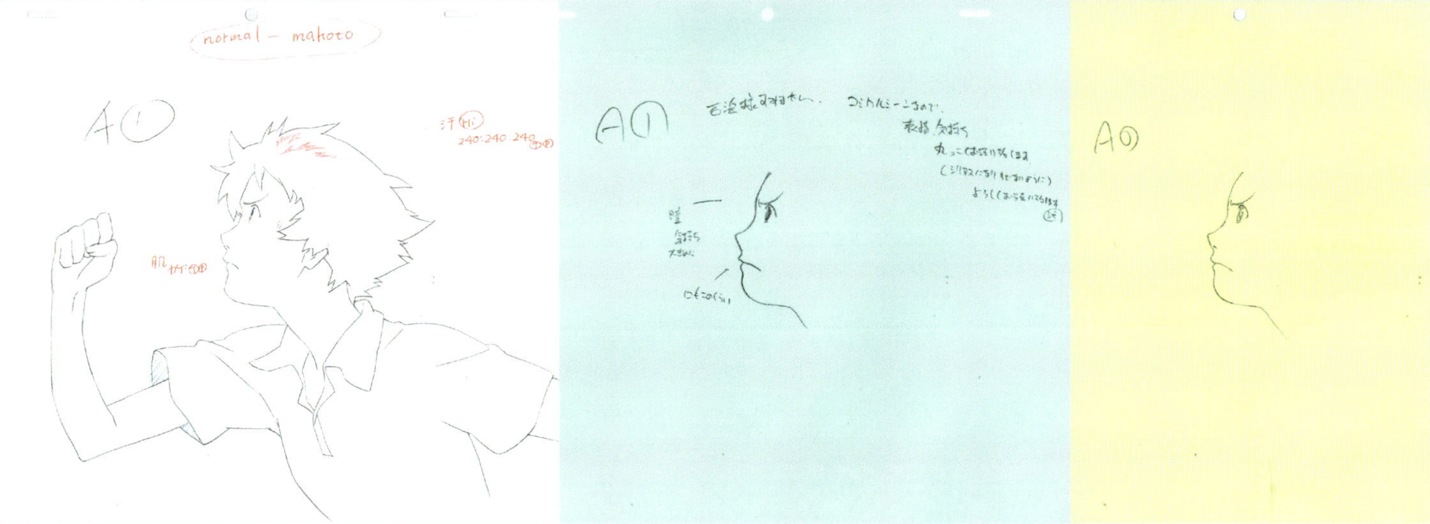

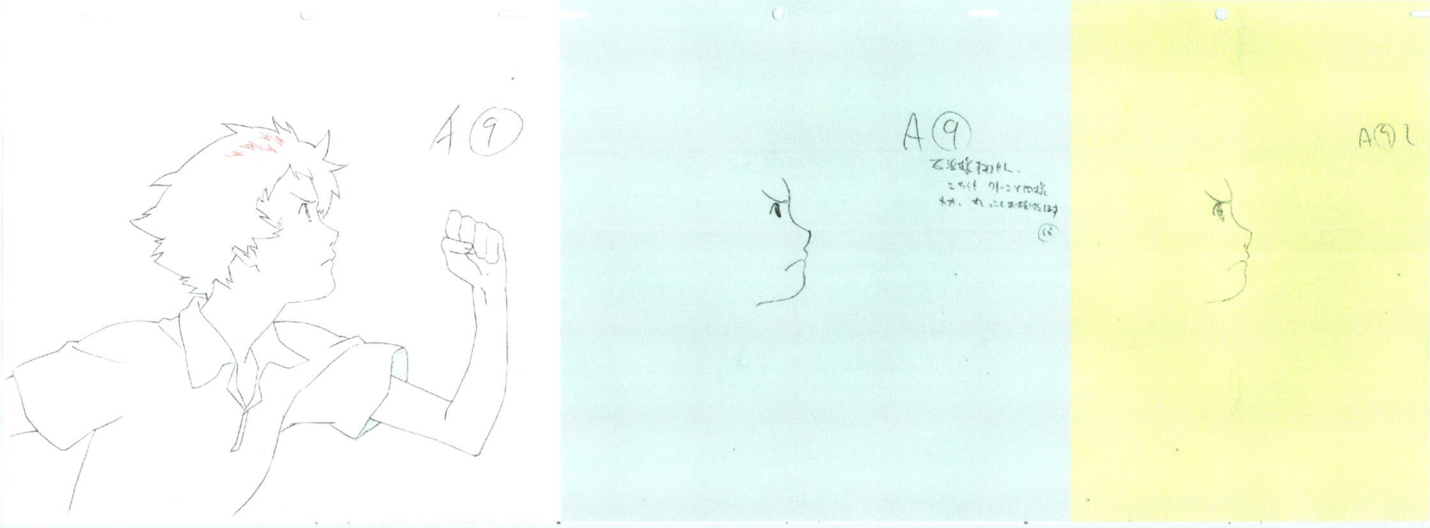

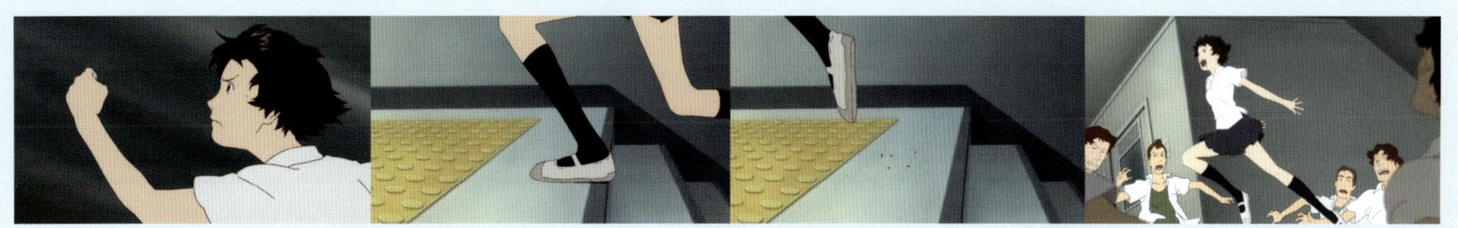

32쪽
학교 쓰레기통은 착륙하기에 이상적
인 장소는 아니다.

오른쪽
완성된 영화에서 마코토는 우아하기
보다는 강렬하고 힘차게 착륙한다.

"호소다 감독은 액션을 완벽하게 다룰 줄 압니다. 단순히 동작을 연출하는 데서 그치는 게 아니라, 액션 컷을 어떻게 나누고 편집할지까지 정확히 알고 있죠." 실버맨은 이렇게 덧붙였다. "〈시간을 달리는 소녀〉에서 시간을 뛰어넘는 순간은 충격적일 정도로 제게 큰 인상을 남겼습니다. 기차에 치일 뻔한 극적인 장면은 영화의 핵심입니다. 정말 멋지죠. 한편 마코토가 노래방에서 시간을 거슬러 착지하거나, 볼링핀에 부딪히는 볼링공처럼 학교 캐비닛에 부딪히는 장면은 코미디처럼 훌륭합니다. 거기에 담긴 속뜻은 명확해요. '그렇게 하는 게 아니야. 이렇게 해봐.'"

호소다는 반복을 활용한 편집에 대해 이렇게 설명한다. "반복은 재미를 위한 도구이기도 하지만 언제나 그 이면에는 구체적인 목적이 있습니다. 오쿠데라와 저는 〈사랑의 블랙홀Groundhog Day〉을 보면서 그 접근법에 대해 논의했습니다. 우리는 영화가 반복이라는 요소와 코미디를 잘 결합했다고 생각했어요. 무언가를 반복한다는 아이디어는 자연스럽게 영화 같은 분위기를 만듭니다. 반복에 시간 여행이라는 개념을 도입하는 것은 시너지를 창출하는 내러티브적인 도구였어요."

호소다의 모든 영화를 편집했던 니시야마 시게루는 이렇게 말한다. "같은 템포로 같은 장면을 반복하면 특정한 리듬이 만들어집니다.

몇몇 장면에서는 반대로 긴장감을 조성하기 위해 템포를 변화시키고 특정 리듬을 배제했습니다."

마코토는 과거를 바꾸는 일이 때로는 위험한 결과를 낳는다는 슬픈 교훈을 배우게 된다. 요리 수업에서 화재를 일으켰던 소년 타카세는 그 일 때문에 다른 학생들과 시비가 붙어 우발적으로 다른 학생을 다치게 한다. 카호는 코스케에게 고백하려 할 때 굴욕적으로 망신을 당한다. 마코토는 좌절한 치아키가 자신의 친구인 유리에게 데이트를 신청하자 질투심을 느낀다. 계단을 질주하며 다시 타임 리프를 준비하던 마코토는 바흐의 '골드베르크 변주곡'을 연주하는 피아노 소리를 듣게 된다. 이 곡은 아리아 뒤에 30개의 변주와 재현부가 차례로 이어지는데 이는 마코토가 겪고 있는 상황과 매우 유사하다.

호소다는 원작 소설보다 시간 도약 횟수를 늘리고, 그 이유 또한 등장인물의 성격 변화에 맞춰 새롭게 설정했다. "마코토 캐릭터를 발전시킬 때는 이미 원작과는 꽤 달라지고 있었어요. 하지만 소설 원작자도 그게 좋다고 생각했습니다." 호소다는 말했다. "그는 영화를 각색할 때 원작과 완전히 동일할 필요는 없다고 생각했어요. 많은 작가들이 '어떻게 원작과 다르게 만들 수 있나요?'라고 할 겁니다. 하지만 그는 이해심이 깊고 열린 태도를 보여줬어요."

영화의 클라이맥스에서 코스케는 마코토의 자전거를 타고 카호를 의사인 아버지에게 데려간다. 그러나 가파른 언덕길에서 브레이크가 고장 나고, 영화 초반과 마찬가지로 사고가 일어난다. 코스케는 미끄러지면서 자전거를 멈추려 하지만 신발이 날아가 버린다. 시계 위의 장식 요정들이 귀여운 춤을 추고 정각을 알리는 종소리가 들린다. 자전거는 보행자 게이트를 들이박고 두 학생은 달려오는 기차 앞으로 날아간다.

관객들은 마코토가 일전에 경험한 장면이라는 것을 알아채지만 호소다는 디테일을 살짝 바꾸어 불확실성을 만들며 불안감을 조성한다. "시계의 작은 인형들을 보여주었을 때 '또 시작이구나'라고 생각했습니다." 실버맨은 이렇게 말한다. "하지만 매번 조금씩 달라졌어요. 처음에는 매력적인 요소라고 생각했지만 점점 불길한 느낌이 들었습니다."

웬일인지 시간이 멈춘다. 코스케와 카호는 공중에 떠 있고 치아키가 나타나 마코토에게 타임 리프에 대해 묻는다. 원작 소설 속 카즈오처럼, 그는 미래에서 왔으며 마코토나 이모보다 이 현상에 대해 더 잘 이해하고 있었다. 그는 마코토에게 사건의 다른 버전에서 두 친구가 죽었다고 경고하며 시간을 되돌린다.

원작 소설 속 카즈오는 27세기에 살고 있는 화학을 전공하는 학생으로, 자유롭게 순간 이동을 할 수 있는 화합물을 만들어 테스트하고 있었다. 하지만 실험이 실패로 돌아가 20세기에 갇히고 말았고 친구들과 우정을 나누며 야구를 즐기고 카즈코와 사랑에 빠진 것이었다. 특유의 라벤더 향이 나는 화합물을 다시 만들어낸 그는 27세기로

떠날 준비를 했고 모든 이들의 기억에서 자신을 지워야 했다.

영화 속 치아키는 자신의 세상에는 더 이상 존재하지 않는 한 점의 그림을 보기 위해 20세기로 왔다. 그 그림은 〈백매이춘국도白梅二椿菊圖(흰 매화, 동백, 국화)〉로 마녀 이모가 일하는 박물관에서 보관하고 있다. 치아키는 그렇게 도쿄 근교에서 평범하고도 행복한 일상을 보내던 중 사랑에 빠지게 된 것이다.

원작 소설에서 카즈오는 카즈코에게 언젠가 다른 신분으로 다시 돌아와 만나겠다고 말한다. 반면 호소다의 치아키는 마코토에게 다치지 않도록 더 조심하고, 덜렁대지 말라고 당부한다. 그것이 그의 마지막 말이라는 사실에 마코토는 눈물을 터뜨린다. 하지만 치아키는 다시 나타나 그녀의 머리를 쓰다듬으며 미래에서 기다리겠다고 약속한다.

"오바야시 감독의 영화 중에는 환경이 파괴된 미래에서 멸종된 식물을 채집하기 위해 현재로 온 소년에 관한 작품이 있습니다." 호소다가 말했다. "그 설정은 당시 사회적 문제를 반영하고 있었어요. 저는 시간 여행의 목적이 다르기를 바랐습니다. 물질적인 것이 아닌 정신적인 이유였으면 했어요."

치아키가 보고 싶었던 그림은 도쿄 우에노 공원에 있는 도쿄국립박물관의 그림을 본떠 만든 것이다. 호소다는 조사 과정에서 가자나와 미술대학 시절 친구였던 마츠시마 마사토를 만났다. 그는 미술관 큐레이터로 활동하고 있었는데, 호소다는 마츠시마가 자신이 원하는 대로 예술 작품을 연구할 수 있는 '멋진 장소'에서 일하는 게 부럽게 느껴졌다고 한다.

"호소다가 만들고 있는 작품의 세부적인 내용을 모르는 상태에서

34쪽
마코토가 마녀 이모를 만나러 간 박물관
배경 그림

위
박물관 내부의 모습은 도쿄 우에노 공원에
있는 도쿄국립박물관에서 영감을 받았다.

중간
박물관에 전시된 예술품을 감상하는 마코
토와 마녀 이모

아래
〈백매이춘국도〉. 치아키를 21세기로 오게
한 그림
작가: 히라타 토시오

박물관 촬영이 가능하냐는 요청을 받았어요. 저는 사람들이 박물관에 대해 더 관심을 가질 기회가 될 거라 생각했습니다." 마츠시마가 설명했다. "본관에서 전시회를 기획하는 게 좋겠다고 생각했어요. 영화에서 눈에 띄는 작품은 몇 안 되지만 공간에 맞추어 20점 정도의 작품을 선정했습니다. 가상의 전시회였지만 가장 힘들었던 점은 유명 화가의 작품이 노출되면 해석이 제한될 수 있기 때문에 무명 작가의 그림을 선정하는 일이었습니다."

호소다와 마츠시마는 일본 작가들의 작품만 전시하기로 합의했고 핵심 작품은 상상 속의 〈백매이춘국도〉가 되기를 원했다. 호소다는 치아키가 예술에 관심을 갖는 방식이 현재의 관객과는 완전히 다른 가치에 기반해야 한다고 생각했다. 일본 문화를 이미 알고 있는 시선이 아니라, 외국인이 일본 예술을 이해하는 것과 비슷하기를 바랐다.

정교하게 구현된 박물관 내부는 일본 여름의 무더위와 습기를 연상시키는 풀이 무성한 외부를 배경으로 한 수채화였다. 비평가 타이버는 「보스턴 글로브」에서 〈시간을 달리는 소녀〉를 극찬하며 이렇게 말했다. "영화에는 하얀 뭉게구름이 쌓여가는 모습이 담겨 있다. 습한 공기를 가르며 들리는 메뚜기 울음소리가 나른하게 흐르는 바흐 서곡과 어우러진다. 감독 호소다 마모루는 여주인공의 시간에 대한 감각을 보여주기 전에 특정 계절과 동네를 배경으로 이야기를 시작한다. 보통의 매니아적인 애니메이션과 달리 이 영화는 풍부하고 세심한 접근법을 보여준다."

호소다는 거대한 구름과 커다란 나무, 매미 울음소리, 그리고 딸랑거리는 유리 풍경 등을 계절을 드러내는 상징으로 사용한다. 이는 하이쿠 시인들이 특정한 순간에 자신들의 시를 묶어두기 위한 장치로 사용한 것과 유사하다. 〈썸머 워즈〉, 〈늑대아이〉, 〈미래의 미라이〉에서도 비슷한 방식이 사용되었다.

영화가 완성될 무렵, 호소다는 배급사인 카도카와 헤럴드 픽처스가 〈시간을 달리는 소녀〉를 매우 한정적으로 상영하려 한다는 사실을 알게 된다. 토에이 작품은 보통 약 250개 정도의 극장에서 개봉하는 게 일반적이었다. "일본 전역에서 단 6개 극장에서만 상영할 예정이었습니다. 이 말을 듣고 제 커리어가 끝났다고 생각했어요." 호소다는 말했다.

"200만 달러를 들여 만든 영화를 6개 극장에서만 상영해서는 상업적 성공을 거두거나 제작비를 회수한다는 게 불가능했어요. 다시 영화를 만들 기회가 없을지도 모른다고 생각한 저는 모든 것을 남김없이 쏟아붓기로 결심했습니다."

〈시간을 달리는 소녀〉는 소수의 극장에서 개봉하고 광고비도 제한적이었지만 좋은 평가를 받았고, 관객들의 열광적인 입소문 덕분에 점점 상황이 좋아지기 시작했다. 신주쿠에서는 스탠딩 상영회도 열었다. 〈시간을 달리는 소녀〉가 40주 이상 상영되자 배급사는 개봉관을 100개로 늘리고 국제영화제에 출품했다.

2006년 3월 도쿄 국제 애니메이션 페어에서 소설 원작자는 이 영화를 '진정한 2세대 작품'이라고 극찬했다. 〈시간을 달리는 소녀〉는 일본 아카데미와 마이니치 영화 콩쿠르에서 최우수 애니메이션 영화상을 수상했고, 도쿄 애니메이션 어워즈에서는 올해의 애니메이션, 최우수 미술감독, 최우수 캐릭터 디자인, 최우수 감독상, 최우수 원작상, 최우수 각본상 등 6개 부문에서 상을 휩쓸었다.

해외에서는 시체스 카탈루냐 국제 판타스틱 영화제에서 최우수 애니메이션 영화상과 2007년 안시 국제 애니메이션 페스티벌에서는 우수상을 수상했다. 「가디언」의 필립 오닐은 이렇게 평했다. "완전히 설득력 있고 호감 가는 캐릭터들은 단순한 그림으로 표현되고 푸르른 배경과 잘 어우러져 매우 인상적이다. 시간 여행이 즐거워 보이는 아주 드문 영화다." 「타임아웃」의 데이비드 젠킨스는 "위트와 에너지, 넘쳐나는 열정적인 창의력을 보여주는 통통 튀는 훌륭한 코미디 애니메이션"이라 표현했다.

호소다는 이렇게 회상한다. "초기에 상업적 성공을 거두긴 했지만, 이후 팬들의 전폭적인 지지가 있었기에 더 많은 영화를 만들 수 있었고 오늘날까지 계속할 수 있었습니다. 〈시간을 달리는 소녀〉가 안시 영화제를 시작으로 여러 해외 영화제에서 주목을 받기 시작했을 때, 저는 놀라움을 감출 수 없었습니다. 도쿄 근교에 사는 평범한 소녀에 대한 이야기가 전 세계적으로 인기를 끌다니 믿기지 않았어요."

왼쪽
2007년 안시 국제 애니메이션 영화제에서 특별상 트로피를 들고 있는 호소다

37쪽 위
식물이 무성한 정원과 함께 그려진 마코토의 집

37쪽 아래
마코토와 친구들이 어울려 시간을 보내는 야구장

우정:
야구와 노래방

야구는 마코토와 치아키, 코스케의
관계에서 중요한 부분을 차지한다.

오른쪽

야구 중 대화를 나누는 모습을 그린
호소다의 스토리보드

아래

야구 장면의 실제 영화 프레임들

39쪽

몇 시간 동안 노래방에서 노래를 부
르는 마코토의 스토리보드와 영화
속 해당 장면

소소한 이야기들 SMALL ARTICLES

호소다는 애니메이션 영화에서 인물의 집이 그 캐릭터의 성격을 드러내는 중요한 단서가 된다고 본다. 실사 영화라면 관객이 무심코 넘겼을 디테일도, 애니메이션에서는 인물을 이해하는 핵심 요소가 된다는 것이다.

위

마코토와 여동생이 함께 지내는 침실의 스토리보드

아래

소녀들의 침실에 놓인 소품과 장난감들은 아기자기하고 귀여운 봉제 인형을 좋아하는 그들의 취향이 반영되어 있다.

41쪽 위

의인화된 휴지 상자에 대한 메모가 포함된 방의 미술 설정

41쪽 중간

사전 채색된 마코토와 미유키의 방

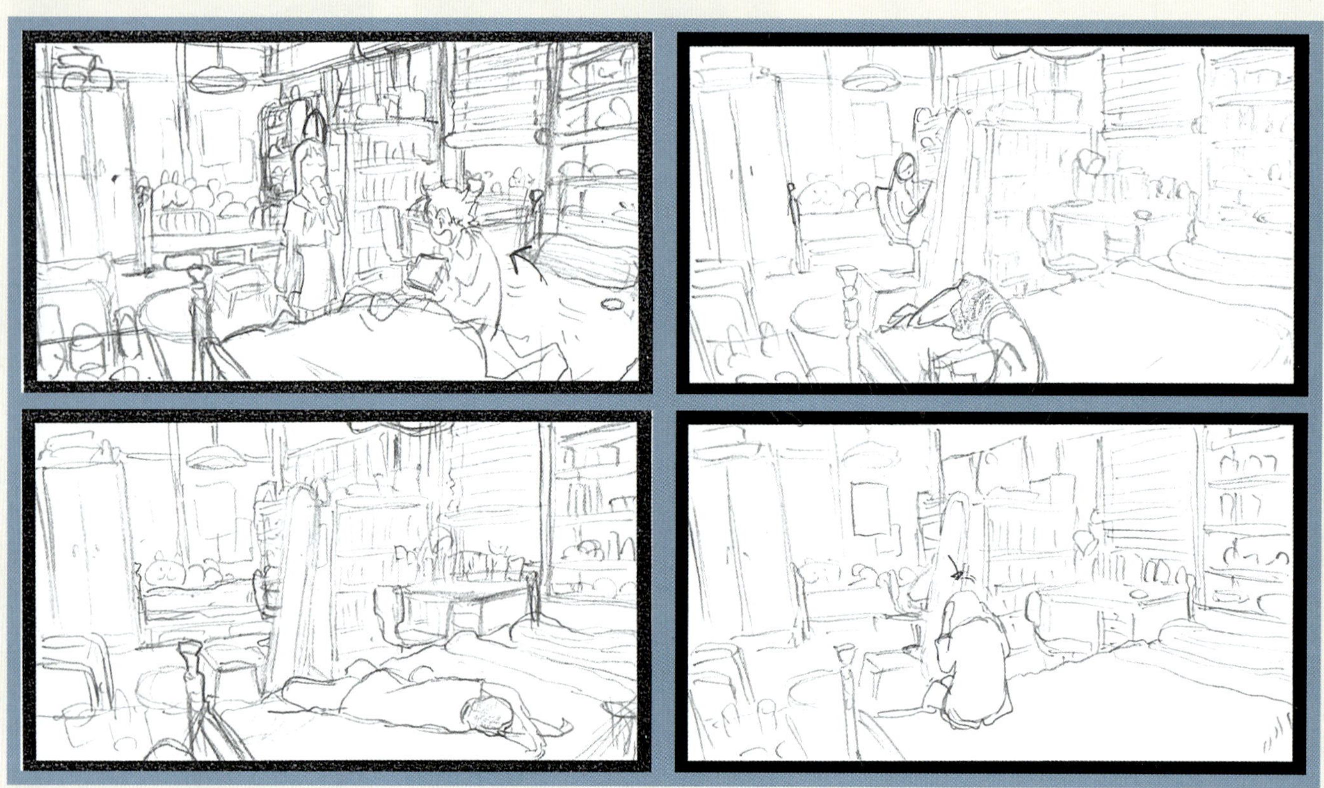

마코토의 방에 있는 인형들

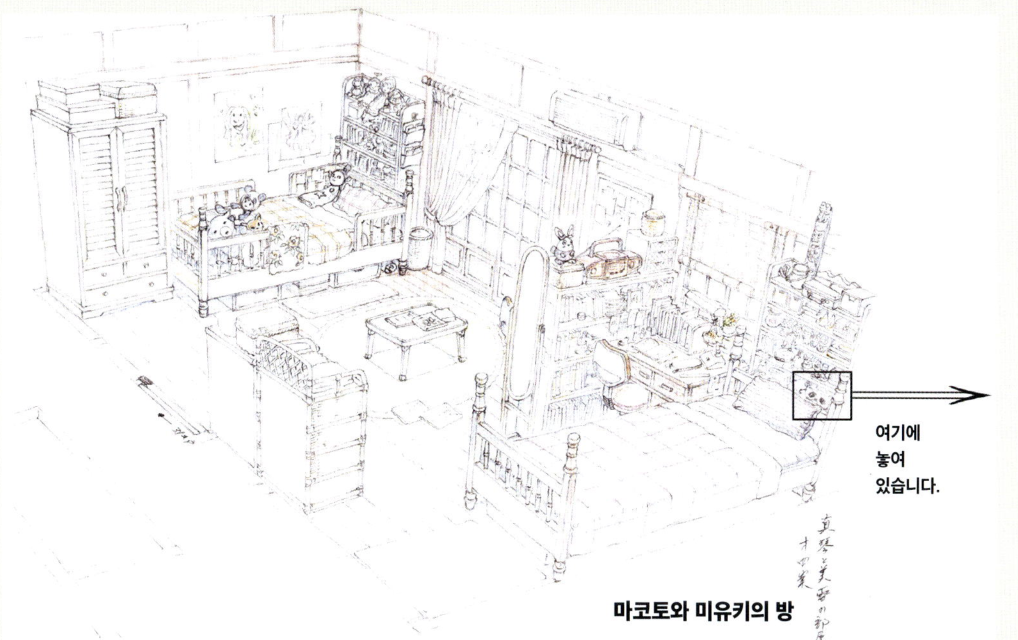

마코토의 휴지 상자

여기에
놓여
있습니다.

마코토와 미유키의 방

아래

영화 속 두 장면. 배경 작가가 마코토의 침대 위 선반에 인형들을 가득 채워 넣었다.

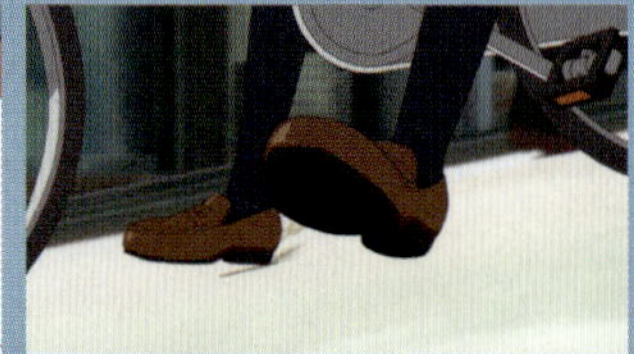

영화 속 장면들은 마코토를 처음 시간 너머로 밀어 넣은 치명적인 사고와 시계 위의 음악가들처럼 반복되는 이미지들, 그리고 사건의 시퀀스를 미리 설정한 호소다의 스토리보드를 반영하고 있다.

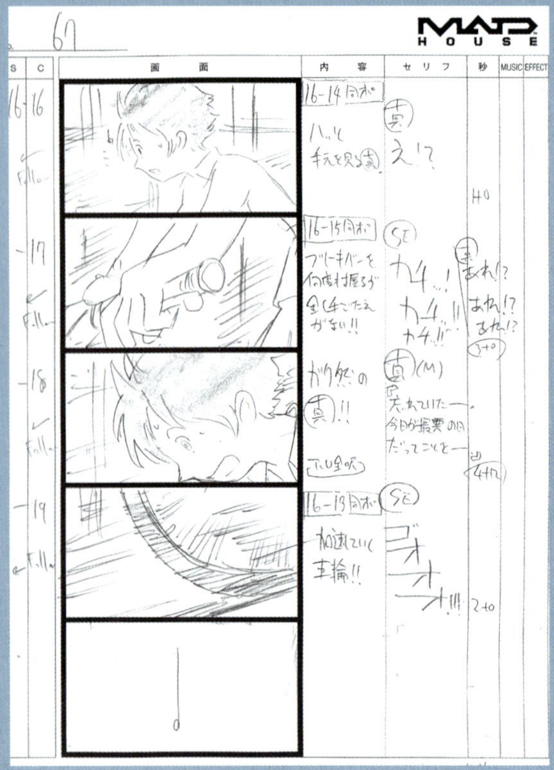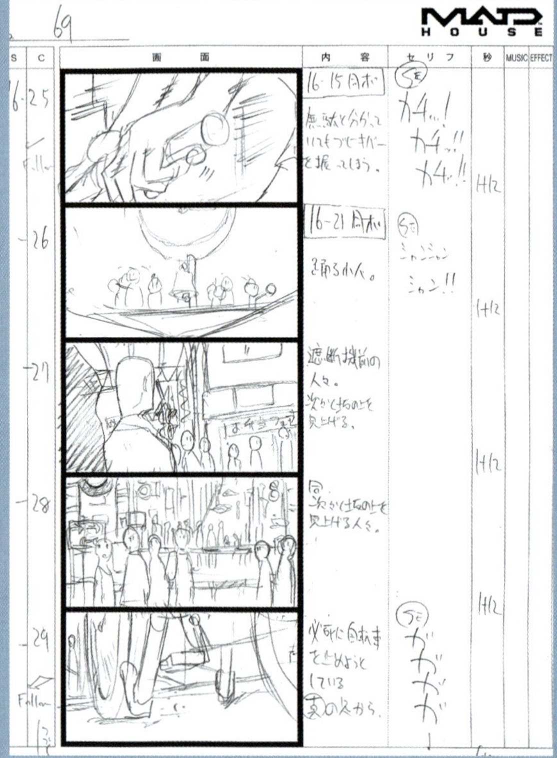

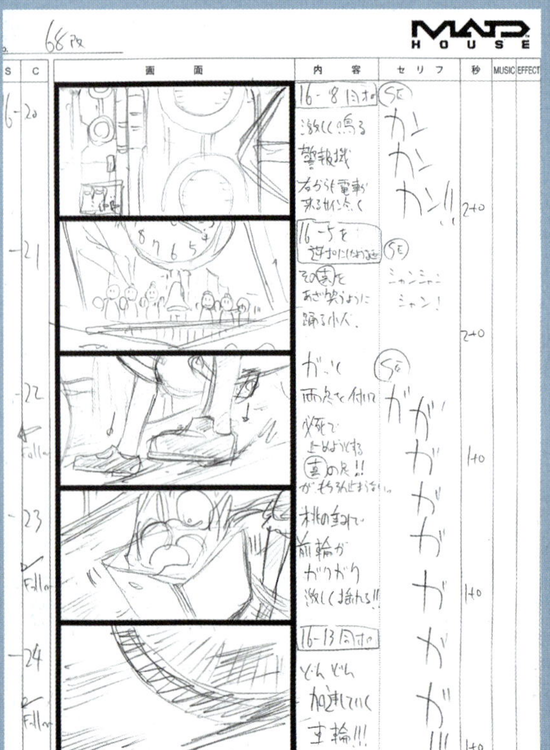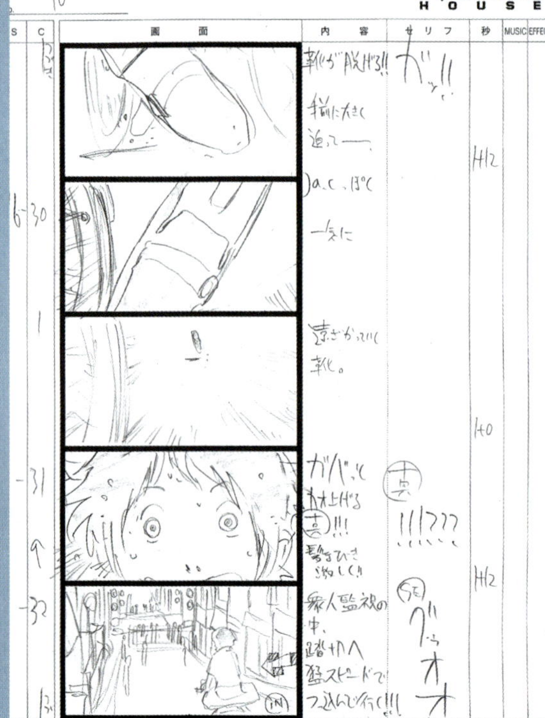

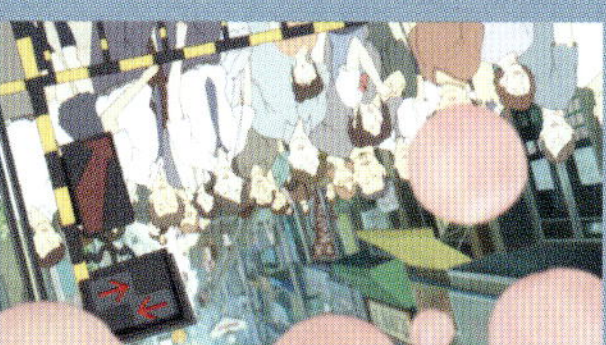

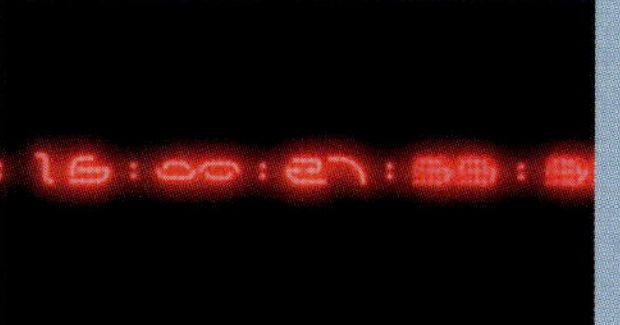

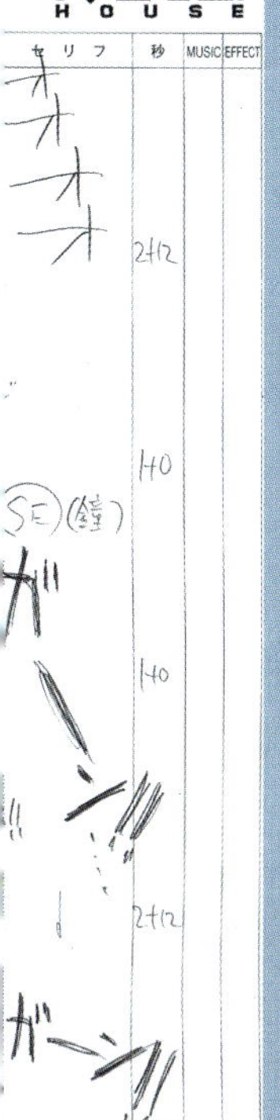
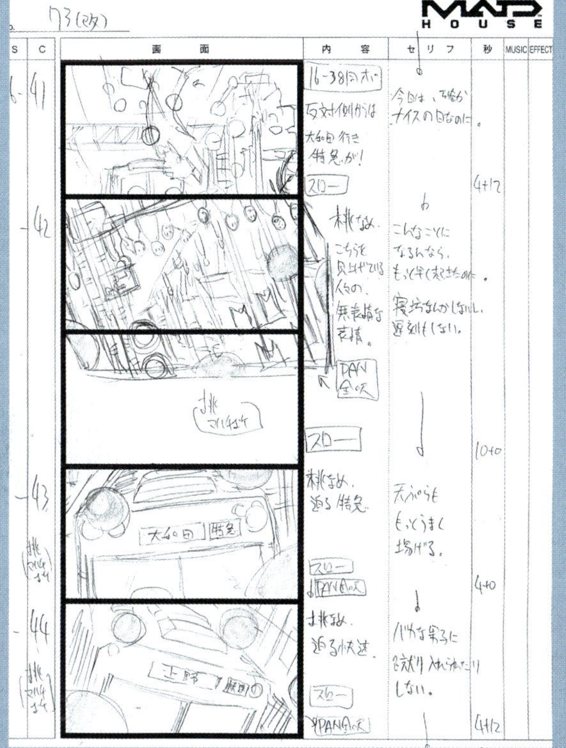
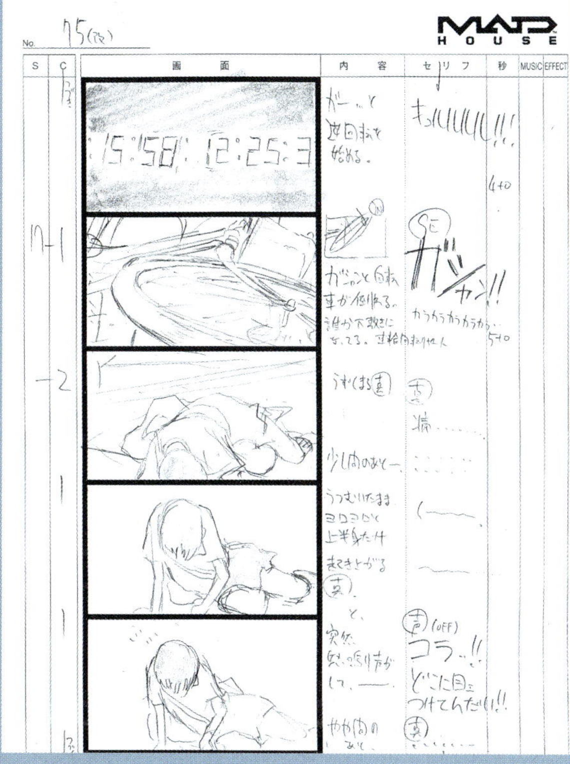
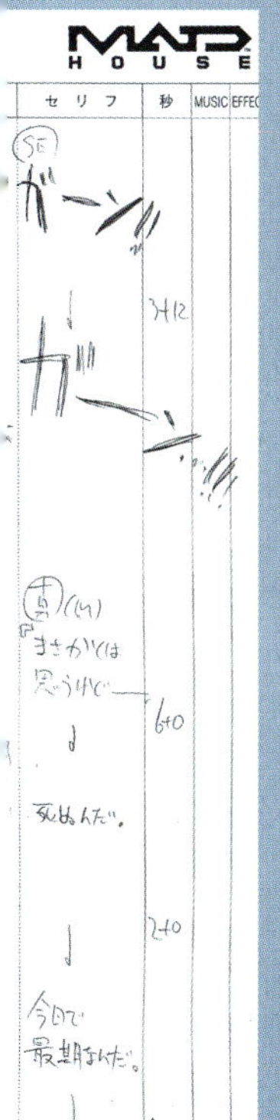
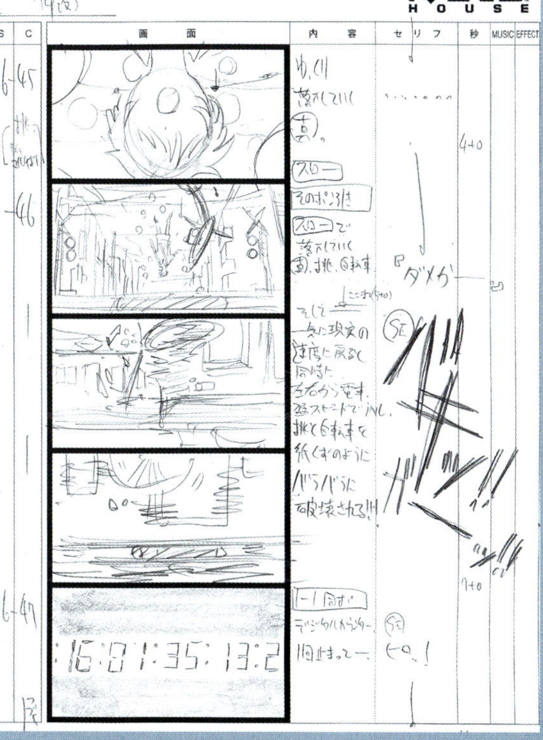
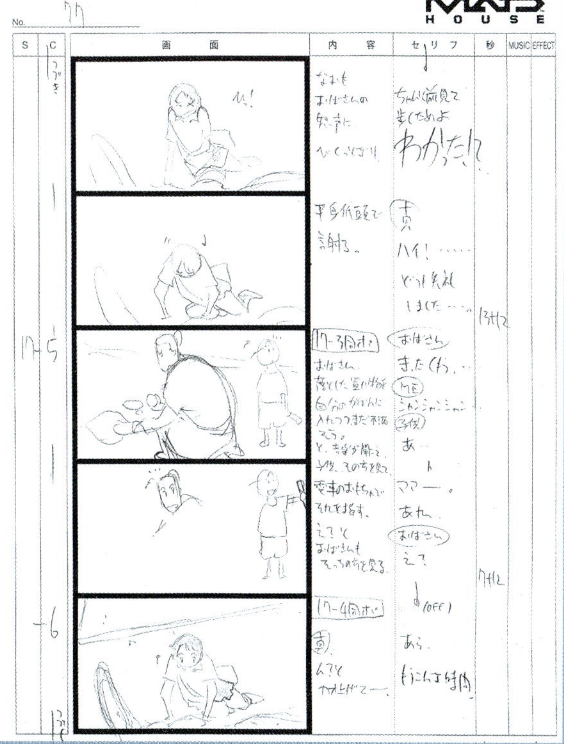

두 번째
사고

스토리보드와 영화 속 해당 장면은 호소다가 두 번째 사고에서 비슷하지만 동일하지 않은 이미지를 사용해 긴장감을 조성했음을 보여준다. 관객은 위협적인 상황임을 인식하지만, 이전과 완전히 같은 것은 하나도 없다.

치아키는 뛰어난 지식과 힘을 이용
해 마코토의 실수를 되돌린다. 영화
의 후반부에서 그는 미래에서 마코
토를 기다리고 있을 것이라며 그녀
를 안심시킨다.

47쪽
마코토에게 작별 인사를 건네는 치
아키의 스토리보드와 영화 속 장면

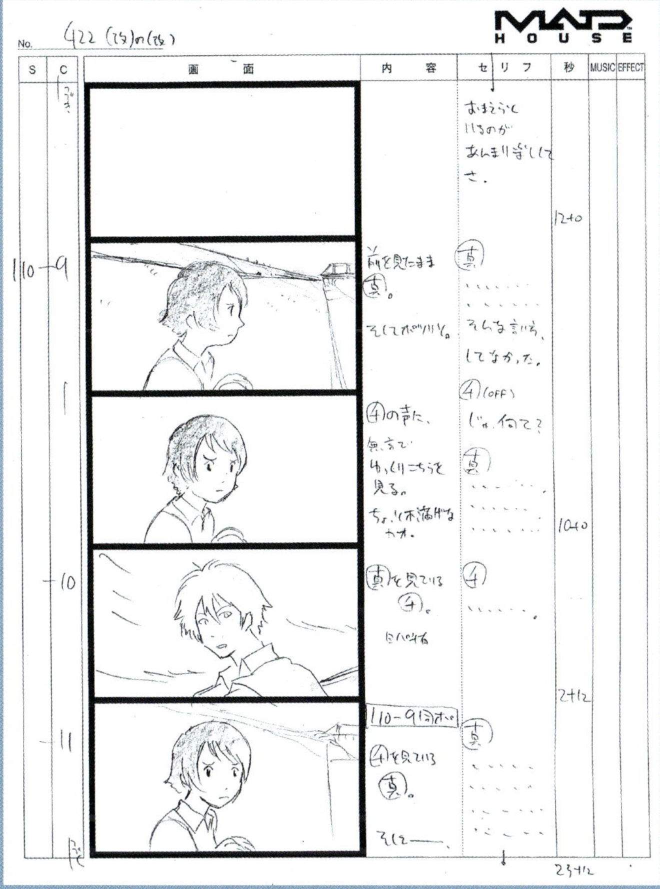

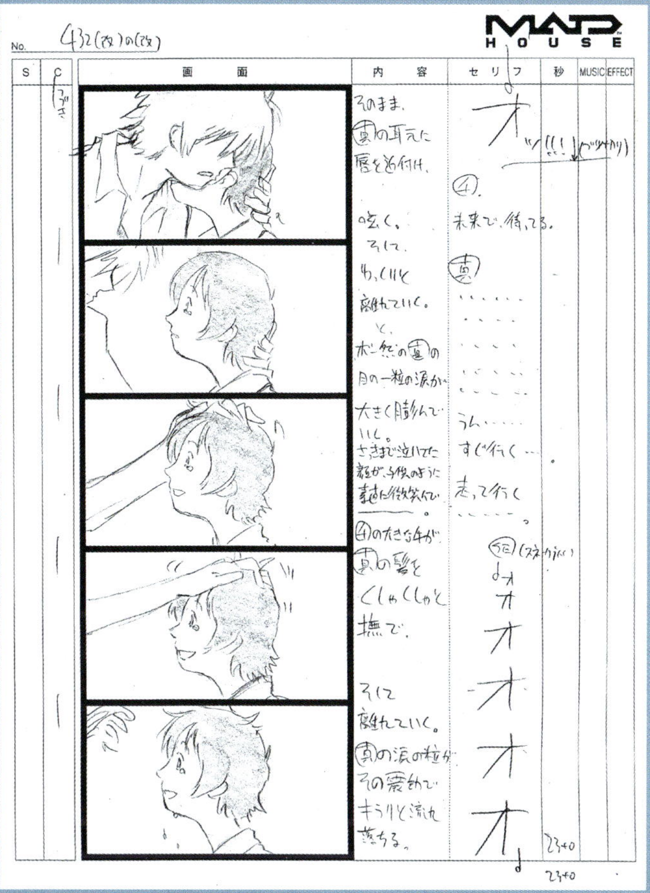

時をかける少女
2006 SUMMER ROADSHOW

마케팅 MARKETING

영화와 관련된 상품들(오른쪽에서 시계방향으로). 자석, 액세서리, 코르크 스티커, 스마트폰 케이스, 펜과 노트, 머그컵, 머리끈 등

48쪽
〈시간을 달리는 소녀〉 포스터. 마코토가 시간을 달리는 장면은 후에 스튜디오 치즈의 로고가 된다. (아래 그림)

STUDIO CHIZU

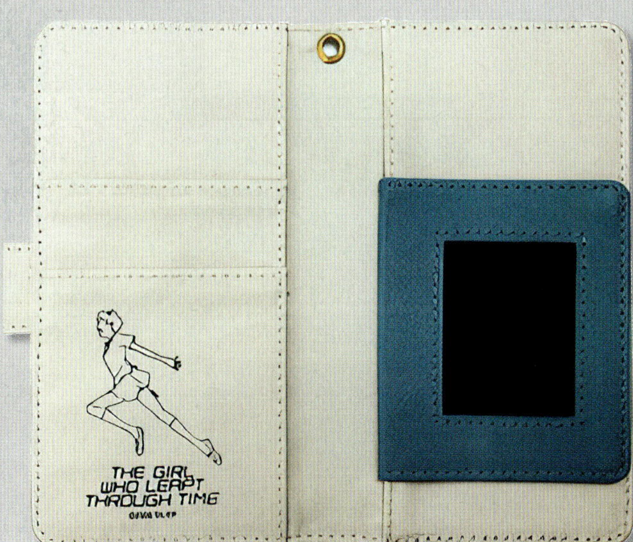

썸머 워즈
SUMMER WARS

〈썸머 워즈〉 이전의 작품들은 기존 작품들(〈디지몬〉이나 〈원피스〉)을 기반으로 하거나 원작 소설이 존재하는 영화(〈시간을 달리는 소녀〉와 호소다의 버전으로 완성하지는 못했던 〈하울의 움직이는 성〉)들이었다. 〈썸머 워즈〉는 호소다가 직접 구상하고 오쿠데라가 시나리오를 쓴 오리지널 스토리였다. 호소다는 "저를 둘러싼 새로운 상황에 큰 영향을 받았습니다"라고 말했다. "결혼을 하고 대가족의 일원이 되었어요. 전혀 모르던 사람들과 가족이 된다는 것은 흥미로운 경험이었고 영화를 만드는 동안 제게 영감을 주었습니다."

"호소다 감독은 결혼하기 전까지 대가족들과 살아본 적이 없었습니다. 유일한 혈육은 어머니였어요. 〈썸머 워즈〉에 나오는 나이 든 여성은 어머니에게서 영감을 받은 캐릭터예요." 프로듀서 사이토 유이치로는 이렇게 설명했다. "결혼 생활을 하면서 그는 가족이 무엇인지 깨달았습니다. 가족 영화를 만들고 있다는 것을 어머니께 보여드리려고 했지만 안타깝게도 영화가 완성되기 두 달 전에 세상을 떠나셨습니다."

원래 〈썸머 워즈〉는 일본 애니메이션 팬들을 대상으로 홍보할 계획이었다. 하지만 국제 애니메이션 영화제에서의 경험을 고려한 호소다는 작품의 대상을 변경했다. "그곳은 전 세계 감독들이 모여 각자의 문화에 맞는 아이디어를 교환하는 장소였어요." 호소다는 설명했다. "그곳에서 본 영화들은 대체로 가족을 주제로 한 작품이 많았지만, 일본 가족의 모습을 세계를 향해 보여주는 영화는 없었습니다. 〈썸머 워즈〉는 거기

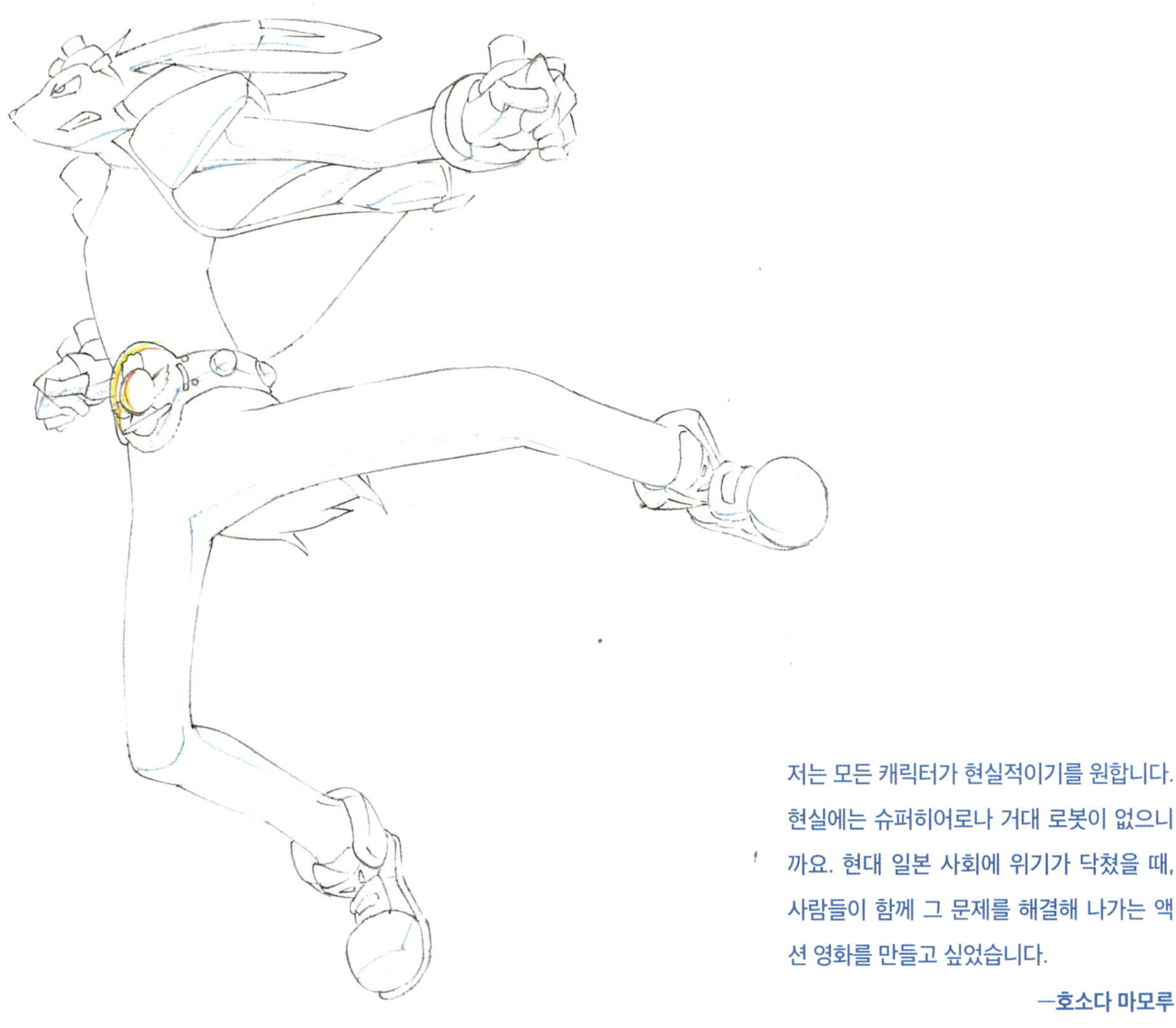

52~53쪽

폭주한 AI 프로그램 러브 머신이 OZ의 무술 챔피언 킹 카즈마와 대결한다.

위

대결 장면의 애니메이션 스케치

에서 출발했습니다. 저는 여름 블록버스터 영화를 만들려는 게 아니었어요. 일본 가족을 정면으로 마주하고 그에 대해 이야기하는 작품을 만들고 싶었습니다."

영화 초반에서 괴짜 고등학생 코이소 켄지는 일본 수학 올림피아드에서 일본 대표로 나갈 뻔했으나 안타깝게 탈락했다고 탄식한다. 그는 '잘하는 것이 아무것도 없기에' 수학이라도 잘하는 게 다행이라고 씁쓸하게 말한다. 켄지는 여름 동안 글로벌 컴퓨터 네트워크 OZ에서 일상적인 유지 보수를 담당하는 아르바이트인 '코드 몽키'로 일할 계획이었다.

OZ는 트위터(현 X), 페이스북, 구글, 아마존 등을 포괄적으로 결합한 세계로 〈주먹왕 랄프 2: 인터넷 속으로Ralph Breaks the Internet〉속 현실 세계를 제외한 공간과 유사한 형태라 할 수 있다. 〈트론: 새로운 시작TRON: Legacy〉의 '그리드'는 음침한 황무지였고 〈레디 플레이어 원Ready Player One〉의 사이버 세계는 더 북적이긴 해도 여전히 어두웠다. 반면 OZ는 눈부신 '데이글로' 파스텔로 처리된 반짝이는 흰색 표면과 매력을 자랑한다.

영화 제작자들은 전 세계 사람들이 컴퓨터, 게임기, 태블릿, 휴대폰 등을 통해 끊임없이 OZ와 연결되어 친구들과 소통하고 요금을 내며 재택근무를 하고 의료 데이터를 모니터링하며 사이버 스포츠에 참여하는

YOUR AVATAR

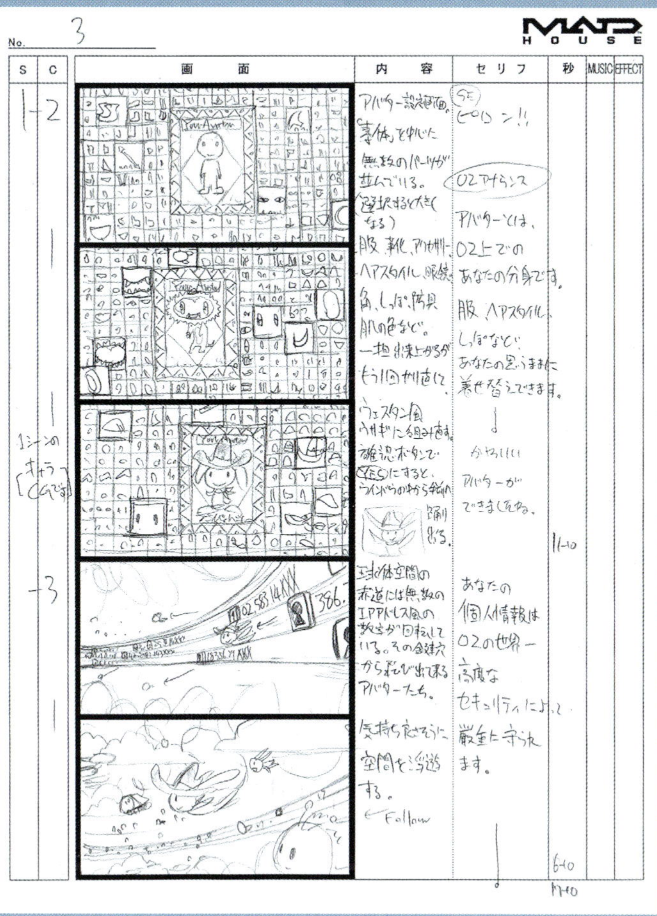

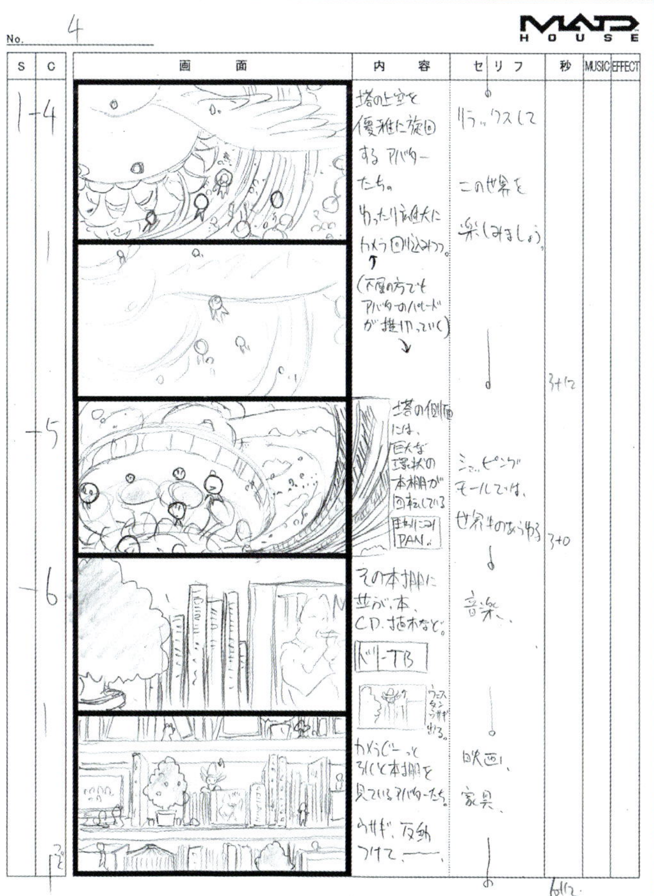

모습을 상상했다. 디자이너들은 오타쿠(애니메이션, 만화 등 대중문화의 광적인 팬) 뿐만 아니라 누구나 OZ에 쉽게 접근할 수 있도록 개인 아바타를 귀엽고 컬러풀하게 만들었다.

많은 저널리스트들은 OZ를 보고 호소다가 만든 루이 비통 홍보 영상을 떠올렸다. 하지만 호소다는 그 기원을 더 앞선 작업에서 찾는다. 그는 이렇게 회상했다. "루이 비통에서 저와 작업하고 싶다며 연락해 왔을 때 매우 기뻤습니다. 그런데 그들이 준비해 온 프리젠테이션을 보니, 사실상 〈디지몬 어드벤처: 우리들의 워 게임!〉에서 우리가 만들었던 디지털 세계를 원한다는 것을 알 수 있었습니다. 새하얀 바탕에 곳곳에서 색채가 터져 나오는 세계가 그들이 원하던 모습이었죠. 기자들은 늘 제게 이렇게 질문했습니다. '루이 비통의 모노그램에서 〈썸머 워즈〉를 떠올렸나요?' 하지만 사실 그보다 먼저 존재했던 것은 〈디지몬〉이었습니다."

"호소다 감독은 사이버 세계를 시각적으로 표현하기 위해 지구의 둘레를 따라 회전하는 고리나 적도 같은 선을 원했습니다." 프로덕션 디자이너 조조 안리가 설명했다. "그로 인해 우리는 세상의 크기를 가늠할 수 있었고 천천히 중심부로 다가갈 수 있습니다. 저는 몇 가지 디자인을 제안했지만 호소다 감독은 어떤 것에도 쉽게 '좋다'고 하지 않았어요. 그러다 '얼굴이 있었으면 좋겠어요'라는 감독의 말을 듣고 완성시킨, 얼굴이 겹겹이 쌓인 토템 기둥처럼 생긴 디자인을 제안하자 그제야 마음에 들어 했습니다."

휴대폰, 온라인 게임, 인터넷 등은 일본 애니메이션 영화에서 필수적인 요소가 되었지만, 호소다는 현대 사회에서 소셜 네트워크의 중요성과 인터넷이 지속적으로 존재한다는 점에 주목했다. 켄지와 다른 캐릭터들에게 OZ는 현실 세계와 마찬가지로 일상생활의 중요한 부분을 차지한다.

호소다와 동료 아티스트들은 호소다 아내의 고향인 나가노현을 배경으로 숨 막히는 일본의 여름 더위와 환각적이면서도 시원한 OZ 세계 사이의 극명한 시각적 대조를 표현한다. 현실 세계는 〈시간을 달리는 소녀〉보다 훨씬 더 분위기 있는 수채화 배경으로 묘사된다. 스튜디오 지브리의 여러 작품과 〈센과 치히로의 행방불명〉, 〈이웃집 야마

56쪽

OZ의 둥근 형태와 밝은 파스텔 색상은 모든 연령과 성별, 다양한 교육 수준의 유저들이 좋아하게끔 설계되었다.

왼쪽

유저들이 아바타를 어떻게 생성하고 사이버 세계에 합류하는지를 보여주는 호소다의 스토리보드

코이소 켄지와 그의 친구 사쿠마 타카시는 그들의 동아리방에서 OZ를 정기적으로 관리하는 '코드 몽키 아르바이트'를 했다.

다군〉, 미야자키 버전의 〈하울의 움직이는 성〉에서 아트 디렉터로 활동했던 타케시게 요우지는 나가노의 자연 경관을 시각적으로 구현하는 작업에 핵심적인 역할을 담당했다. "저는 영화에서 넓고 푸른 하늘과 푸르른 산 등의 배경이 일본 여름의 더위와 습기를 표현하는 데 효과적이라고 생각했습니다." 호소다가 말했다. "재능 있는 아트 디렉터 다케시게 요우지는 아름다운 자연 풍경을 멋지게 그려냈습니다."

디즈니 애니메이션 〈빅 히어로〉의 프로덕션 디자이너 폴 펠릭스는 다음과 같이 말했다. "저는 현실 세계를 완전히 구현한 입체적인 3차원의 그림과 OZ의 암시적인 공간이 만들어내는 대비를 좋아합니다. OZ의 공간은 훨씬 추상적이며 청소년기의 느낌을 주는 색으로 가득 차 있기 때문에 무언가 잘못된 것 같은 느낌을 줍니다. '러브 머신'이 공격해 올 때 그런 색의 조합은 더 불길해 보이죠."

켄지는 평소 학교에서 가장 매력적이라고 생각했던 여학생 시노하라 나츠키가 아르바이트를 제안해오자 기뻐서 어쩔 줄 모른다. 하지만 그 일이 나츠키 할머니의 90세 생일잔치에 약혼자인 척하고 참석하는 것임을 알았을 때는 이미 너무 늦었다. 그는 나츠키의 까칠한 대가족 사이에 던져졌고, 가족들은 식사 때마다 서로 말다툼을 벌이며 고귀한 진노우치 사무라이 가문의 선조를 언급한다. 가족들은 켄지의 정체가 나츠키가 말했던 것과 달리 도쿄대 학생도 아니고 유서 깊은 가문 출신도 아님을 알게 되자 그를 무시한다. 하지만 곧 켄지를 좋아하게 되고 OZ의 시스템을 위반했다는 누명을 쓴 그를 경찰로부터 보호한다.

나츠키는 '아르바이트'할 누군가를 필요로 한다.

<u>위</u>
나츠키의 포즈를 그린 호소다의 스토리보드 패널

<u>오른쪽</u>
배경 레이아웃 드로잉 위에 색을 입힌 나츠키의 컬러 이미지

<u>아래</u>
완성된 배경 위에 배치된 나츠키의 최종 이미지

왼쪽 위

켄지가 나츠키의 완고한 증조할머니 사카에와 어색하게 대화를 시도하는 장면

오른쪽 위

창밖 풍경의 레이아웃 드로잉을 배경으로 한 사카에의 엄격한 표정

중간

저녁 식사 중인 진노우치 가족. 워킹 맘과 단둘이 살고 있는 켄지는 이렇게 열정적이고 많은 인원의 가족이 모인 상황을 처음 경험한다.

사카에 할머니는 켄지의 불안한 겉모습 뒤에 숨겨진 강인함과 친절함을 단번에 알아본다. 켄지가 환대에 감사를 표하며 "이렇게 많은 사람들과 '가족처럼 함께 식사해 본 적이 없었다'"고 말하자 사카에의 마음이 움직인다. 켄지에 대한 사카에 할머니의 애정은 결코 가볍지 않다. 모성애로 가득 찬 그녀는 변변치 않은 양자 와비스케에게 화가 났을 때 오래된 갑옷 장식에서 나기나타를 꺼내 들어 와비스케를 찌를 것처럼 위협하는 인물이기도 하다.

"사카에라는 캐릭터는 제 어머니와 할머니를 비롯해, 제가 아는 많은 분에게서 영향을 받았어요. 또한 그녀의 캐릭터는 일본인들이 어머니와 할머니에 대해 품고 있는 이상화된 시각을 반영하고 있습니다." 호소다는 이렇게 말했다.

〈시간을 달리는 소녀〉의 마코토와 친구들처럼 〈썸머 워즈〉의 등장인물들 또한 다차원적이다. 그들은 모두 결점이 있다. 나츠키는 왕자를 간절히 바라는 이상적인 공주가 아니며, 켄지를 백마 탄 왕자로 착각할 사람도 없다. 〈썸머 워즈〉는 세대 간의 전통과 존중을 주제로 삼고 있는 가족 드라마에 가깝다.

진노우치 일가는 '러브 머신'으로 알려진 공격적인 인공지능 프로그램이 OZ를 습격하자 켄지에 대한 괴롭힘을 멈춘다. 처음에는 모두 켄지가 이메일로 받은 복잡한 수학 퍼즐을 풀었기 때문에 괴물이 시스템에 접근할 수 있게 되었다고 믿었다. 켄지가 퍼즐을 풀

왼쪽 위
16세기 말 진노우치 가문의 사무라이 조상들이 사용하던 갑옷
과 무기가 그려진 진노우치 저택 내부의 레이아웃 드로잉

오른쪽 위
완성된 저택의 내부 배경

중간
입양된 아들 와비스케에게 화가 난 사카에가 갑옷 진열대에서
반달 모양의 무기인 나기나타를 꺼내어 그를 위협한다.

오른쪽
켄지는 러브 머신과의 전투에서 수학 퍼즐을 푸는 데 집중한다.

진노우치 가계도
JINNOUCHI FAMILY TREE

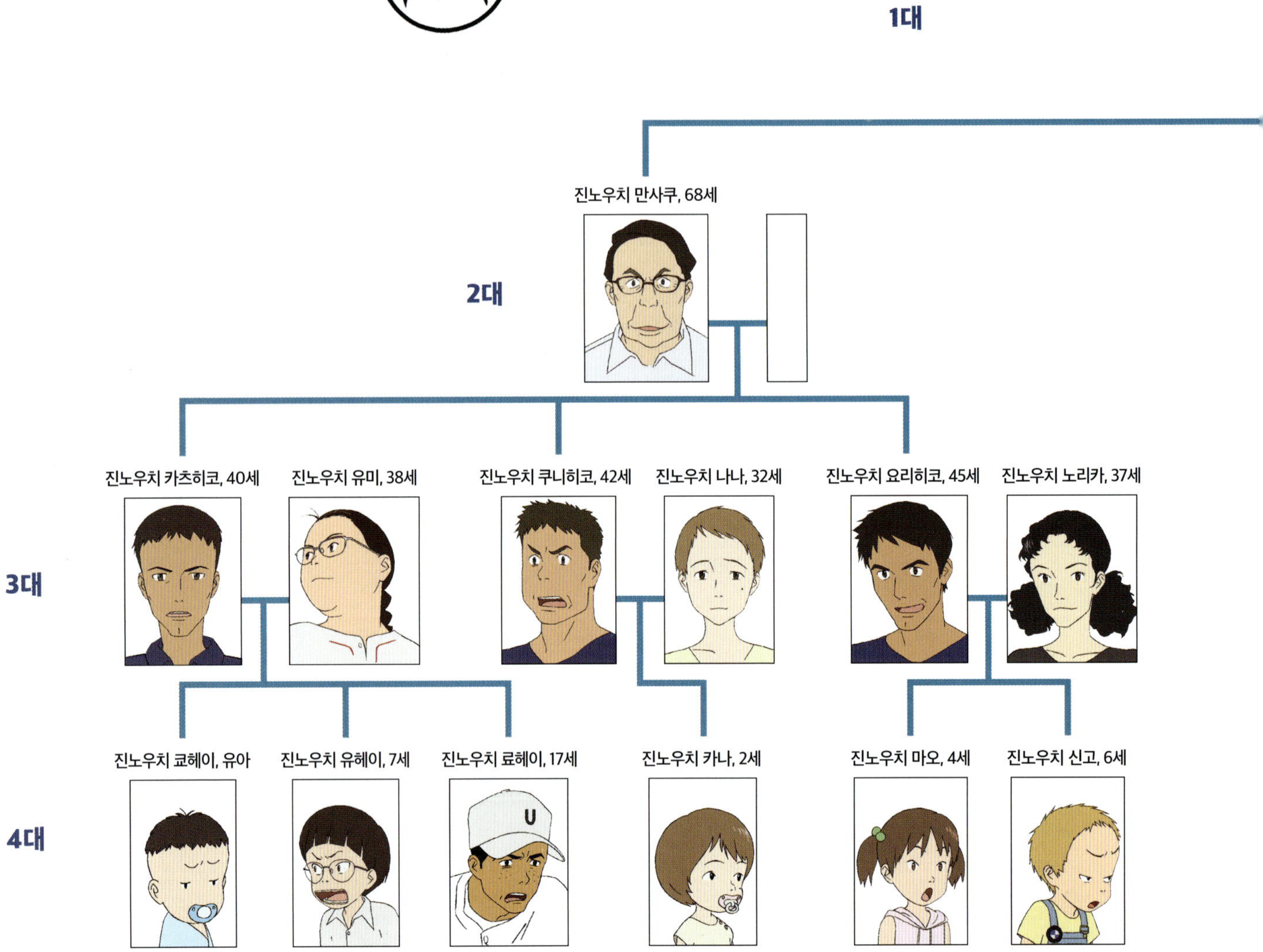

1대

2대

진노우치 만사쿠, 68세

3대

진노우치 카츠히코, 40세 · 진노우치 유미, 38세 · 진노우치 쿠니히코, 42세 · 진노우치 나나, 32세 · 진노우치 요리히코, 45세 · 진노우치 노리카, 37세

4대

진노우치 쿄헤이, 유아 · 진노우치 유헤이, 7세 · 진노우치 료헤이, 17세 · 진노우치 카나, 2세 · 진노우치 마오, 4세 · 진노우치 신고, 6세

등장인물 비교

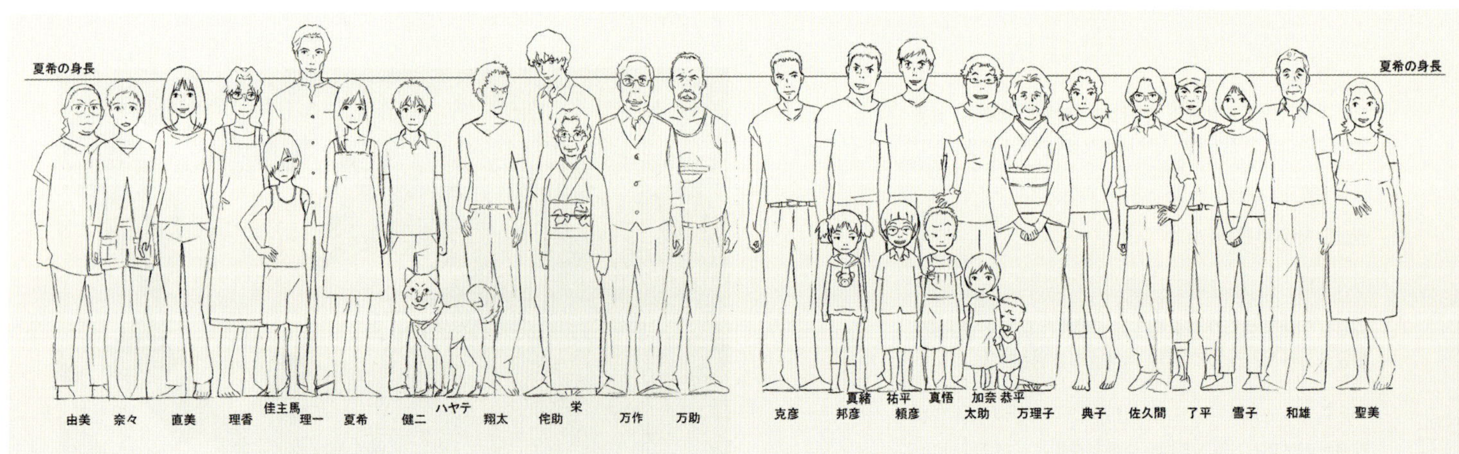

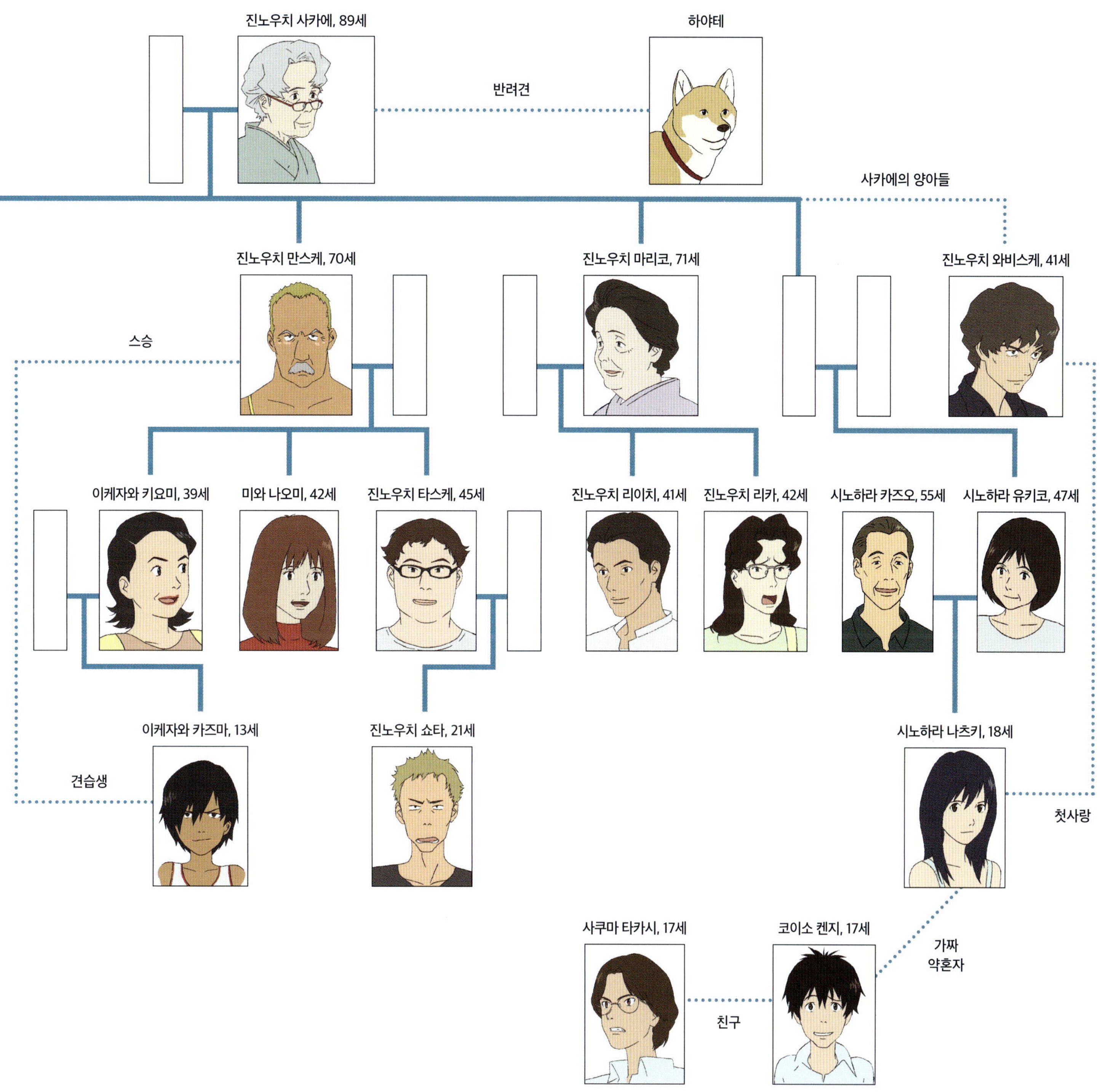

진노우치 가문의 가계도와 인물 크기를 비교한 그림. 호소다에 따르면 애니메이션 영화에서 이 정도로 많은 개별 캐릭터가 등장하는 것은 이례적이다.

아바타들

AVATARS

OZ의 각 아바타는 유저의 성격 및 관심사, 자신에 대한 이미지 등을 반영한다.

1

켄지의 원래 아바타는 만화풍의 큰 귀를 가진 어른스러운 소년의 모습이었다.

2

러브 머신이 켄지의 아바타를 흡수하면서 사악한 미소를 짓는 존재로 변한다.

3

타카시는 켄지에게 겁먹은 다람쥐 모습의 임시 아바타를 제공한다.

4~5

수수한 나츠키의 원래 아바타는 OZ의 관리자인 존과 요코에 의해 천자와 불사조, 신사의 무녀를 결합한 더욱 강력한 이미지로 변신한다.

6~9

진노우치 가족의 상당수는 소방관이나 응급 구조사이며 그들의 아바타 역시 이런 직업적 정체성을 반영한다.

10

어업회사를 운영하는 만스케 삼촌은 사카에의 90번째 생일파티에 오징어 상자를 가져온다.

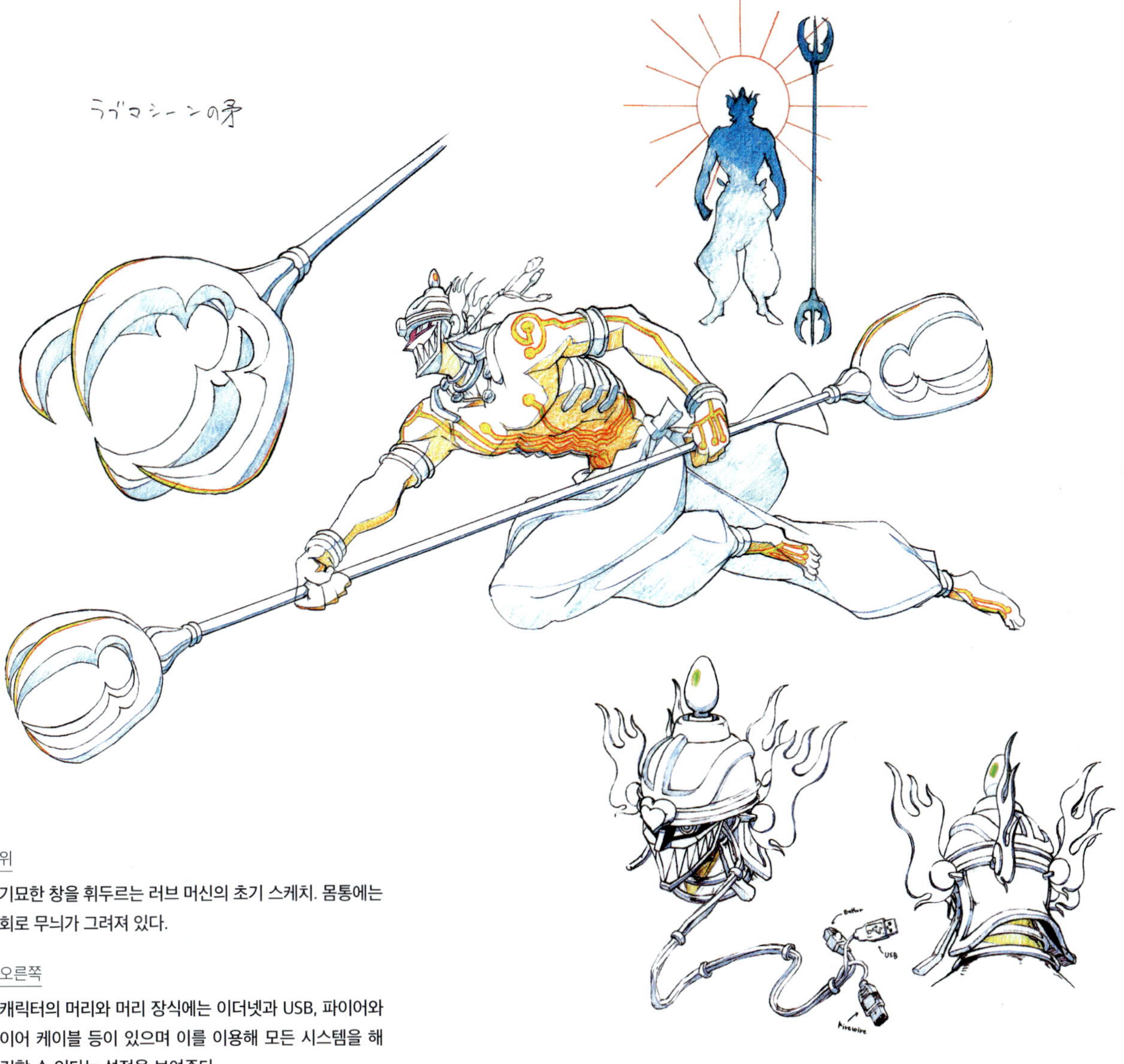

위

기묘한 창을 휘두르는 러브 머신의 초기 스케치. 몸통에는
회로 무늬가 그려져 있다.

오른쪽

캐릭터의 머리와 머리 장식에는 이더넷과 USB, 파이어와
이어 케이블 등이 있으며 이를 이용해 모든 시스템을 해
킹할 수 있다는 설정을 보여준다.

었을 때 OZ의 2056자리 숫자의 극비 보안코드가 해제되긴 했지만, 다행히 마지막 숫자를 잘못 입력했고 인터넷은 붕괴되지 않았다. 하지만 퍼즐을 정확히 푼 사람은 무려 55명에 달했고 러브 머신은 결국 해킹에 성공한다.

누구의 잘못이었든 인터넷은 붕괴되어 버렸다. 제대로 작동하는 게 없었으며, OZ 엔지니어들은 시스템에 접근할 수 없었고, 밝고 활기 찬 OZ의 흰색 외관은 낙서로 훼손되었다.

OZ를 채우던 귀여운 아바타들과는 반대로 러브 머신은 불당 입구를 지키는 사신이나 전사처럼 보인다. 러브 머신이 창으로 고속도로 이름이 적힌 패널 벽을 무너뜨리는 순간, 일본 전역의 교통이 마비되고 GPS 시스템이 작동 오류를 일으킨다. 러브 머신은 도미노처럼 넘어지는 패널들을 밀어내고 패널에 매달려 있던 상징적인 리본을 잡아당긴다. 도시의 수도관 압력은 급격히 상승하고 구급대원들은 계속해서 허위 경보가 울리는 현장으로 출동한다. 〈주먹왕 랄프〉와 〈레디

플레이어 원〉에서도 이처럼 현실과 가상 세계의 사건들을 이만큼 효과적으로 보여주지는 못했다.

편집자 니시야마 시게루는 이렇게 말한다. "중요한 것은 시퀀스를 어떻게 편집했느냐가 아니라 두 세계가 서로 연결되도록 설계한 방식입니다. 이는 단순한 편집의 차원을 넘어서는 일입니다. 저는 편집 그 자체보다도 상상력을 발휘한 분들께 공을 돌리고 싶어요. 제가 두 세계를 연결하는 데 큰 공을 세웠다고 생각하지는 않아요. 바로 그 점이 호소다 감독의 작품이 놀라운 이유입니다."

호소다는 이렇게 덧붙인다. "인프라의 파괴와 혼란을 아이들도 이해할 정도로 쉽게 설명해야 했기 때문에 단순한 방식으로 표현했습니다. OZ의 프로덕션 디자이너 조조 안리는 그런 상황을 시각적으로 표현할 아이디어를 많이 제공했어요."

호소다는 진노우치 일가의 구성원들이 일에 얽매여 있거나 교통 체증에 갇혀있는 모습을 보여준다. 이들이 사카에 할머니의 90세 생

영화 속 장면들(왼쪽)과 호소다의 스토리보드 중 하나(오른쪽)는 OZ에서 러브 머신의 행동이 진노우치 가족은 물론 일본 전체 국민에게 문제를 일으키는 모습을 보여준다. 트래픽을 마비시키고 허위 경보가 발생하는 등 혼란이 확산된다. 호소다는 웹상의 문제가 현실에 미치는 영향을 효과적으로 구축해 냈다.

67쪽

러브 머신이 다른 유저의 계정과 아바타를 흡수하여 힘을 얻는 모습을 묘사한 스토리보드와 영화 속 장면. 기하학적인 도형들은 그의 힘이 점점 커져가는 모습을 표현한다.

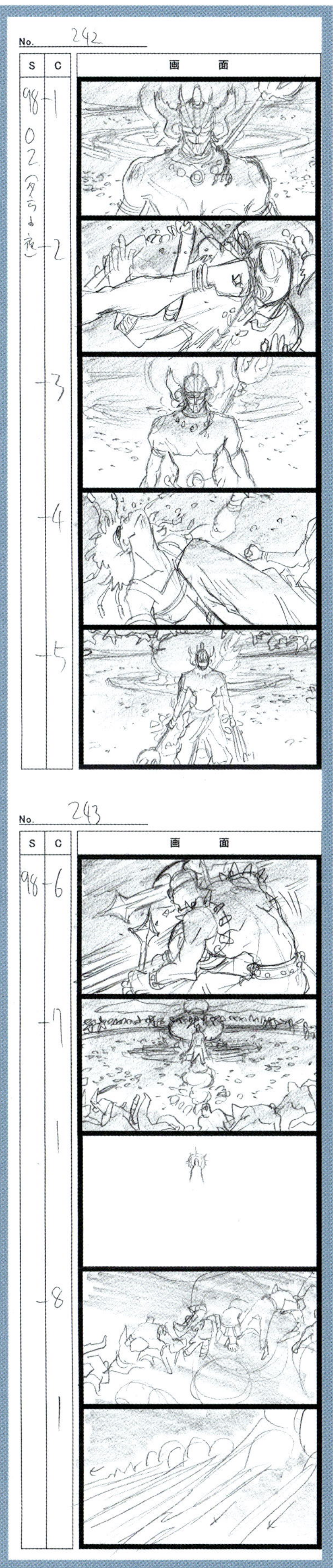

일 파티에 참석하지 못할 수도 있다는 것을 암시하며 이런 문제를 이야기에 연결한다. 가족들이 파티를 앞두고 우왕좌왕하자, 인내심을 잃은 사카에는 회전식 전화기로 전화를 걸며 행동에 나선다. 상당한 사회적 명망을 가진 그녀는 친척과 이웃, 정치인들을 움직여 행동하게 만든다. 초인적인 노력을 요구하지는 않지만, 상황을 개선하기 위해 할 수 있는 일들을 하도록 독려하고 때로는 강하게 밀어붙인다. 메시지는 분명하다. 공동체는 가족의 확장이며 모두가 힘을 합쳐야 한다는 것이다.

켄지를 비롯한 수많은 사용자들의 계정과 아바타를 흡수한 '러브 머신'은 더 강력하고 위협적인 존재가 되어 우주 탐사선을 조종하는 등 지구 전체를 위기에 빠뜨린다. 탐사선이 도시와 충돌하면 상상할 수 없는 파괴와 인명 피해를 초래할 것이다. 사카에의 행동에 감명받은 켄지는 우울했던 자신의 껍데기를 깨고 진노우치 가문의 전투를 이끈다. 내성적이고 불안정한 켄지는 자신감이 없는 성격이어서 크고 화려한 나츠키의 친척들 사이에서 보통이라면 기가 눌렸을 것이다.

"많은 애니메이터가 내성적인 성향이기 때문에 켄지에게 공감하고 어떤 제스처를 사용하는지에 대해 상상할 수 있었습니다." 애니메이션 감독 아오야마 히로유키가 언급했다. "하지만 결국 애니메이션은 감독의 스토리보드와 애니메이터들의 실제 소통이 중요합니다. 많은 수행의 성과가 스토리보드에 녹아 있습니다. 스토리보드는 프로젝트를 진행하는 모든 사람에게 가장 중요한 기준이 됩니다."

손으로 그린 애니메이션 영화에서는 많은 등장인물을 그리는 장면—업계에서는 이를 '라인 마일리지line mileage라고 부른다—은 시간과 노력, 비용이 많이 들기 때문에 기피하는 경향이 있다. 하지만 진노우치 가문은 노모와 나이 든 삼촌부터 어린 자녀를 둔 젊은 부모까지 네 세대가 모두 등장하여 식사하고 말다툼하며 가문 영지를 뛰어다니는 등 활발하게 움직이는 모습을 보여준다.

"〈썸머 워즈〉에서는 20명 남짓한 가족이 등장합니다. 이렇게 많은 등장인물에게 각자의 정체성을 부여한 영화가 몇 편이나 있을까요?" 호소다 감독은 이렇게 말한다. "아마 〈대부〉 시리즈 정도밖에 없을 겁니다. 서로 다른 배경과 성격을 가진 사람들이 한데 모이면 매우 흥미로운 영화적 상황이 만들어져요. 〈썸머 워즈〉는 모든 캐릭터가 주인공입니다! 저는 그들이 '전쟁 준비'를 시작하며 컴퓨터 장비를 옮기고 음식을 준비하는 장면을 정말 좋아해요. 주변 사람들에게 감동받은 켄지는 자신의 한계를 뛰어넘습니다."

마크 실링은 「재팬 타임스」에서 이렇게 평했다. "나츠키의 친척 27명을 포함한 수십 명의 인물이 등장하는데 그들은 단순히 주변 인물이 아닙니다. 놀랍도록 많은 캐릭터가 개별적 인물로 존재합니다."

"캐릭터 디자인은 〈에반게리온〉에 참여했던 사다모토 요시유키가 맡았습니다." 아오야마는 덧붙였다. "제 역할은 호소다 감독의 스케치를 애니메이션화할 수 있는 형태로 바꾸는 일이었습니다."

등장인물이 많은 장면에서는 각자가 뚜렷한 개성을 가진다. 아오야마는 "사다모토와 호소다 감독에게 공을 돌리고 싶습니다. 호소다 감독은 각 캐릭터가 어떻게 행동할지 길게 이야기했습니다"라고 말했다.

"가족이 단체로 식사하는 장면은 뛰어난 애니메이터 하마다 다카유키가 모두 담당했습니다." 그는 이어서 말했다. "적절한 애니메이터를 적절한 장면에 배치하는 일은 매우 중요하기에 호소다 감독이 매우 신경 쓰는 부분이었습니다. 좋은 애니메이터를 배정한 덕분에 제 작업이 훨씬 수월해졌습니다."

진노우치 가문은 17세기 사무라이가 사용했던 전략을 따라 러브 머신을 사이버 감옥에 가두려 했지만, 한 친척이 실수로 슈퍼컴퓨터를 과열시키는 바람에 괴물이 탈출하게 된다. 끔찍한 재앙이 임박한 가운데 가족은 비유적이자 문자 그대로 마지막 도박에 나선다.

그들은 러브 머신이 경쟁적인 게임에 약하다는 점을 이용하여 가족들의 아바타를 담보로 일본의 전통 카드 게임인 '코이코이'를 제안한다. 에도 시대의 금박 병풍을 연상시키는 OZ 카지노의 벽에는 공룡의 실루엣들이 움직인다. 조조는 "디자인 시안을 일본식으로 몇 가지 만들었지만 호소다 감독의 'OK'를 받을 수 없었습니다. 그러다 '공룡을 넣어보자!'라는 감독의 말에 따라 최종 디자인을 완성했습니다"라고 말했다.

이제 러브 머신은 셀 수 없이 많은 훔친 아바타들을 병합하여 거대한 점묘 스타일의 괴물로 변화한다. 길게 뻗은 토끼 귀는 나츠키의 음울한 사촌 카즈마의 아바타인 OZ 무술 챔피언 킹 카즈마에게서 빼앗은 것이다. 나츠키 위로 드리운 러브 머신의 위협적인 모습은 그녀가 직면한 위험의 파괴력을 보여주며 나츠키는 그와 대적하기 위해 폭풍 앞의 등대처럼 홀로 서 있다.

편집자 니시야마 시게루는 "호소다 감독은 스토리보드 단계에서부터 이런 갈등을 형성하는 능력이 뛰어납니다. 초반에서는 관객들이 보는 장면의 규모와 웅장함을 형성하기 위해 긴 컷을 사용하다가 점차 빠른 액션 컷으로 전환합니다. 클로즈업을 찍었다가 다시 카메라를 멀리 당기면서 역동적인 느낌을 만들어내지요. 그런 호소다 감독의 테크닉은 OZ 세계를 만들 때도 예외는 아니었습니다"라고 말했다.

"호소다의 작품을 특별하게 만드는 것은 기술적인 숙련도입니다. 그의 영화에는 불필요한 카메라 움직임이 없어요." 그는 말을 이었다. "일부는 토에이 시절의 영향일지도 모릅니다. 당시 우리는 실사 작업을 맡은 아티스트와 가깝게 지냈습니다. 그들의 아이디어를 많이 받아들였다고 생각해요. 오늘날 애니메이션과 실사 영화를 보면 카메라가 매우 자유롭게 움직입니다. 어떨 때는 가면 안 되는 곳까지 가기도 하지요. 하지만 호소다 감독의 작품에는 그와 관객의 시선이 매우 명확하게 정의되어 영화 속 세상을 바라볼 수 밖에 없습니다."

진노우치 가문이 러브 머신에 맞서 '전쟁 준비를 시작'하자 삼촌 중 한 명이 전투에 더 적합한 거대한 컴퓨터를 국방부에 전달한다.

사카에의 시신은 집 안에 안치된 채, 커다
란 얼음덩이들로 보존되고 있다.

나츠키는 전투 중에 복합적이고 다층적인 인물로 부각된다. 러브 머신에 맞설 때 그녀는 두려움에 사로잡히는데, 그 두려움에는 충분한 이유가 있다. 친척들이 자신을 지원하기 위해 응원하고 있다는 것을 알면서도 그녀는 게임에 집중하기 위해 시끄럽다고 소리친다. 형상화된 고래인 존과 요코(OZ의 수호신)가 그녀의 용기를 기리며 '럭키 아이템'을 부여한다. (나이 든 친척 중 한 명은 다음과 같이 말한다. "이게 뭔지 모르지만 고맙구만!") 벚꽃이 눈보라처럼 휘몰아치며 나츠키가 입고 있던 옷이 신궁 무녀의 복장인 붉은색 치마와 흰색 상의로 바뀐다.

〈울프 워커스Wolf Walkers〉로 오스카상 후보에 올랐던 톰 무어 감독은 다음과 같이 말했다. "〈썸머 워즈〉는 호소다가 본격적으로 몰입해 만든 영화라고 느꼈습니다. 디지몬 같은 세계지만 매우 깊이 있는 설정과 무거운 내용을 담고 있어요. 세계관을 진정성 있게 구축하려면 어둡고 위험한 면까지 진심을 다해 보여주어야 합니다."

나츠키는 증조할머니 사카에에게 배운 코이코이 실력을 발휘해 러브 머신을 물리친다. 켄지는 놀라운 수학 능력을 이용하고 카즈마는 쿵푸와 컴퓨터 게임 기술로 나츠키를 돕는다. 결투가 절정에 다다를 때 한 독일 소년이 나츠키에게 가족을 지켜달라는 부탁과 함께 자신의 아바타를 사용하라고 제안한다. 이에 수많은 사람들이 소년에게 합류하여 러브 머신을 물리치는 데 필요한 자원을 나츠키에게 제공한다. 호소다는 빠른 컷들을 연속해 나열하면서 모든 연령과 국적을 초월한 사람들이 전투를 지켜보며 조용히 나츠키를 응원하는 모습을 보여준다. 다양한 사람들이 연대하여 공동체를 형성하고 개별적으로는 상대할 수 없는 적을 무너뜨린다.

그들의 믿음에 감동한 나츠키는 눈물을 흘리며 자신감을 되찾고 이를 악문 채 적에 맞선다. 호소다는 화려한 특수효과가 아니라, 매우 인간적인 십 대들의 모습에 초점을 맞춘다. 등장인물들은 누구도 초능력에 의존하지 않는다. 덕분에 다른 SF 작품들에 비해 그들의 승리에는 즉시성이 부족한 것처럼 느껴진다. ('현실에는 슈퍼히어로나 거대 로봇이 존재하지 않는다.')

호소다는 〈썸머 워즈〉를 만들면서 일본의 가족을 기리는 작품을 보여주고 싶다고 했지만, 영화는 여름 블록버스터로 큰 성공을 거두었다. 블루레이 판매는 이전 최고 기록인 안노 히데아키의 〈에반게리온: 서Evangelion: 1.0 You Are Not Alone〉를 넘어섰다. 호소다는 일본 아카데미상 최우수 애니메이션 영화상을 다시 한번 수상했으며, 도쿄 애니메이션 어워드에서 올해의 애니메이션, 미술 감독, 캐릭터 디자인, 최우수 감독상, 원작 및 각본상을 수상했다. 스페인 카탈루냐 국제 판타스틱 영화제에서는 최우수 애니메이션 영화로 선정되었고 일본 경제산업성이 주최하는 일본 디지털 콘텐츠 협회의 뉴미디어 부문에서도 상을 수상했다.

이 영화는 일본, 미국, 유럽에서 극찬을 받았으며 안시 국제 애니메이션 페스티벌과 베를린 국제 영화제, 로카르노 국제 영화제 등에서 상영되었다. 「재팬 타임스」의 실링은 "애니메이션 감독 아오야마 히로유키, 액션 애니메이션 감독 니시타 타츠조, 캐릭터 디자이너 사도모토 요시유키를 포함한 호소다와 그의 팀은 움직임에 대한 탁월한 표현력과 얽매이지 않는 환상적인 창의력으로 자칫 유치하고 지루해 보일 수 있는 평범한 SF 판타지 영화를 애니메이션 대작으로 만들었다"라고 평했다.

코이코이를 플레이하는 나츠키
NATSUKI PLAYS KOI-KOI

코이코이는 19세기 초에 만들어진 화투를 기반으로 하는 일본의 전통 카드 게임이다. 카드에 그려진 이미지는 한 해의 열두 달을 상징하며, 각 달에 해당하는 꽃과 동물, 달의 단계가 표현되어 있다. (닌텐도는 1989년 수제 화투를 제작하고 판매하기 위해 설립되었다.) 진노우치 가문의 일원들은 게임에 열성적이며 나츠키는 증조할머니에게 게임하는 법을 배웠다.

공룡의 실루엣이 보이는 배경은 에도 시대의 금박 병풍을 떠올리게 한다. 익명의 독일 유저가 나츠키에게 자신의 계정(아래)을 제공하며 가족을 보호해달라고 요청한다.

러브 머신과 싸우는 나츠키의 결연한 의지를 보여주는 애니메이션 드로잉과 영화 속 장면

계속되는 전투

맨 위

나츠키의 움직임을 표현한 레이아웃 드로잉

중간

영화 속 장면과 애니메이션 드로잉. 메모와 간단한 다이어그램
은 애니메이터들을 위한 설명이다.

72~73쪽

드라마틱한 이미지는 도난당한 수많은 계정을 흡수해 거대해진
적과 마주하는 나츠키의 용맹함을 보여준다.

50th

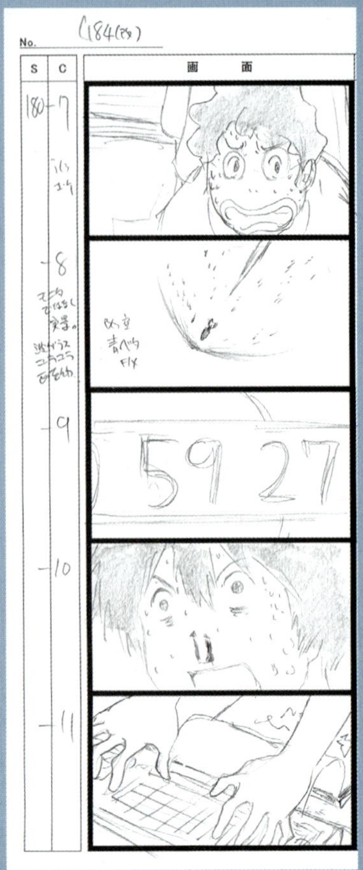
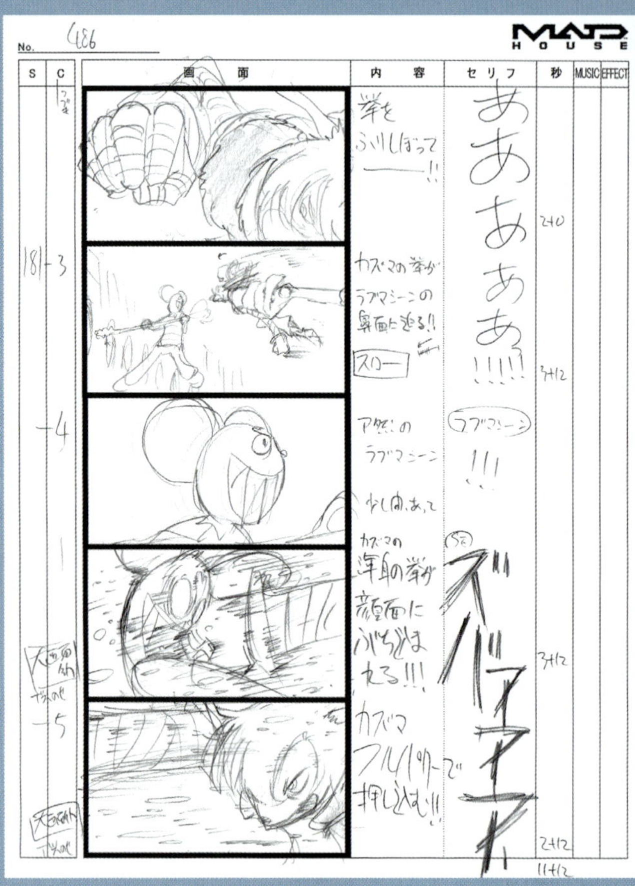

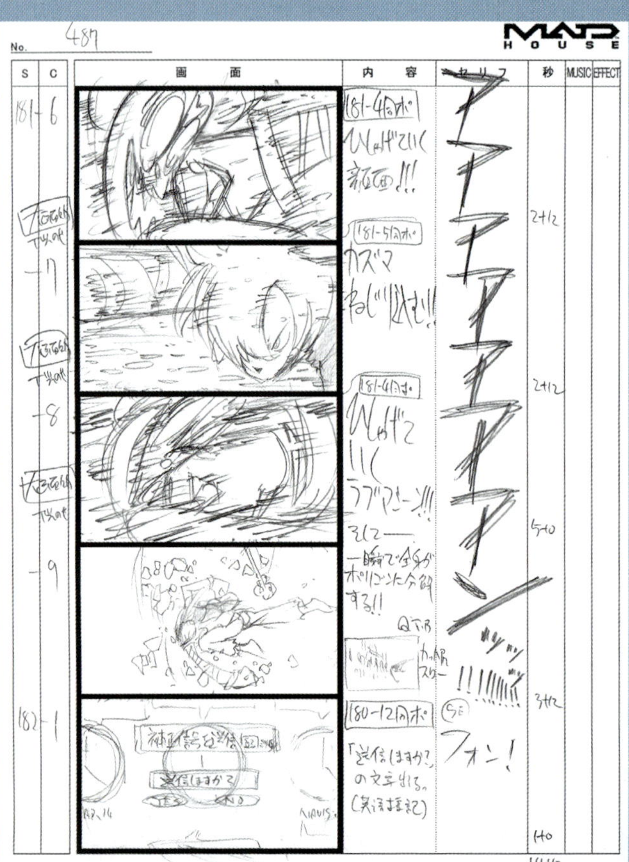

「프리미어」의 제라드 데롬은 "놀라운 작품이다. 로버트 알트만에 비견할 정도의 기교, 가상과 현실의 상호작용이라는 측면에서 제임스 카메론과 동등한 패기, 클로드 소테와 유사한 인간적 복잡성을 갖고 있다"라고 말했다. 「애니메이션 뉴스 네트워크」의 저스틴 세바키스는 "수십 년 후 〈썸머 워즈〉는 호소다 마모루가 역사적으로 중요한 애니메이션 감독의 반열에 공식적으로 등장한 영화로 평가될 것이다. 사회 풍자와 공상과학 소설이 거의 완벽하게 혼합되어 있으며 현시대에 적절하면서도 시대를 초월하는 냉소적이면서도 낙관적인 작품이다"라고 언급했다.

〈썸머 워즈〉가 국제적인 호평을 받은 것에 대해 호소다는 이렇게 말했다. "뉴욕 국제 어린이 영화제에서 열린 미국 시사회에 참석했는데 현지 관객들이 영화를 즐기는 모습을 보고 무척 기뻤습니다. 물론 다른 나라의 관객들도 제 영화를 좋아해 주길 바라지만 국적을 떠나, 결국 좋은 영화만이 국제적으로 사랑받을 수 있다고 생각합니다."

74쪽과 왼쪽

나츠키는 러브 머신을 2개의 계정으로 축소시킨다. 켄지는 뛰어난 수학 능력을, 카즈마는 킹 카즈마로서의 무술 실력을 발휘하여 러브 머신이 OZ의 보안 시스템에 다시 영향을 미치기 전에 쿠데타를 일으킨다. 스토리보드 작업은 애니메이션 작가들이 담당하는 미국 스튜디오들과는 달리, 호소다를 비롯한 일본 감독들은 영화 전체 제작 과정에 직접 참여한다.

아래

팬에게 킹 카즈마를 그려주는 호소다

76쪽

진노우치 가문의 저택을 보여주는
호소다의 스토리보드

위

저택 중앙의 붉은 직사각형으로 카
메라의 배치와 움직임을 표시한 레
이아웃 드로잉

오른쪽

인테리어 디테일을 담은 배경 그림

78~79쪽

일본 혼슈 중심부에 위치한 나가노
현의 풍경을 연상시키는 배경 그림

11-5.

배경 디자인
BACKGROUND DESIGNS

호소다는 아내의 고향인 나가노현의 풍경이 배경에 담기길 원했다.

진노우치 저택의 창문 너머로 보이는 거대한 적란운은
일본 여름의 숨 막히는 더위와 습도를 표현하고 있다.

OZ

밝은 색상과 둥근 형태의 OZ는 모든 사용자가 안전하고
환영받는 감각을 느끼도록 디자인되었다.

83쪽

OZ를 훼손한 낙서는 일본 전역을 혼란에 빠뜨릴 러브 머
신의 파괴 행위를 여실히 드러낸다. 디즈니의 프로덕션 디
자이너 폴 펠릭스는 "러브 머신이 공격해 오면 OZ의 색채
때문에 그 장면이 한층 더 불길해 보인다"라고 언급했다.

킹 카즈마
KING KAZMA

나츠키의 무뚝뚝한 사촌 이케자와 카즈마는 학교에서 괴롭힘을 당한 뒤, 삼촌 만스케에게 쿵푸를 배우기 시작한다. 카즈마는 자신의 무술 실력과 비디오 게임 기술을 아바타인 킹 카즈마에게 주입한다. 〈썸머 워즈〉의 타이틀 시퀀스에서 카즈마는 기록적인 속도로 일련의 도전자들을 물리친다.

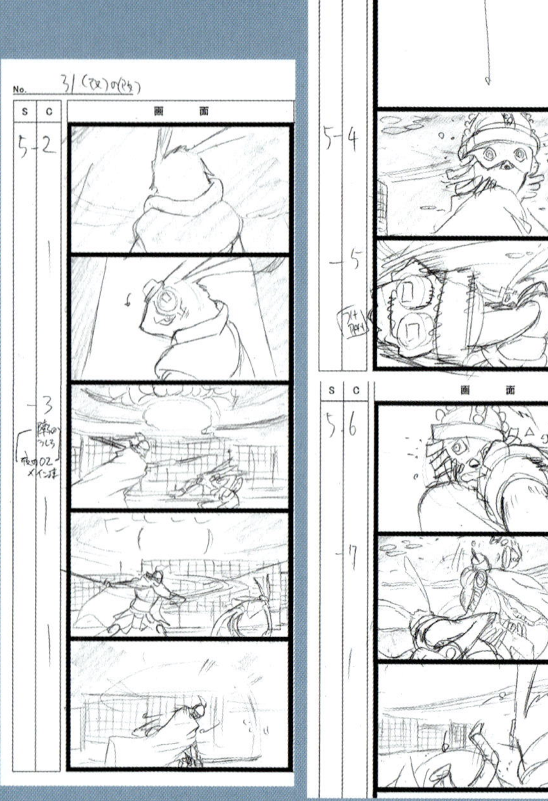

위
오프닝 전투를 그린 호소다의 스토리보드

아래
캐릭터와 카메라의 움직임을 표현한 레이아웃 드로잉

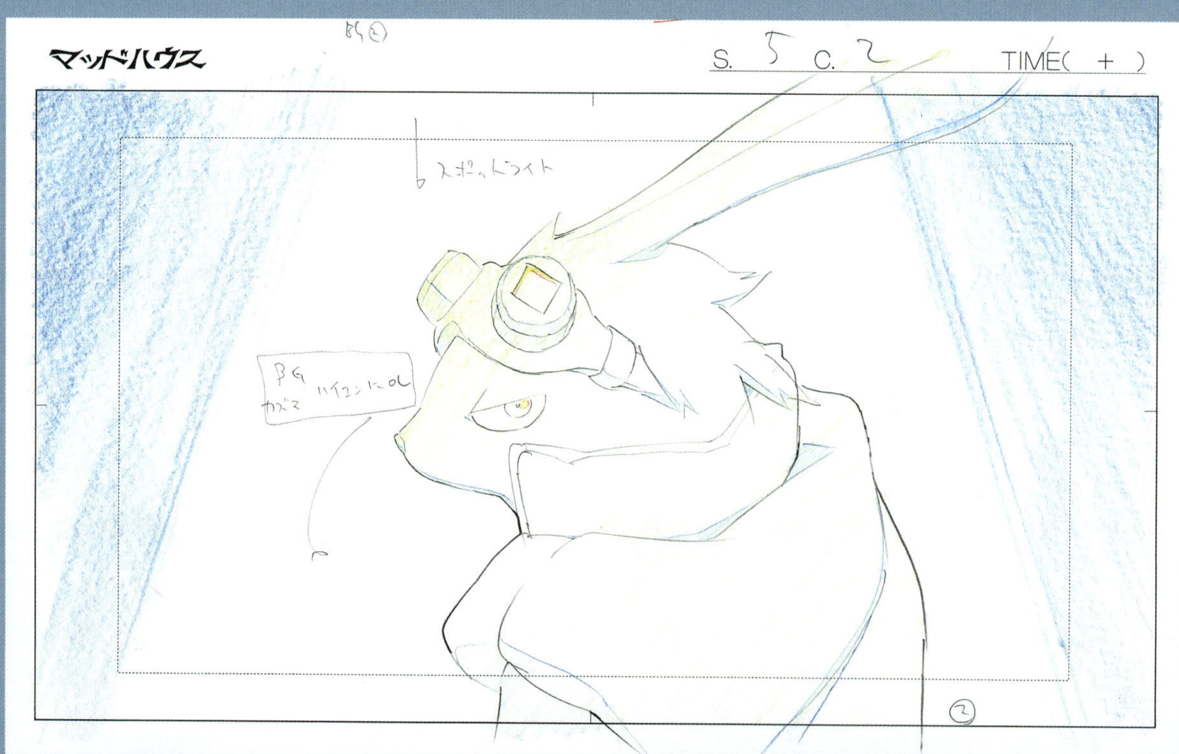

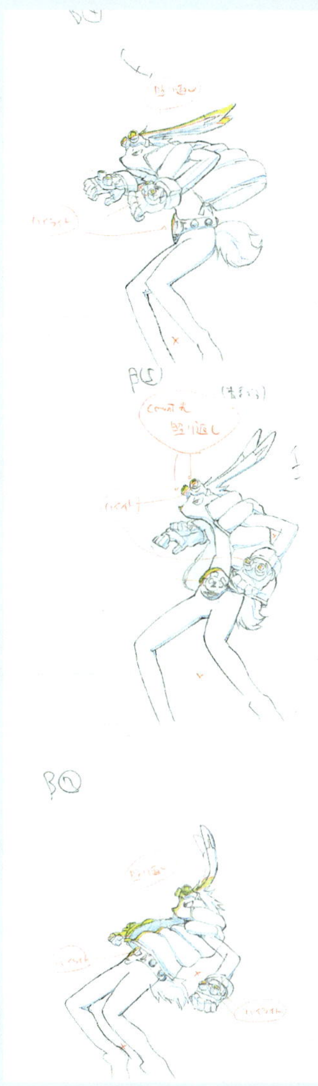

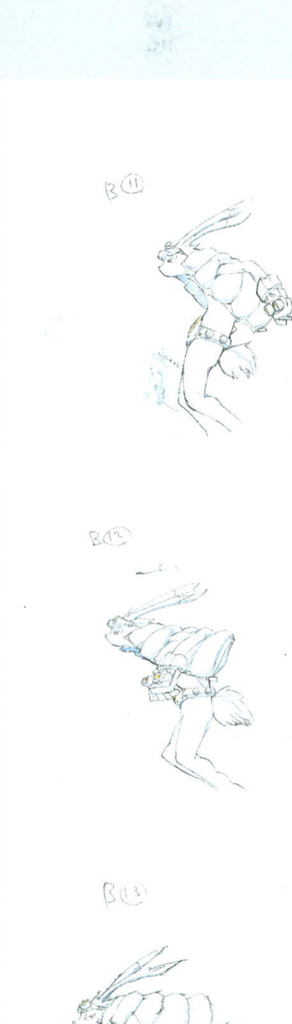

오른쪽

중세 기사처럼 보이는 도전자의 아바타를 쓰러뜨리는 킹 카즈마

86~87쪽

킹 카즈마의 라운드하우스 킥은 카즈마의 무술 동작에 대한 지식을 반영한다.

킹 카즈마 애니메이션 스케치
KING KAZMA ANIMATION SKETCHES

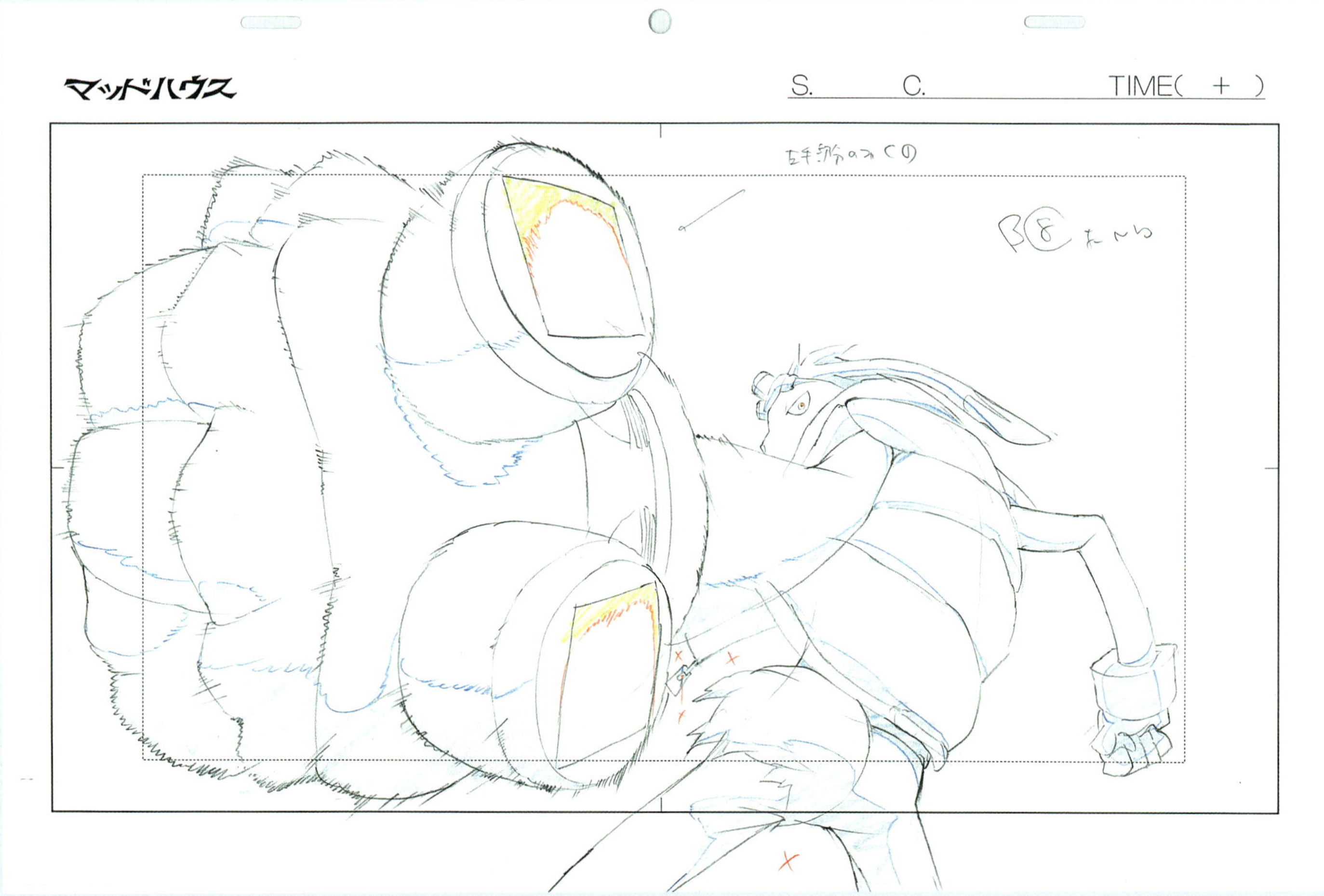

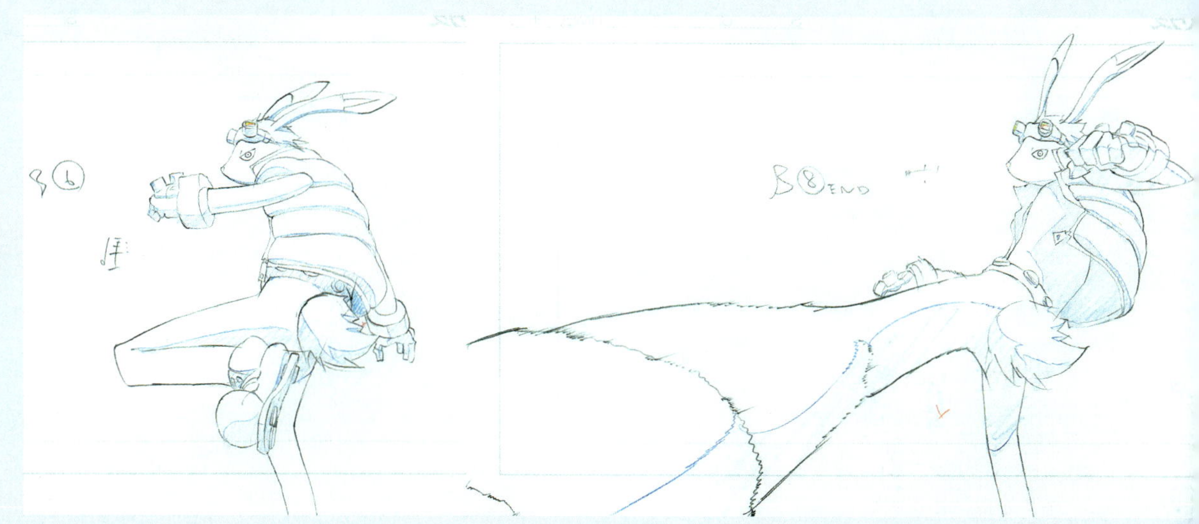

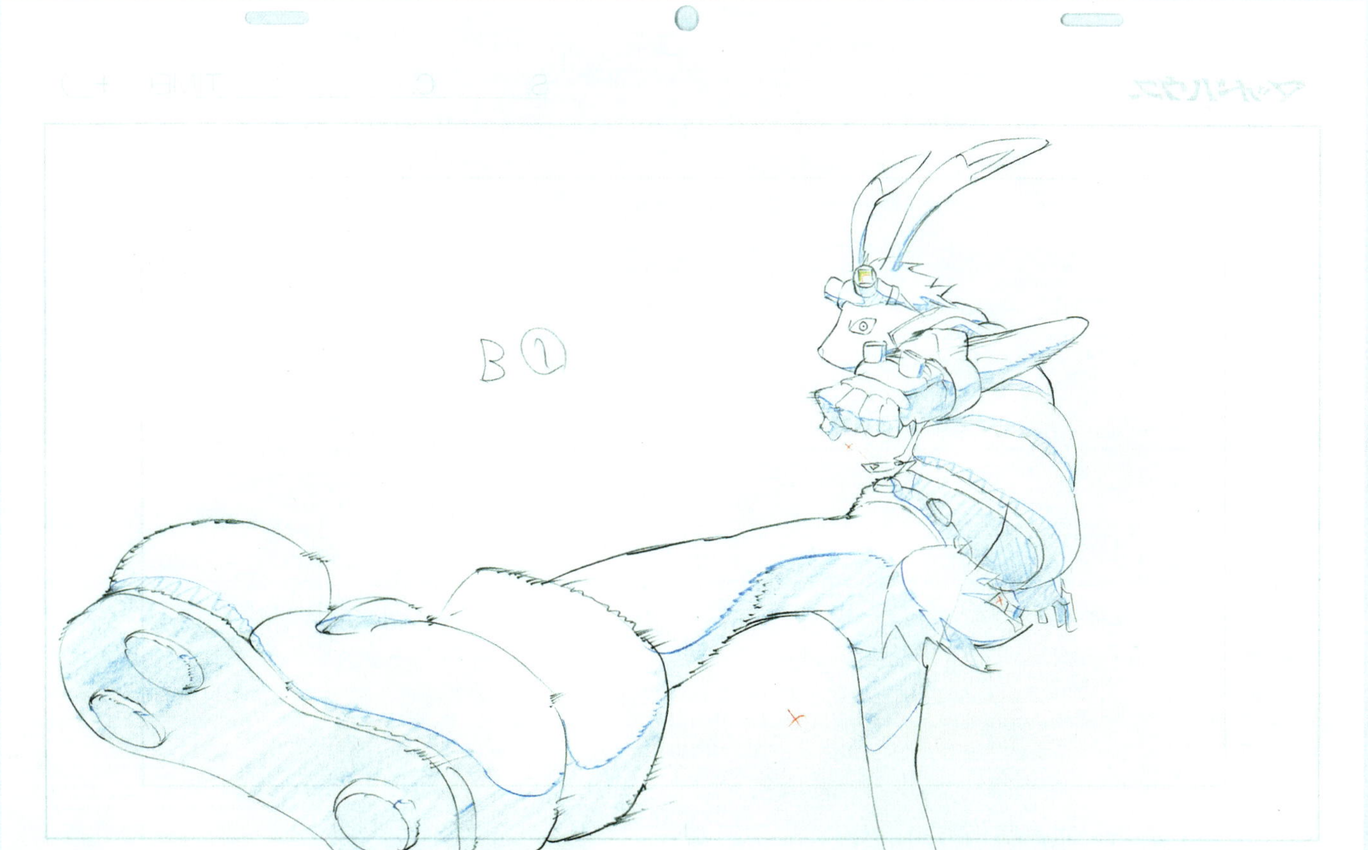

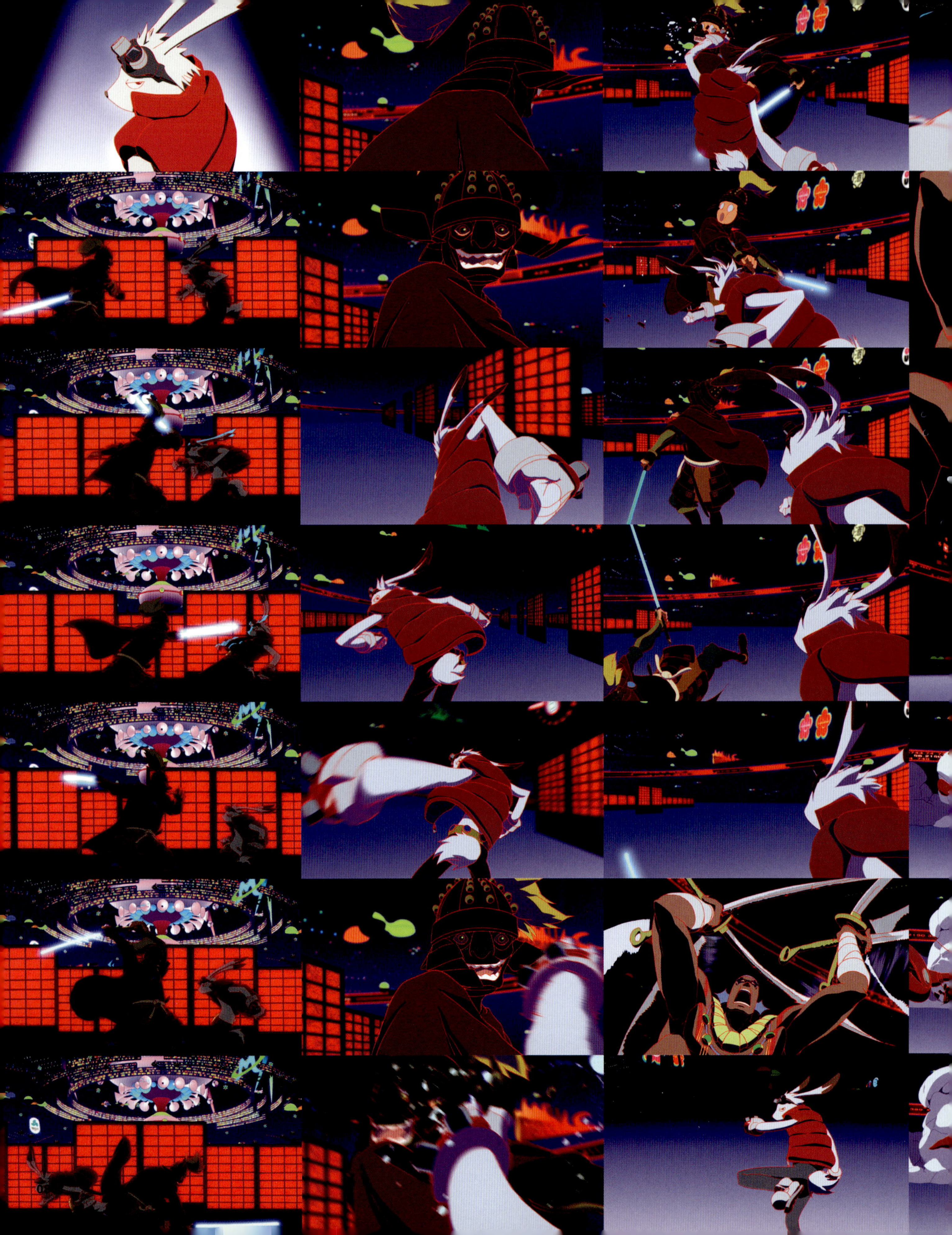

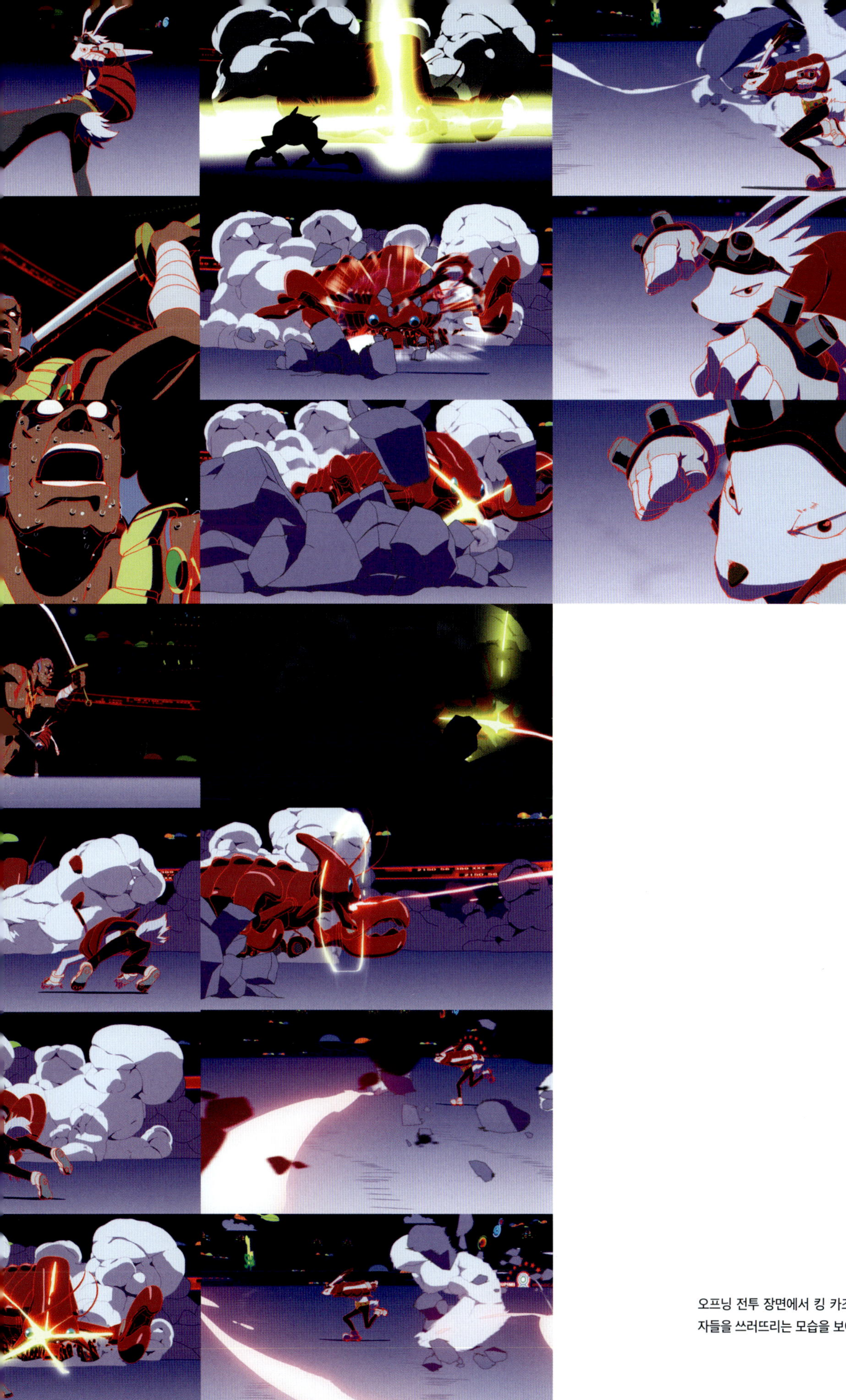

오프닝 전투 장면에서 킹 카즈마가 다양한 도전
자들을 쓰러뜨리는 모습을 보여준다.

러브 머신 애니메이션 스케치

LOVE MACHINE ANIMATION SKETCHES

킹 카즈마와의 전투가 시작되자 러브 머신은 준비 자세를 취한
뒤 적을 향해 돌진한다. 애니메이터들의 사고 과정이 고스란히
드러나는 스케치 드로잉

러브 머신과 킹 카즈마의 전투는 계속된다. 격투 장면에서 복잡한 도약과 발차기, 턴 등의 작업을 묘사한 왼쪽의 러프 스케치. 오른쪽의 클린업 드로잉에는 디테일과 세련된 라인 작업을 추가하여 깔끔하게 다듬어진 모습이 담겨 있다.

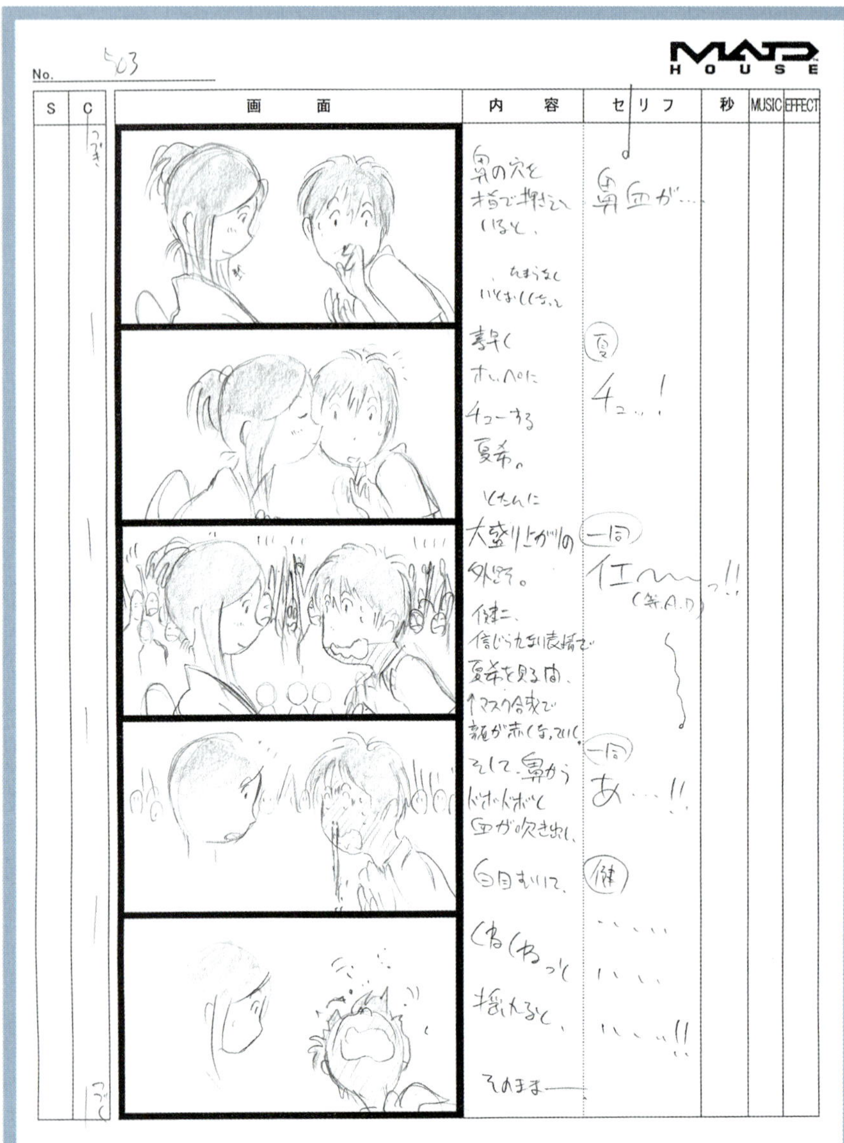

켄지에 대한 마음이 점차 깊어지는 나츠키를 표현한 호소다의 스토리보드와 영화 속 장면

95쪽

켄지의 과잉 반응에 즐거워하는 듯 환한 표정을 짓고 있는 사카에의 영정 사진은 그녀가 켄지를 나츠키의 파트너로 인정하고 있음을 보여준다.

これは新しい戦争だ。
サマーウォーズ
SUMMER WARS
監督：細田守　脚本：奥寺佐渡子　キャラクターデザイン：貞本義行　作画監督：青山浩行　アクション作画監督：西田達三　美術監督：武重洋二　音楽：松本晃彦
キャスト：神木隆之介　桜庭ななみ　谷村美月　仲里依紗　富司純子
日本テレビ放送網・マッドハウス提携作品　アニメーション制作：マッドハウス　製作：『サマーウォーズ』製作委員会　配給：ワーナー・ブラザース映画
s-wars.jp
「ヱヴァンゲリヲン新劇場版」
キャラクターデザイン　貞本義行 × 「時をかける少女」細田守監督最新作

마케팅 MARKETING

자석, 머그컵, 접시, 파우치 등 〈썸머 워즈〉 관련 상품들

98쪽

〈썸머 워즈〉 포스터

98쪽
전체 출연진의 아바타가 모두 모여 있는 10주년 기념 포스터

러브 머신과 킹 카즈마의 화려한 피규어와 물병, 가방, 티셔츠 등을 새롭게 선보였다.

늑대아이

WOLF CHILDREN

〈늑대아이〉는 호소다 마모루 감독과 프로듀서 사이토 유이치로의 커리어에 커다란 전환점이 되었다. 그들은 이 작품을 계기로 스튜디오 치즈를 설립하게 된다. 〈썸머 워즈〉가 호소다 아내의 대가족에서 영감을 받아 만든 영화였다면, 〈늑대아이〉는 그보다 더 개인적인 경험에서 비롯되었다.

"2002년경, 〈하울의 움직이는 성〉의 진행이 잘되지 않았을 때 호소다 감독의 어머니는 건강이 급격히 악화되어 병마와 긴 싸움을 시작했습니다." 사이토가 설명했다. 호소다는 애니메이션 업계를 떠나 어머니를 돌보기 위해 토야마로 돌아갔다. 하지만 〈썸머 워즈〉의 캐릭터 중 한 명의 모델이기도 했던 그의 외삼촌이 '어머니는 우리가 돌볼 테니 걱정 말고 계속 네 꿈을 쫓아가'라고 했다고 한다. 호소다는 '멱살이 잡혀 끌려오다시피' 도쿄로 돌아와 다시 감독으로 복귀했다. 토에이 시절, 가명으로 맡았던 작업으로 어머니의 병원비를 댈 수 있었지만, 어머니는 호소다가 〈썸머 워즈〉를 완성하기 두 달 전 세상을 떠났다. 영화는 대가족에 대한 그의 첫 번째 작품이었다. 〈썸머 워즈〉를 마무리한 그는 어머니의 인생에 경의를 표하기 위해 〈늑대아이〉를 집필하기 시작했다. 사이토는 이렇게 말한다. "호소다 감독은 자신을 위해 헌신하신 어머니의 삶에 감사의 마음을 표현하길 원했고, 이 작업을 위해 매우 순수한 장소가 필요했습니다."

'작업을 위한 순수한 장소'에 대한 필요는 좋지 않은 시기에 제기되었다. 사이토는 말을 이었다. "매드하우스는 재정적인 어려움을 겪고 있었습니다. 어느 날 밤, 업계 멘토였던 마루야마 마사오(매드하우스의 공동 창립자)에게 전화가 왔습니다. 그는 병원에 입원 중이었죠. 저는 순간 제게 유언을 남기려고 전화를 걸었다고 생각했습니다. 그런데 막상 병원에 가보니 건강하고 기분이 좋은 상태에서 콜라를 마시고 있더군요. 그는 이렇게 말했습니다. '사이토, 이제 당신이 어떤 위치에 있고 다음에 무엇을 해야 할지 평가할 때가 되었습니다. 깊이 생각하고 행동할 수 있는 사람이라고 생각해서 당신을 지목했어요.'"

호소다는 이렇게 덧붙였다. "매드하우스에서 〈시간을 달리는 소녀〉와 〈썸머 워즈〉를 만들었습니다. 저는 매드하우스에서 영화를 만드는 것을 정말 좋아했습니다. 우린 멋지게 해내고 있었고 계속해서 영화를 만들 거라고 생각했죠. 그런데 매드하우스가 재정 문제를 겪으면서 사이토와 정말 많은 대화를 나누었습니다. '어떻게 해야 할까? 이제 영화를 만들 수 없을지도 몰라!' 우리는 '스튜디오 치즈(일본어로 '지도'를 뜻한다)'가 우리를 원하는 곳으로 인도하는 보물 지도가 되어주길 바랐습니다."

작은 스튜디오들은 종종 개인이나 아티스트 그룹을 중심으로 설립되며 일본 애니메이션 신에서 중요한 역할을 해왔다. 하지만 스튜디오 치즈는 처음부터 〈늑대아이〉 제작이라는 한 가지 목적을 위해 설립되었다. 주요 인물들 누구도 스튜디오 치즈가 지속적으로 존속될 것이라 예상하지 못했다.

"우리는 호소다 감독의 차기작을 제작하기 위해 스튜디오를 설립했습니다." 일본 TV의 공동 총괄 프로듀서 타카하시 노조무가 이같이 말했다. "안노 히데키의 〈에반게리온〉 제작사인 스튜디오 카라와는 달리

스튜디오 치즈는 강력한 지적 재산이 없었기 때문에 조직을 구성할 수는 없었습니다. 그보다는 스튜디오 지브리의 초기 모델에 더 가까웠습니다. 저희는 영화를 제작하기 위해 스튜디오를 설립했고, 토쿠마 쇼텐이 스튜디오 지브리를 지원했던 것처럼 파트너사나 후원자를 찾으려 했습니다. 일본 TV는 〈썸머 워즈〉의 제작을 도왔기에 두 회사의 관계는 매우 돈독했습니다. 또한 카도카와는 〈시간을 달리는 소녀〉에도 관여했습니다. 이런 두 아군을 끌어들이는 일은 스튜디오 치즈의 초창기에 매우 중요했어요."

호소다는 새 영화를 혼자서 기획했지만 〈시간을 달리는 소녀〉와 〈썸머 워즈〉에서 함께 작업했던 오쿠데라 사토코와 함께 시나리오를 썼다. 호소다는 이전의 협업에는 만족을 느꼈지만 자신의 어머니를 기리는 작품에 다른 작가가 관여한다는 일에 어색함을 느꼈다. 하지만 호소다는 오쿠데라를 다음과 같이 평했다. "일본 영화 산업의 소중한 자산입니다. 그녀처럼 능력 있는 작가는 많지 않아요."

19세의 성실한 대학생 하나는 역사 수업에서 조용하고 키가 큰 남학생이 교재도 없이 필기만 하는 모습을 보게 된다. 이를 발견한 그녀는 그에게 자신의 책을 빌려준다. 함께 시간을 보내면서 명랑한 소녀와 내성적인 소년은 서로에게 마음을 열고 사랑에 빠진다. 그는 결국 자신이 늑대인간임을 털어놓는다. 그는 서양 설화 속 늑대인간이 아니라, 일본 민담에 자주 등장하는 변신 능력을 지닌 존재였다. 그는 자유롭게 모습을 바꿀 수 있으며, 일본에서는 20세기 초 늑대가 멸종되었기 때문에 자신의 종족에서 마지막으로 남은 후손이었다.

〈썸머 워즈〉의 북적거리고 활기찬 줄거리와는 대조적으로 하나와 늑대인간의 로맨스는 타카기 마사카츠의 섬세한 음악에 맞추어 조용히 전개된다. "하나와 늑대인간은 로맨스와 사랑을 키워가는 과정에서 언어를 사용할까요? 아마 아닐 겁니다." 호소다는 깊은 생각 끝에 말했다. "늑대인간은 침묵 속에서 살아가며 자신의 비밀을 마음속 깊이 간직해야 하는 존재입니다. 두 사람의 끌림은 일반적인 방식과는 다르죠. 서로를 알아가기 위해 말을 사용하지는 않을 겁니다. 동시에 저는 말하지 않고도 상대를 이해하는 하나의 능력을 그리고 싶었습니다."

"이 작품이 로맨틱 코미디였다면 두 사람의 관계가 발전하는 과정에서 말다툼과 농담이 많이 오고 갔을 겁니다." 그는 덧붙였다. "하지만 우리는 멸종 위기에 처한 종족을 보고 있어요. 그는 기구한 운명과 매우 은밀한 개인사를 갖고 있습니다. 하나는 모든 것을 이해하고 받아들이며 그 상황에서 로맨스를 만들어가야 합니다. 그들의 관계에서 말이 큰 역할을 하지는 않을 겁니다."

오른쪽

호소다의 스토리보드. 감정의 힘을 전달하기 위해 대화가 필요 없는 시퀀스다.

107쪽

하나에게 자신의 진정한 본성을 드러내는 늑대인간을 섬세하게 표현한 애니메이션 드로잉

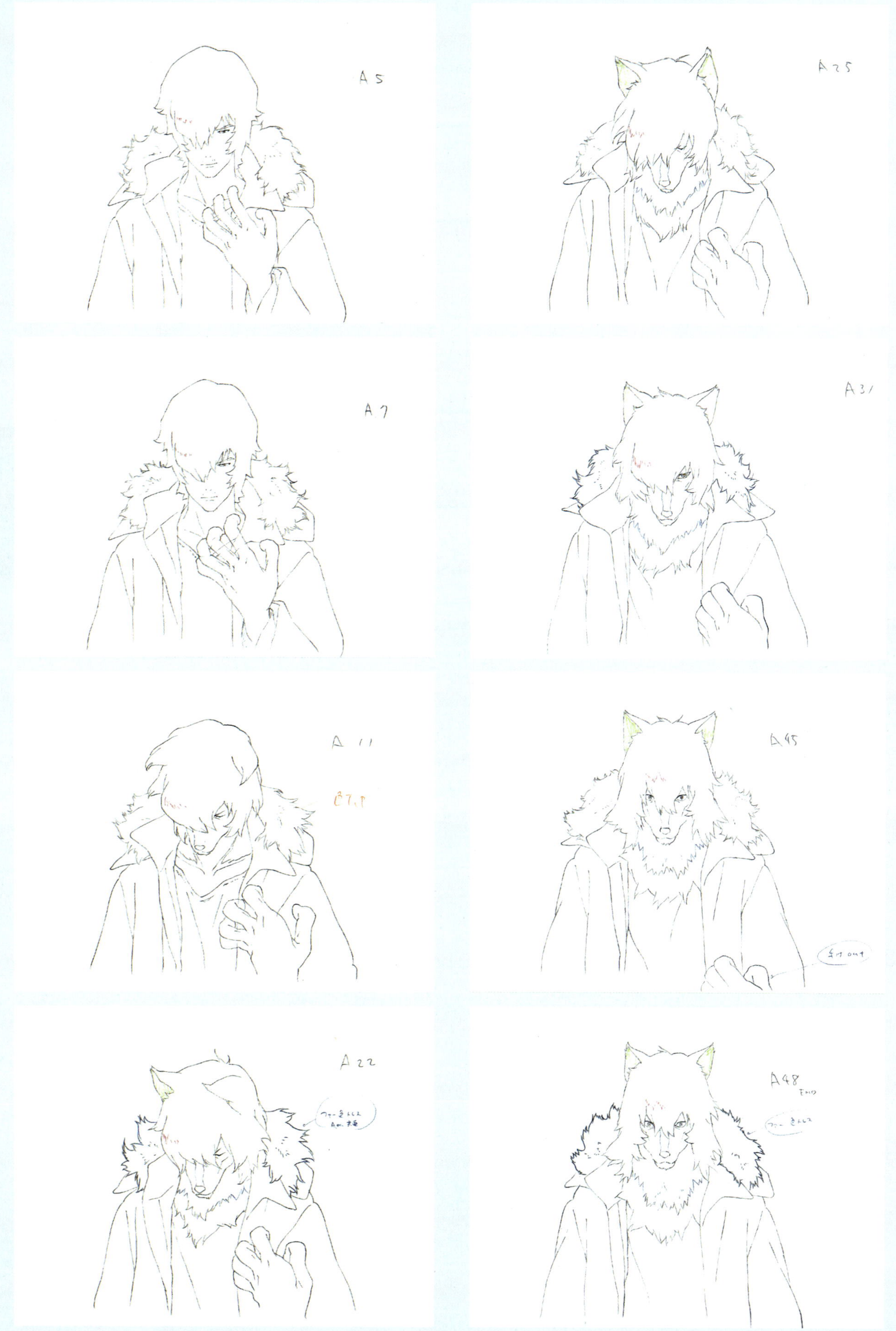

No. 69
S
C
画面
28-1
-2
-3

No. 70
S
C
画面
28-4
-5

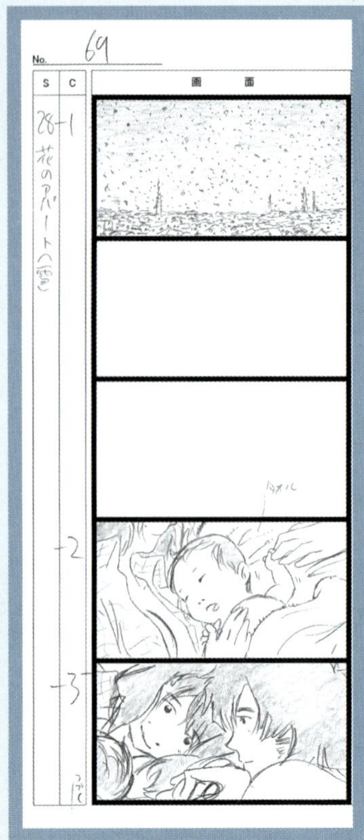

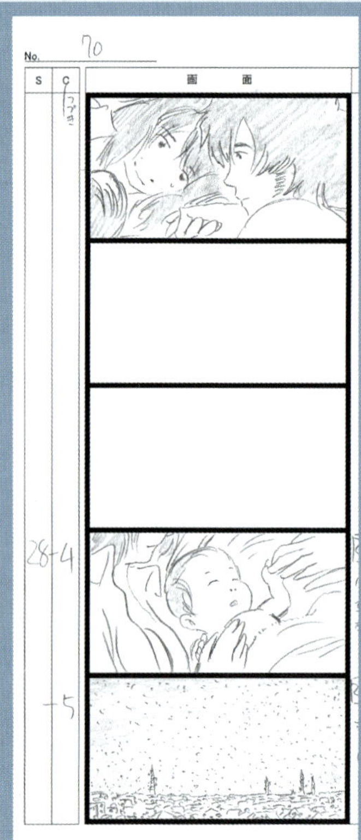

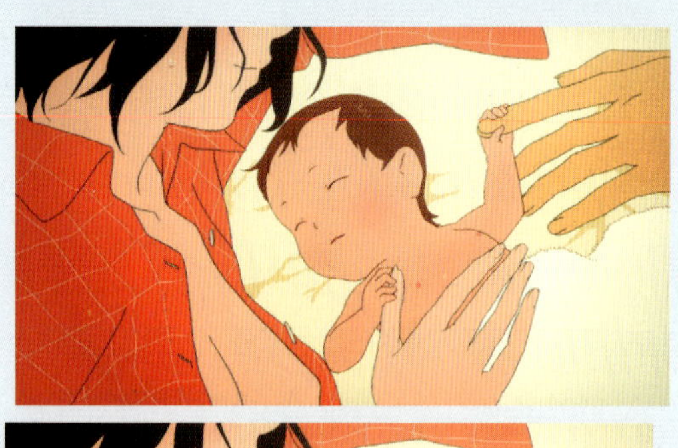

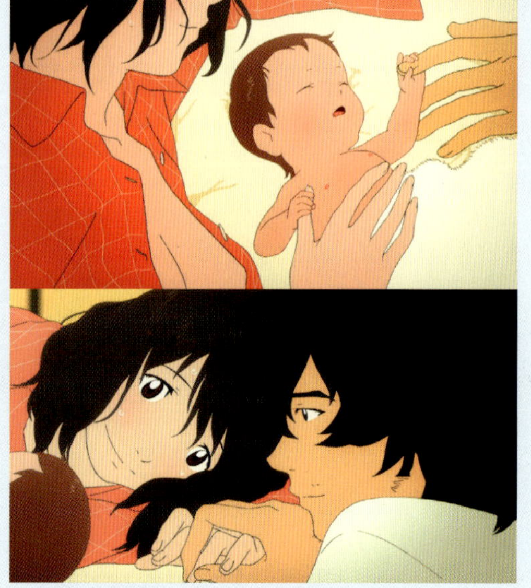

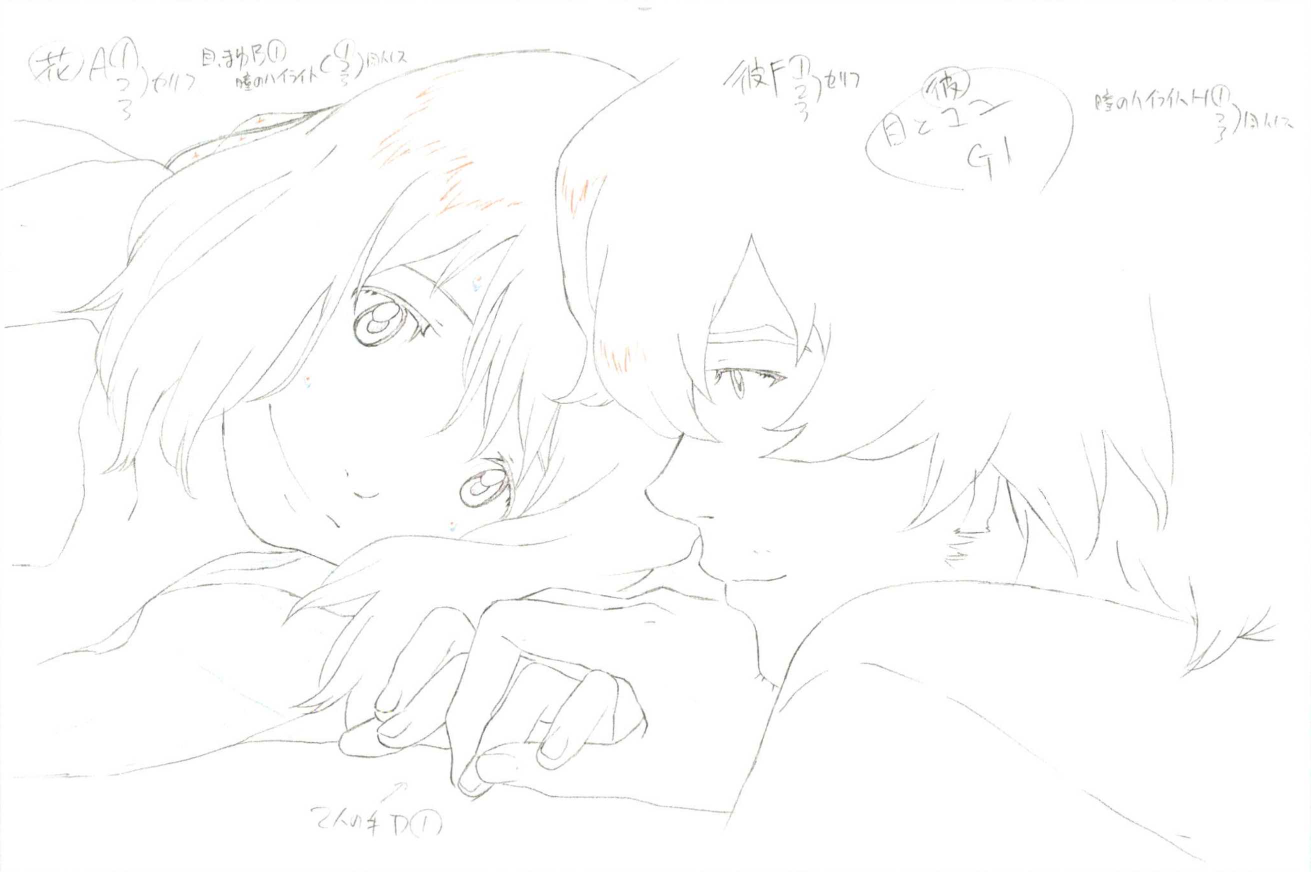

행복한 결혼식을 올렸던 디즈니의 신데렐라나 아리엘과는 달리 하나와 늑대인간의 관계는 딸 유키('눈')와 아들 아메('비')로 이어진다. 늑대인간은 아이들이 늑대의 모습으로 태어날지 모른다는 두려움 속에서 직접 출산을 돕는다. 그는 다정한 남편이자 아버지가 되지만, 가족을 부양하려다 죽음을 맞이하고 하나는 무너지고 만다.

"호소다 감독을 처음 만난 건 2011년 크리스마스 무렵이었습니다. 〈늑대아이〉 포스터를 주면서 제작에 참여해달라고 요청했습니다." 타카기가 말했다. "시나리오도 없고 스토리보드도 없었어요. 하지만 〈시간을 달리는 소녀〉와 〈썸머 워즈〉를 보았기 때문에 작업에 참여하고 싶었습니다. 다음 회의에서 시나리오를 받았는데 감탄하지 않을 수 없었어요. 우리는 만나서 음악과 작곡에 대해 상의했습니다. 3개월 안에 악보를 완성해야 했어요. 호소다 감독은 시나리오와 스토리보드를 주면서 이렇게 말했어요. '원하는 대로 만들어 주세요. 제가 드려야 하는 모든 정보는 스토리보드 안에 있습니다.'"

아버지를 닮은 아이들을 도쿄의 작은 아파트에서 키우는 일은 불가능했다. 아파트 이웃들은 아이들이 늑대처럼 울고 짖는 소리에 항의했고, 이에 공무원들은 아이들의 상태를 확인하려 든다. 유키가 실수로 제습제가 든 봉지를 삼키자 하나가 소아과 의사와 수의사 모두에게 전화를 걸어 조언을 구하는 순간은 블랙 코미디와도 같다.

자유가 필요했던 아이들을 위해 하나는 남편이 자란 북쪽 산간 지역으로 향한다. 일본 시골 지역에는 젊은이들이 도시로 이주하고 인구 고령화 때문에 버려진 마을이 많았다. 하나는 몇몇 강인한 주민들만 살고 있는 동네에 소박한 집을 찾는다. 부동산 중개인은 그녀가 이렇게 외딴집을 구하는 것을 이해할 수 없었다. 하지만 임대료는 매우 저렴했고 호소다는 하나가 매우 제한적인 예산으로 살아야 한다는 것을 명확히 보여주었다.

108쪽
딸 유키의 탄생으로 하나와 늑대인간 사이의 유대감이 강해진다. 호소다의 스토리보드와 영화 속 장면, 그리고 감동적인 애니메이션 드로잉이 담겨 있다.

오른쪽
유키가 인간 아이에서 늑대 새끼로 자연스럽게 변화하는 모습과 이를 바라보는 그녀의 남동생 아메를 그린 생동감 넘치는 드로잉

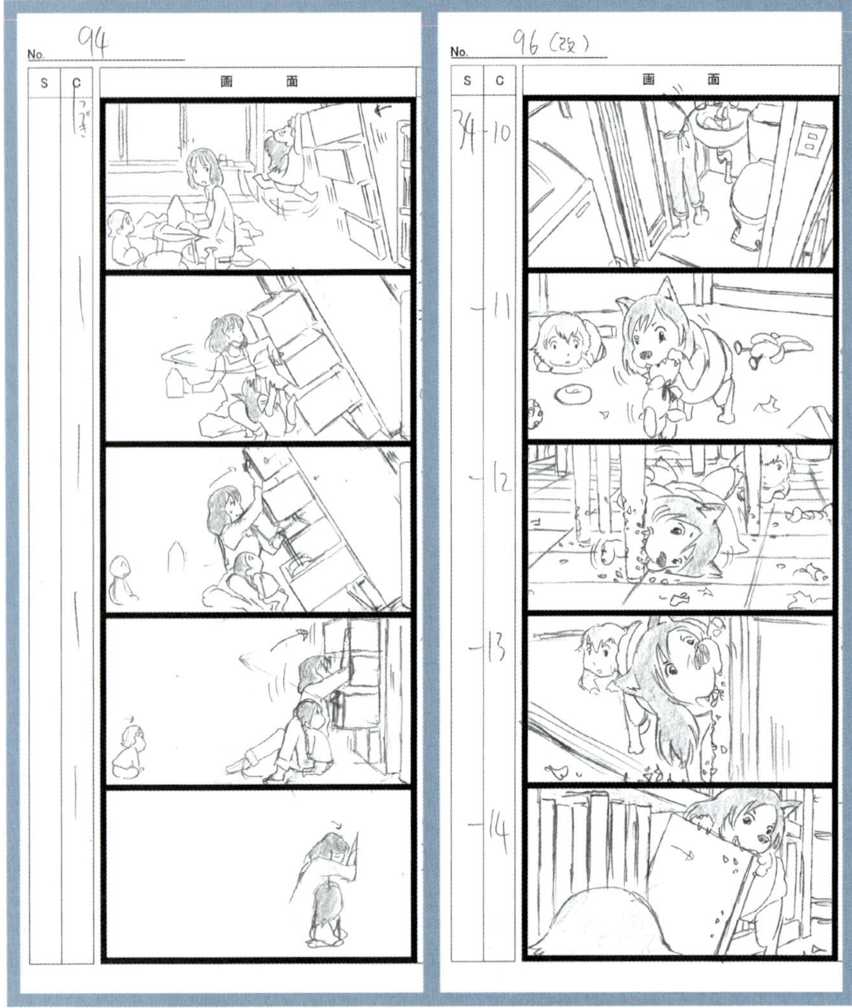

도쿄의 작은 아파트에서 에너지 넘치는 두 아이(혹은 두 늑대)와 함께 사는 것은 불가능하다.

위
활동적인 자녀들을 키우려고 애쓰는 하나의 모습을 담은 호소다의 스토리보드

오른쪽
해당 장면의 애니메이션 드로잉

111쪽 위
유키의 애니메이션 드로잉

111쪽 아래
아파트 배경 위에 유키의 모습을 그린 드로잉

의상감독 이가 다이스케는 이렇게 설명한다. "애니메이션에서는 색상을 바꾸는 것만으로도 무한히 많은 의상을 만들 수 있습니다. 하지만 우리는 의도적으로 하나의 의상을 그렇게 만들지 않았어요. 바지는 다섯 벌만 설정했고, 학생 때 입던 코트도 그대로 계속 입습니다. 실사 영화에서 같은 의상을 재활용하는 것과 동일한 방식을 사용했습니다."

"시나리오를 읽었을 때 저는 호소다 감독이 이 작품을 정말 현실적으로 만들고자 한다고 느꼈습니다. 실제 세계의 관점을 가져오고 싶었던 것 같아요." 그는 덧붙였다. "한 장면에서 유키는 어머니가 수놓은 눈송이 무늬가 있는 원피스를 입습니다. 저는 이런 종류의 스티치가 실제로 가능한지 확인하고 싶어서 샘플을 만들었어요. 우리는 이 작품에 그 정도의 리얼리티를 부여하고 싶었습니다."

하나는 농촌 생활에 적응하려 애쓰지만, 제한된 자원 때문에 여러 어려움에 부딪힌다. 그녀는 물이 새는 지붕을 수리하고 수년간 쌓인 먼지와 때들을 직접 치워야 했다. 채소 농사에 대한 지식이 없었기 때문에 첫 작물들은 시들어갔다. 하지만 그녀의 인내심과 예의 바른 태도, 친절한 마음씨는 점차 회의적이었던 이웃들의 태도를 바꾸었고, 그들의 인정과 애정을 얻게 된다. 〈썸머 워즈〉에서 그랬던 것처럼 호소다는 공동체의 중요성을 보여준다. 소규모 농장의 일원들은 농작물과 장비, 지식을 하나와 공유한다. 하나와 가족들이 공동체의 일원으로 받아들여지는 것은 도쿄에서 겪었던 고립과는 대조적이다.

미닫이 패널과 낡은 다다미 매트, 넓은 정원이 있는 오래된 농가는 이야기 속에서 거의 등장인물과 같은 역할을 한다. 이는 〈썸머 워즈〉에서 진노우치 선조들의 가택, 〈괴물의 아이The Boy and the Beast〉에 등장하는 쿠마테츠의 독신자 숙소, 〈미래의 미라이Mirai〉에서 쿤의 서양식 주택에서도 반복된다.

"애니메이션에서 인물을 묘사할 때는 실사 영화보다 훨씬 더 중요한 두 가지 요소가 있습니다. '이 인물들이 무엇을 먹고 사는가?' 그리고 '어디에서 사는가?'입니다." 호소다는 설명한다. "실사 영화 프로덕션에서는 이런 세부 사항에 크게 신경 쓰지 않아도 됩니다. 실제 배우와 실제로 존재하는 사람들을 다루기 때문에 그들이 어떻게 사는지 상상하기 더 쉽기 때문입니다. 하지만 애니메이션은 모든 것이 일련의 그림들에 불과해요. 캐릭터에 생동감을 주려면 현실감을 만들어야 합니다. 관객들이 알아서 느끼고 이해할 거라고 생각하면 안 됩니다."

"우리는 촬영 장소를 조사하며 시골을 지나가던 중 하나가 살 법한 집을 발견했어요." 그는 웃으며 이렇게 덧붙였다. "저는 '집을 둘러보며 사진을 찍어도 될까요?'라고 물었죠. 주인공의 여정이 펼쳐질 환경을 제대로 구축하면 더욱 다층적인 영화를 만들 수 있습니다."

의상감독 이가 다이스케(왼쪽)는 등장인물들을 위한 의상을 만들었다. 완성된 의상 덕분에 애니메이터들은 원단이 어떻게 움직이고 어떻게 늘어나는지 확인할 수 있었고 더욱 현실적인 애니메이션을 만들 수 있었다. 이가는 "실사 영화에서는 배우들의 키와 몸집 등 해부학적 구조 때문에 의상이 제한적이기도 하고 여배우의 경우에는 고려해야 할 부분이 많습니다. 애니메이션은 좀 더 유연하죠"라고 말했다.

젊은이들이 시골을 떠나 도시로 향하면서 집은 물론 마을 전체가 버려지고 있다. 이런 상황 덕분에 하나는 낡은 농가 주택을 매우 저렴하게 구할 수 있었다.

호소다는 환경이 등장인물의 성격에 영향을 미친다는 주장을 다른 아티스트들에게 설파했다. 타카기는 신중하게 말했다. "시나리오와 스토리보드를 보고 나서 영화에서 가장 중요한 주제는 모성이라고 생각했습니다. 모두를 지켜보는 어머니의 존재 말이죠. 오래된 집은 가족을 보호하고 가족 고유의 인상을 만들어내고, 그 집에는 아이들에게 자장가를 불러주는 실제 어머니가 있지요. 모성애를 가진 다양한 인물과 그들의 대화에 대해 생각하는 과정에서 많은 영감을 얻었습니다."

시골에서도 아이들의 초자연적인 능력을 비밀로 유지하는 것은 어려운 일이었다. 이웃들은 가끔 방문할 때 보이는 이상한 '강아지'에 대해 궁금해했고, 그들의 밭을 쑥대밭으로 만드는 멧돼지들이 유독 하나의 밭만은 건드리지 않는다는 사실에 의아함을 느낀다. (멧돼지들은 늑대 소변 냄새를 무서워한다.)

하지만 시골에서의 생활은 하나와 아이들이 도쿄에서는 누릴 수 없었던 자유를 선사한다. 첫눈을 보고 아름다움에 흥분한 하나는 늑대로 변신한 아메와 유키와 함께 숲을 뛰어다닌다. 아메는 처음으로 사냥을 시도하고 물총새를 공격하다가 차가운 개울에 빠져 익사할 뻔했지만, 그 경험은 그의 성장 과정에서 중요한 전환점이 된다.

위

방치된 주택의 배경

114~115쪽

오래된 기둥, 슬라이딩 문짝, 다다미가 있는 집 안을 그린 컴퓨터 랜더링 이미지

116~117쪽

랜더링 이미지와 동일한 배경 그림. 기둥의 그을음, 마모된 문짝, 매트의 먼지 등이 보인다.

118쪽

관객에게 하나의 새로운 집을 소개하며 영화에서 카메라가 어떻게 움직이는지를 그려놓은 호소다의 스토리보드

119쪽

버려진 농가를 자녀들을 위한 편안한 집으로 만들기 위해 노력하는 하나의 모습이 담긴 스토리보드

No. 125(改)

S	C	画面	内　容	セリフ	秒	MUSIC	EFFECT
45	-4		しかしよく見ると 土壁がところ どころ崩れていたり、 窓が抜けて ビニールが 貼られていたり。	修繕費、 バカになんない よ〜〜〜。	2+12		
	-5		縁側の窓。 ガラスが割れて ガムテープで 乱暴に補修 してあったり。	空き家っ フーより……	2+0		
	-6		暗い土間に 佇む花。 (人)声のする方を 見る。	あ、土足で いいですよ。	(2+12)		
	-7		開きづらい扉を懸命に 開けている黒田から T.B.。 朽ちた大広間。畳がめくられ、 床板が腐ってる。巨大な梁が 交差する吹き抜け。	ほとんど 廃屋だもの これ。 (ドア開ける A.D) でも一応…	(60)		

1340

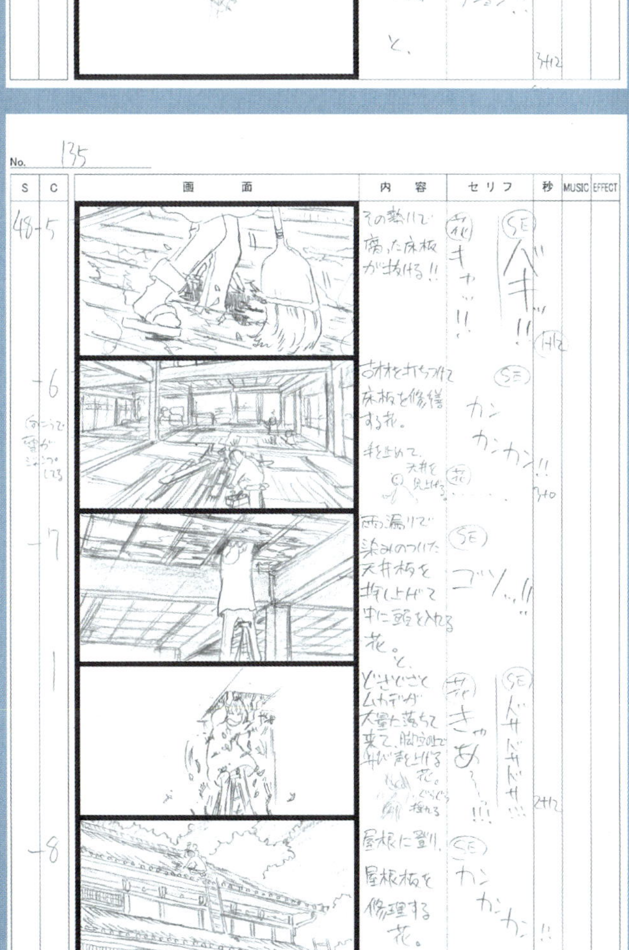

유키는 학교에 다니며 필사적으로 인간으로 살아가려 노력하지만, 반 친구들이 뱀이나 벌레, 작은 동물의 뼈에 관심을 보이지 않는다는 사실에 어쩔 줄 몰라 한다. 유키는 분노를 억누르지 못해 몸이 부분적으로 변해버리는 사건을 계기로 반 친구 소헤이와 친해지며 우정을 쌓게 된다. 소헤이는 분명 유키에게 호감을 품고 있다. 반면 아메는 학교에 거의 가지 않고 늑대의 모습으로 산을 탐험한다. 그는 늑대를 나쁘게 묘사한 그림책에 분노하고, 교과서가 아니라 나이 많고 현명한 여우에게서 세상을 배운다. 태풍이 몰아치던 날, 남매의 길은 분명하게 갈린다. 유키는 소헤이와 함께 학교에 남아 엄마를 기다리고, 아메는 자신의 스승인 여우를 보살피기 위해 숲속으로 뛰어든다.

"편집할 때 저는 인물들이 느끼는 감정에 깊이 몰입해 이야기의 일부가 됩니다." 호소다의 개인 작품을 모두 편집한 니시야마 시게루는 이렇게 말한다. "위협적인 폭풍우 속에서 캐릭터들이 어떤 감정이었을지를 느끼며 장면을 편집했습니다. 태풍이 몰아칠 때 아메는 늑대의 모습으로 나타납니다. 타이밍과 대사가 없는 부분은 첫 번째 편집에서 최종 편집까지 매우 많이 바뀌었어요. 호소다 감독과 저는 그 장면을 완성하는 데 많은 시간을 보냈습니다."

하나는 아이들의 선택을 받아들이는 법을 배우고 그들이 올바른 길을 찾도록 격려한다. 그녀는 가족 제단에 놓인 아이들 아버지의 운전면허증 사진을 바라보며, 그였다면 어떻게 대응했을지를 생각한다. 그녀는 아이들에게 모습을 변화시키는 능력을 비밀로 하라고 주의를 주지만, 아메와 유키가 자기 자신이 아닌 다른 존재가 되도록 강요하지는 않는다. 하나는 가족을 위해 기꺼이 희생하며, 조용하고 온화하며 따뜻한 모성애를 잃지 않는다.

애니메이션은 움직임과 표현을 과장하는 캐리커처의 예술이다. 하나의 작고 소박한 동작을 표현하기 위해 애니메이터들의 섬세하고 집중적인 작업이 필요했다.

"일본 사람들은 일반적으로 과장된 연기처럼 보이는 큰 제스처를 자주 사용하지 않습니다." 키애니메이터인 아오야마 히로유키가 말했다. "대신 미세한 표현들은 매우 중요합니다. 이 모든 것은 청사진 역할을 하는 스토리보드에서 시작됩니다. 스토리보드는 호소다 감독의 설명과 결합되어 캐릭터들을 화면에 애니메이션으로 표현하는 방식에 큰 영향을 미쳤어요."

아메는 짐승으로서의 본성을 탐구해 나간다.

위
첫 번째 먹잇감을 잡은 아메의 애니메이션 드로잉

중간
영화 속 해당 장면

아래
호소다 감독의 개인 작품을 모두 담당했던 편집자 니시야마 시케루는 "마감 기한을 정해놓고 편집할 때는 대화가 중요합니다. 〈늑대아이〉는 섬세한 드라마이기에 액션이 많은 시퀀스보다 훨씬 더 세심하게 접근했습니다"라고 말했다.

남동생 아메와는 달리 유키는 인간으로 살아가길 원한다.

위
자신의 보물을 담아놓은 상자를 열어보는 유키와 놀라서 도망가는 반 친구들을 그린 애니메이션 드로잉과 영화 속 해당 장면

학교에서 소헤이는 유키가 변신할 정도로 그녀를 자극하고, 유키는 그를 때려 귀를 다치게 만든다. 하지만 둘은 이 일을 계기로 유대감이 형성된다.

왼쪽
해당 장면에서 카메라의 움직임을 보여주는 호소다의 스토리보드

오른쪽
극적인 순간을 포착한 두 컷의 영화 속 장면

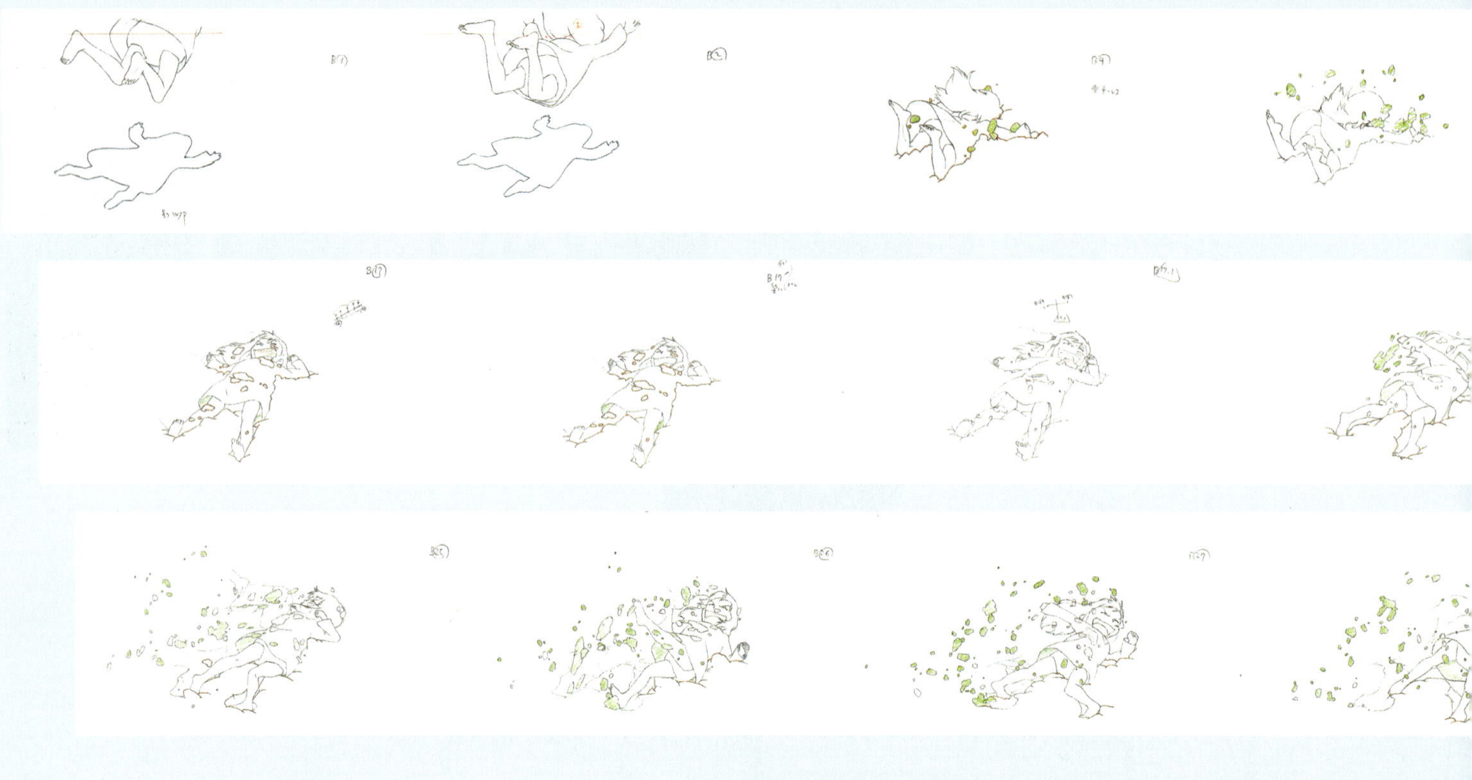

애니메이션 감독 야마시타 다카아키는 이렇게 덧붙인다. "캐릭터들을 사랑하는 일은 호소다 감독의 몫이었고, 그 사랑이 애니메이션에 정확히 반영되도록 하는 게 제 역할이었습니다. 호소다 감독의 의도를 이해하고 애니메이션으로 표현하는 일은 달리 해석의 여지가 없었어요. 그가 원하는 것을 화면으로 옮기는 일이 전부였습니다."

아메와 유키는 영화가 진행됨에 따라 나이를 먹고 아버지와 마찬가지로 인간과 늑대의 모습으로 등장한다. 서로 다른 몸과 나이임에도 불구하고 같은 인물로 인식될 수 있게 캐릭터를 만드는 일은 애니메이터들에게 주어진 과제였다. 그들의 외모와 움직임은 일관성을 지니는 동시에 변화해야 했다. 호소다는 주인공들이 변해가는 모습이 영화에 필수적인 요소라고 생각했다.

"형태가 바뀌는 일은 인간이 상황에 따라 달라지는 것과 크게 다르지 않습니다. 우리는 상대에 따라 가면을 쓰기도 하고 진정한 우리의 모습을 보여주기도 하니까요. 인간은 두 겹, 세 겹의 깊이를 가진 존재입니다." 그는 이렇게 설명한다. "캐릭터들의 시각적 변화도 이 같은 생각을 표현합니다. 늑대인간이 인간 사회의 일원일 때는 인간이어야 하지만 자신의 약한 면을 드러낼 수 있다고 느끼는 사람과 함께 일 때는 늑대의 모습을 보여줄 수 있죠."

"아메와 유키는 어른이 되어가면서 분명한 변화를 맞이합니다." 호소다는 말을 이었다. "유키는 매우 활동적인 아이예요. 사회에 적응하고 성장하면서 그녀는 자신이 가진 에너지의 많은 부분을 사회적인 구조에 따라 억제합니다. 아메는 매우 겁이 많은 아이였지만 스승을 만나면서 본능적이고 야생적인 면모를 자각하고 성장하게 됩니다. 그것은 단순히 늑대와 인간의 모습으로 변신하는 것만이 아니에요. 유년기와 성인기의 이중성을 나타냅니다. 이런 이중성이 시간과 결합하여 매우 흥미로운 역동성을 만들어내는 거죠. 이 캐릭터로 보여주고자 했던 것은 한 인간의 다양한 모습입니다."

〈늑대아이〉는 전 세계 애니메이션계에서 호평을 받았다. 그리고 〈켈스의 비밀The Secret of Kells〉로 아카데미상 후보에 오른 바 있는 톰 무어 감독이 아일랜드 전설에 등장하는 인간이 늑대로 변신하는 이야기를 소재로 한 영화를 준비하면서 다시 한번 주목받게 된다.

"〈울프워커스WolfWalkers〉를 만들기 시작했을 때 저는 비슷한 내용을 넣지 않으려고 〈늑대아이〉를 보았습니다." 무어는 이렇게 회상한다. "〈울프워커스〉에서 다루는 주제와 비슷한 부분이 있긴 했지만, 호소다 감독은 우리보다 훨씬 더 현실적인 접근을 하더군요. 그는 매우 까다로운 작품을 만들었어요. 상당히 전통적인 늑대 그림을 선 하나로 그려낸 것과 비슷한 느낌입니다. 아이들이 강아지처럼 몸을 떨다가 늑대로 변하는 시퀀스는 특히 매력적이었어요."

시골에서 첫눈을 경험하는 유키

위
눈 위를 구르는 유키를 생생하게 표현한 애니메이션 드로잉

123쪽 왼쪽 아래
눈 위를 뛰어노는 유키를 그린 호소다의 스토리보드

123쪽 오른쪽 아래
영화 속 해당 장면

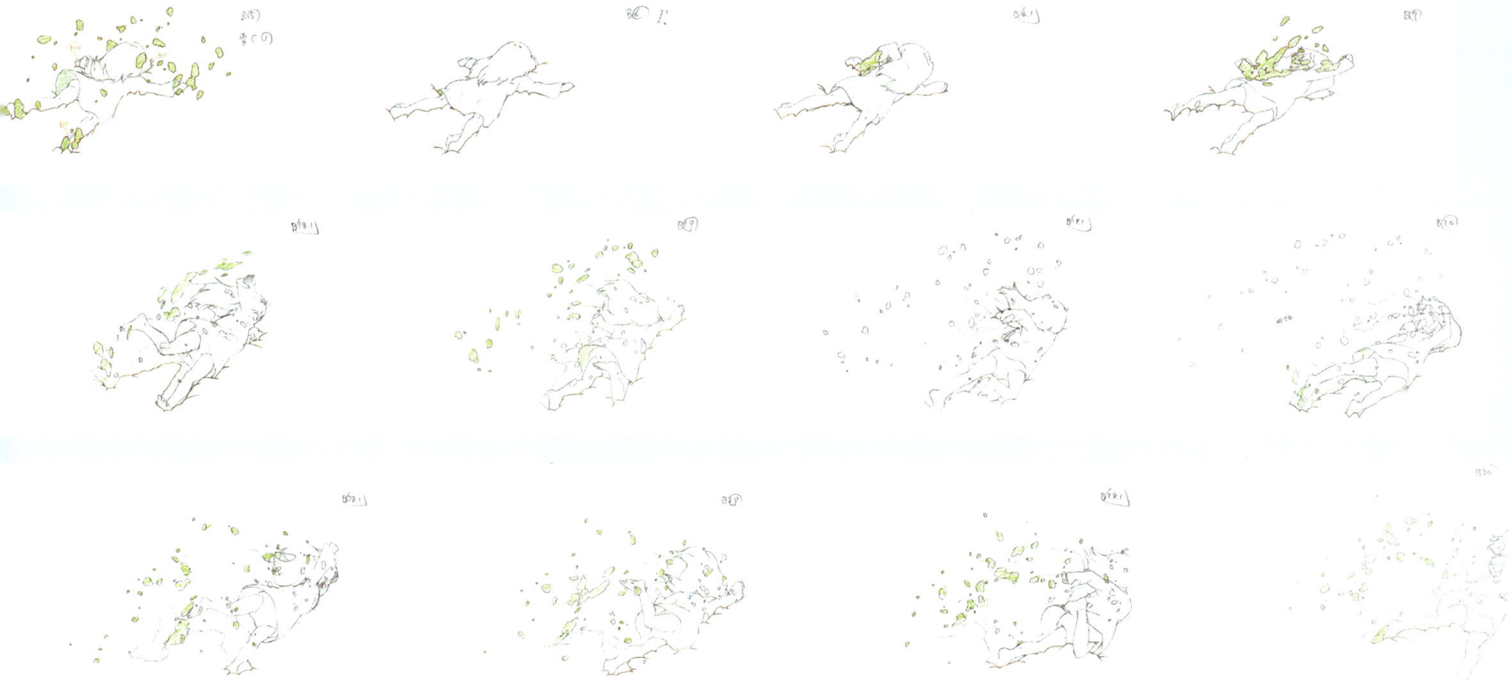

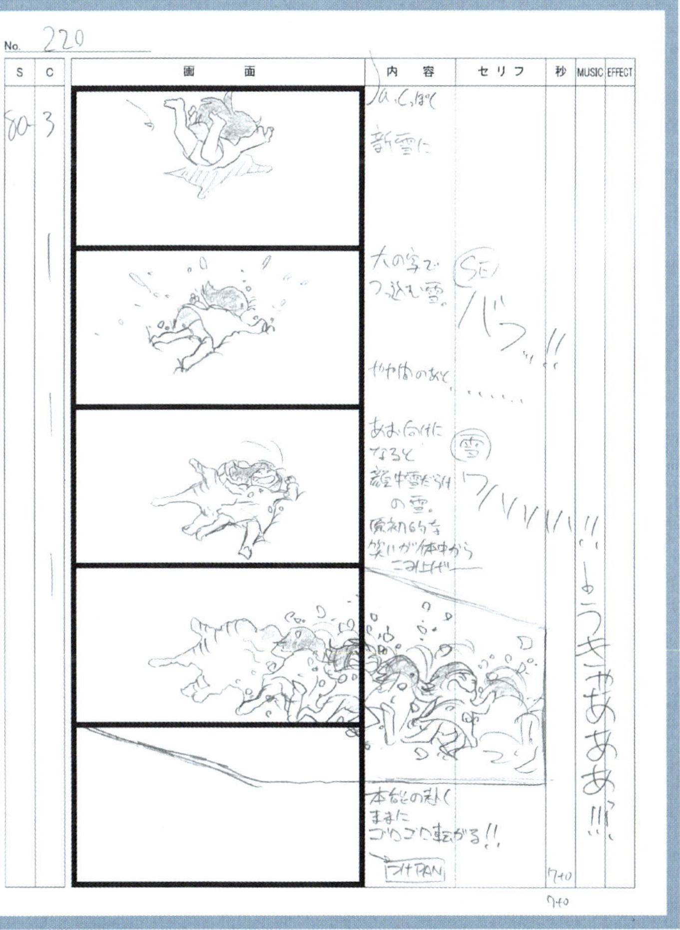

늑대로 변신할 것을 예상하고 잠옷을 벗어 던지며 경사면을 따라 뛰어내리고
공중제비를 도는 유키의 모습을 생동감 넘치게 표현한 애니메이션 드로잉

125쪽 아래

영화 속 해당 장면들

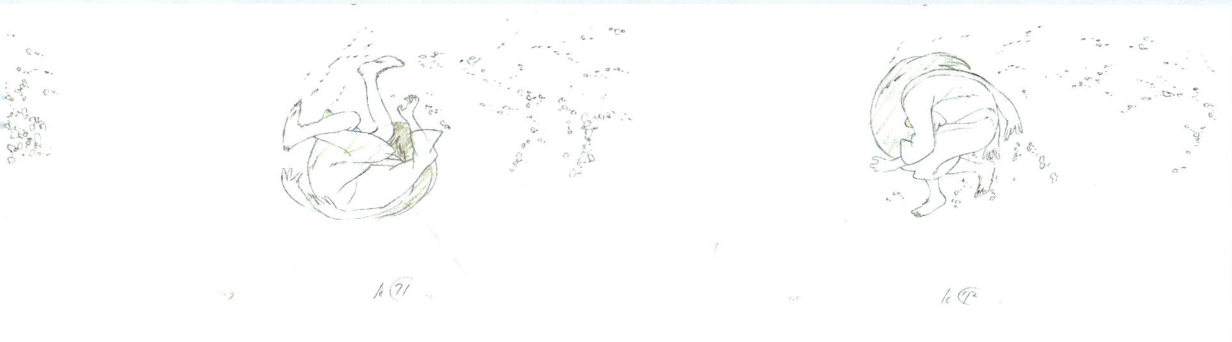

<u>왼쪽</u>

나이 든 현명한 여우의 가르침을 통해 늑대로서 숲에 대
해 배우는 아메의 모습을 그린 호소다의 스토리보드

<u>오른쪽</u>

영화 속 해당 장면들

　무어 역시 호소다가 영화를 통해 세상에 선사한 판타지와 현실의 결합에 깊은 공감을 느낀다고 말한다. "매우 정형화된 환경을 그린다고 해도 항상 조사와 연구를 기반으로 합니다. 그리고 관객들이 알아챌 수 있는 디테일을 추가하죠." 무어는 이렇게 덧붙였다. "우리는 집의 요소를 디자인할 때도 조사한 내용을 신중하게 반영합니다. 관습적인 방식으로 그린다고 해도요. 호소다의 방법도 마찬가지입니다. 그가 만든 영화의 모든 부분은 그가 살아온 경험에서 비롯된 것입니다. 특정한 부분을 반복해서 사용하는 경향이 있어 보여도 모두 계산된 것들입니다."

　아일랜드와 일본의 민담은 모두 늑대와 인간의 우호적인 관계를 그리고 있다. 무어와 그의 아티스트들은 〈울프워커스〉를 만들기 위해 조사하던 과정에서 늑대를 호의와 존중으로 대한 인간을 늑대가 보호하는 것에 관한 이야기를 찾을 수 있었다. 1649년 올리버 크롬웰이 아일랜드에 상륙한 이후 늑대 박멸이 시작된 역사와 대비해, 호소다는 일본의 메이지 시대(1868~1912) 이전에는 밤에 숲속을 안내하는 오쿠리오카미('안내자 늑대')에 대한 믿음이 널리 퍼져 있었고, 늑대를 모시는 신사도 많았다고 설명한다. 그는 서구 문명

이 들어오면서 늑대에 대한 일본 사회의 인식이 크게 달라졌다고 생각한다.

〈썸머 워즈〉에서와 마찬가지로 호소다는 〈늑대아이〉에서도 현실에 있을 법한 일본 가족의 모습을 보여주었다. 호소다는 이 영화로 세 번째 일본 아카데미상 최우수 애니메이션 작품상을 수상했다. 2013년 도쿄 애니메이션 어워드에서는 〈늑대아이〉가 올해의 애니메이션을 비롯해 미술감독상, 캐릭터 디자인상, 감독상, 각본상까지 휩쓸었다. 또한 시체스 국제 판타스틱 영화제, 오슬로 필름즈 프롬 더 사우스 영화제, 암스테르담 판타스틱 필름 페스티벌, 뉴욕 국제 어린이 영화제에서도 수상하며 주목을 받았다.

해외 관객과 비평가들 역시 이 영화에 매료되었다. 〈늑대아이〉는 로튼 토마토에서 신선도 95%를 기록했다. 「데일리 텔레그래프」의 팀 로비는 "호소다 마모루는 스튜디오 지브리 소속이 아닌 일본 감독 중 현존하는 가장 탁월한 애니메이션 감독일 겁니다. 호소다는 환상적이고 감동적인 새 영화로 자기 자신을 뛰어넘었습니다." 「재팬 타임스」의 마크 실링은 호소다에 대해 "다시 한번 짜릿함과 기쁨의 순간을 선사하는 동시에 농촌 생활의 고단함부터 초보 어머니가 겪는 어려움에 이르기까지 모든 것을 예리하게 관찰했다"라고 썼다.

〈늑대아이〉가 비평과 흥행 모두에서 성공하자 스튜디오 치즈는 일본 애니메이션 업계에서 주목을 받게 되었고, 창립자들의 초기 계획과는 다르게 계속해서 영화를 제작할 수 있었다.

위
하나는 꿈속에서 사랑하는 늑대인간과 재회한다.

오른쪽
유키가 기숙학교로 떠난 뒤 하나는 홀로 집을 지키며 살아간다. 이 장면의 프레임들은 그녀가 가족의 불단에 늑대인간의 운전면허증을 계속 간직하고 있었음을 보여준다.

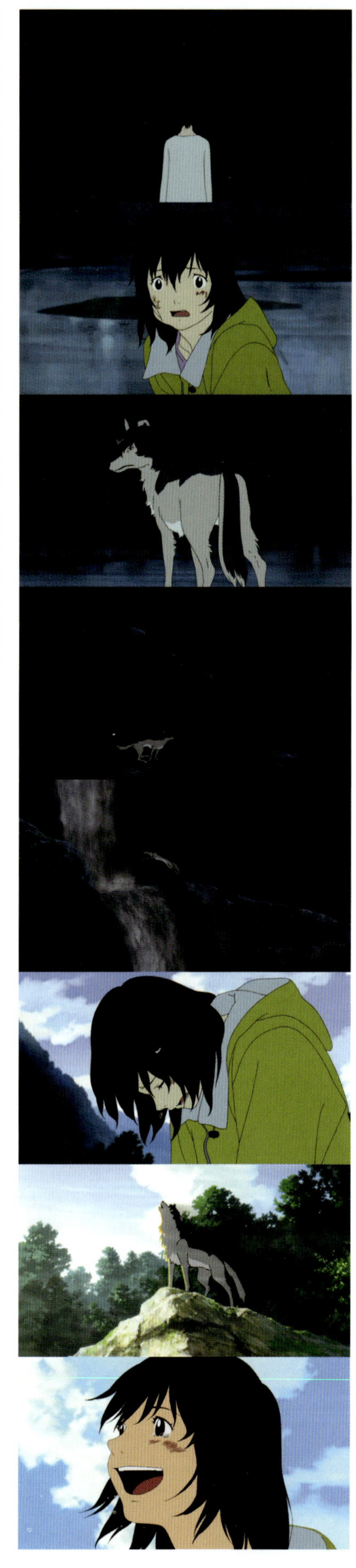

태풍이 지나간 뒤 하나는 아메가 늑대로서 숲에서 살아가기 위해 자신을 떠나게 되리라는 사실을 깨닫는다. 아메가 그의 아버지와 닮았음을 강조하는 애니메이션 드로잉과 영화 속 해당 장면

129쪽

아메는 학교 주차장에서 어머니에게 작별 인사를 건네고 자신의 운명을 따르기 위해 산으로 향한다. 아름답게 그려진 배경은 인간과 동물의 세계를 구분하는 경계를 시각적으로 드러낸다.

おおかみこどもの雨と雪
私が好きになった人は、"おおかみおとこ"でした。
監督・脚本・原作：細田守
脚本：奥寺佐渡子
キャラクターデザイン：貞本義行
音楽：高木正勝
主題歌：「おかあさんの唄」アン・サリー 高木正勝
宮崎あおい　大沢たかお
黒木華　西井幸人　大野百花　加部亜門
林原めぐみ　中村正　大木民夫　片岡富枝　平岡拓真
染谷将太　谷村美月　麻生久美子／菅原文太
スタジオ地図 作品
7.21 [sat]
ROADSHOW
ookamikodomo.jp
『時をかける少女』『サマーウォーズ』細田守監督最新作

마케팅 MARKETING

〈늑대아이〉와 관련된 다양한 상품들. 인형과 페이퍼 시어
터, 미니어처 디오라마, 스티커, 사탕 상자 등

130쪽
〈늑대아이〉 포스터

괴물의 아이
THE BOY
AND THE BEAST

호소다 마모루와 사이토 유이치로는 〈늑대아이〉를 만든다는 한 가지 목적을 위해 스튜디오 치즈를 설립했다. "스튜디오 치즈를 만든 이유는 이 영화 하나를 만들기 위해서였고 그게 전부였습니다. 치즈의 존망은 단 한 편의 성패에 달려 있었어요. 실패하면 거기서 끝이었어요. 영화의 성공보다는 일단 완성시키고 보자는 생각이었습니다. 스튜디오를 장기적으로 끌고 갈 생각은 정말로 없었어요. 스튜디오의 형식보다 그 프로젝트를 완성하겠다는 일념과 싸우고 있었으니까요." 호소다는 이렇게 회상했다.

〈늑대아이〉가 비평과 흥행에서 성공을 거두자, 스튜디오 치즈가 존속될 것은 명확해졌다. 호소다는 다음 영화에서 자신의 작품 전반에서 중요하게 다뤄온 주제로 돌아갔다. 바로 아이들이 성장하는 데 필요한 멘토를 찾는 방법이었다. 호소다는 소외된 젊은이가 성숙에 이르기까지의 험난한 여정을 시각적으로 그려낸 〈괴물의 아이〉의 오리지널 스토리와 시나리오를 집필했다.

호소다는 이렇게 말한다. "〈괴물의 아이〉에 영감을 준 작품 중 하나는 구로사와 아키라의 〈요짐보〉입니다. 두 가문의 구성원들이 자신의 파벌에서 각기 역할을 맡고 있는 이야기죠. 그 두 파벌이 충돌하면서 관객들을 흥분시킵니다. 각 파벌은 그들의 이상향을 제시하고 논합니다. 이는 영화의 매우 흥미로운 요소입니다."

"저는 야쿠자 영화도 매우 좋아합니다." 그는 말을 이었다. "〈요짐보〉역시 무법자와 악당에 관한 영화죠. 우리는 자신의 존재를 드러내고 법의 테두리를 벗어나 궁극적으로 영웅이 되는 인물을 좋아합니다. 서양에서도 같은 패턴을 적용할 수 있어요. 젊은 세대들, 특히 일본의 젊은 관객들은 옛날 토에이의 야쿠자 영화나 존 웨인의 웨스턴 영화를 많이 보지 못했을 겁니다. 저는 그들이 〈괴물의 아이〉를 통해 그와 비슷한 감각을 경험하기를 바랐습니다."

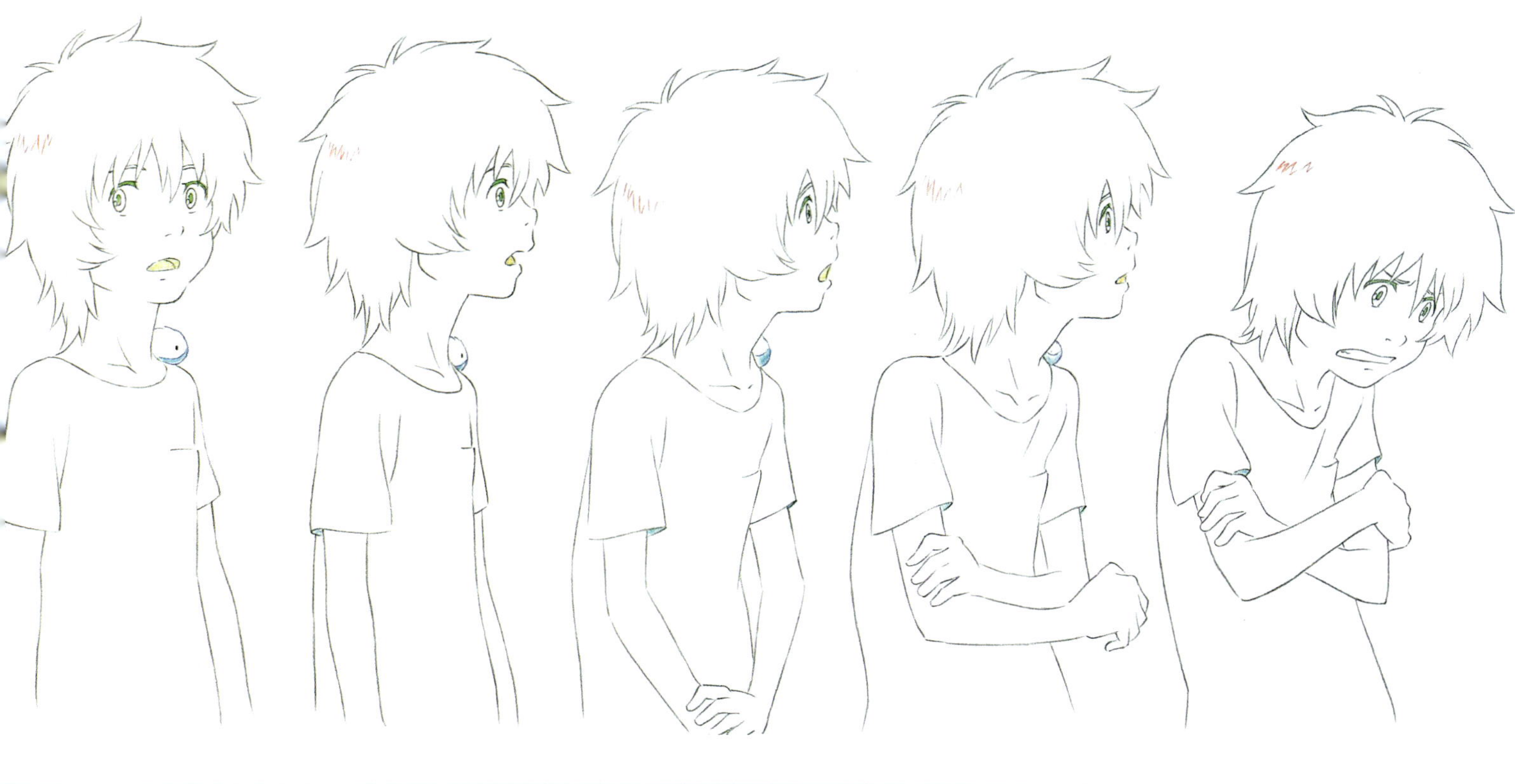

성장 과정에서 아이들은 혼란을 경험하고 내면에서 상실감을 느낍니다. 저는 그 과정을 '밝음과 어두움'이라는 이원적인 방식이 아니라, 성장에 필요한 과정의 일환이라는 긍정적인 방식으로 그리고 싶었습니다. 누구나 때로는 자신의 정체성을 잃어버리며, 아이들은 스스로가 부족하다는 부담감을 안고 살아갑니다. 어른들은 흔히 '올바른 답'을 찾으려는 경향이 있지만 중요한 것은 답이 아니라 그 과정이죠. 저는 렌이 자신의 정체성을 어떻게 형성해 가는지를 자세히 표현하고 싶었어요. 그래서 그를 감정적 혼란 속에서 살아가는 캐릭터로 설정했습니다.

—호소다 마모루

뾰로통한 아홉 살짜리 소년 렌은 어머니의 죽음 이후 답답한 친척들의 보호를 견디지 못하고 도망친다. 시부야의 복잡한 거리로 내달리던 렌은 경찰을 피해 골목으로 숨는다. 마침 제자를 찾고 있던 무술 고수 쿠마테츠는 렌에게 접근하고, 렌은 그를 따라 복잡한 통로를 지나 의인화된 동물들의 세계인 쥬텐가이로 향한다.

"저는 현실 세계 담당이었습니다. 제 업무의 대부분은 시부야를 재구성하는 일이었습니다." 아트디렉터 타카마츠 요헤이가 설명했다. "프로덕션 디자이너 조조 안리가 세계관의 스케치를 완성한 후 모로코의 마라케시로 장소 스카우트 출장을 떠났습니다. 호소다 감독과 다른 직원들은 조조가 모로코에서 취재해 온 디테일을 바탕으로 여러 배경을 뒤섞고 결합하여 쥬텐가이라는 세계를 만들어 냈습니다."

"호소다 감독은 항상 최소한의 팀과 먼저 스카우트 출장을 떠납니다. 마음에 드는 장소를 찾으면 핵심 스태프와 다시 방문합니다." 그는 말을 이었다. "이 출장에서는 호소다 감독이 하는 말을 듣는 게 가장 중요합니다. 배경이 어떤 모습이어야 하는지 이해하는 가장 중요한 열쇠이기 때문이죠. 배경과 무관하게 그는 아주 특별한 감독입니다. 자신이 원하는 것이 무엇인지를 분명하게 알고 있어요. 우리 아트 디렉터들이 해야 할 일은 호소다 감독의 머릿속에 있는 이미지와 종이에 그려지는 이미지 사이의 간극을 최대한 좁히는 것입니다."

쥬텐가이의 시장을 그린 배경에는 그곳 주민들이 실제로 사용하는 제품들로 가득차 있다. 말린 두꺼비나 도마뱀 같은 일부 상품은 큐타가 처음 마주했을 때 두려움을 느끼게 만든다. 쥬텐가이는 가상의 세계이지만, 관객에게는 현실에 기반을 두고 있는 공간처럼 느껴져야 했고, 대도시인 도쿄와 유사한 주택가처럼 보여야 했다.

조조 안리는 이렇게 말한다. "쥬텐가이는 본질적으로 또 하나의 시부야입니다. 저는 시부야에서 자랐기 때문에 도쿄선 기차 플랫폼이나 고토 천체박물관처럼 지금은 사라진 장소를 랜드마크 디자인에 포함시켰어요. 우리는 무질서한 '오픈 마켓'의 느낌을 제대로 얻기 위해 마라케시로 장소 헌팅을 떠났습니다. 도시를 직접 경험한 일은 모두가 전반적인 표현력을 매우 향상시킨 기회였다고 생각합니다."

쿠마테츠는 뛰어난 무술 실력 덕분에 왕국의 차기 수장이 될 두 후보 중 한 명으로 떠오른다. 그의 라이벌은 우아하고 격식을 중시하는 멧돼지 형상의 이오젠으로 수많은 제자를 거느리고 있다. 쿠마테츠는 필사적으로 제자가 필요했지만, 그의 참을성이 없고 게으르면서 다혈질인 성격이 걸림돌로 작용한다.

"캐릭터 디자인 단계에서 호소다 감독과 저는 많은 의견을 주고받았습니다. 구로사와 아키라의 〈7인의 사무라이〉에서 미후네 토시오가 연기한 인물은 쿠마테츠 캐릭터를 만드는 데에 큰 영감을 주었습니다." 애니메이션 감독 야마시타 타카아키는 이렇게 말했다.

편집자 니시야마 시게루도 이에 동의했다. "쿠마테츠는 구로사와 영화에 딱 맞는 캐릭터입니다. 토에이는 칼싸움 중심의 사무라이 영화들로 유명했어요. 그런 장면을 구성하는 일은 토에이에 뿌리를 둔 호소다 감독에게는 매우 친숙한 느낌이었을 겁니다. 그는 액션 시퀀스를 아주 잘 구성하는 감독입니다. 이런 격투 시퀀스는 그의 전문이라고 할 수 있죠."

인간과 동물이 결합된 쿠마테츠의 최종 디자인과 그의 화려한 움직임은 애니메이터들이 좋아하는 일종의 도전 과제를 선사했다. 키 애니메이터 아오야마 히로유키는 이렇게 말한다. "저는 쿠마테츠의 장면을 작업하지 않고 카에데를 그리고 있었어요. 쿠마테츠의 애니메이션을 담당해서 그를 활력 넘치는 캐릭터로 만들고 싶었지만 그럴 기회는 없었습니다."

렌(쿠마테츠가 제자로 받아들이면서 그의 이름을 큐타로 바꾼다. '큐'는 일본어로 9라는 뜻이기 때문에 렌의 나이를 반영한 것이다)은 처음에 쿠마테츠의 태도에 거부감을 느끼지만, 그의 강인함에 매력을 느낀다. 렌은 그의 제자가 되기로 동의하고 낡은 옷과 더러운 접시, 빈 술병들로 가득 찬 지저분한 집을 청소한다. 조조는 이렇게 덧붙였다. "호소다 감독은 상당히 생생한 그림을 그렸습니다. '천성은 게으른데 꽤 스타일리시한 옷장을 갖춘 혼자 사는 사람이 과거에 거둔 작은 성공을 계기로 디자이너 소파를 하나 구입했을 때를 상상해봐요'라고 했죠"

"제 스스로가 게으른 사람이었기 때문에 쿠마테츠의 집을 구성하는 일은 꽤 쉬웠습니다." 그는 웃으며 말을 마무리했다.

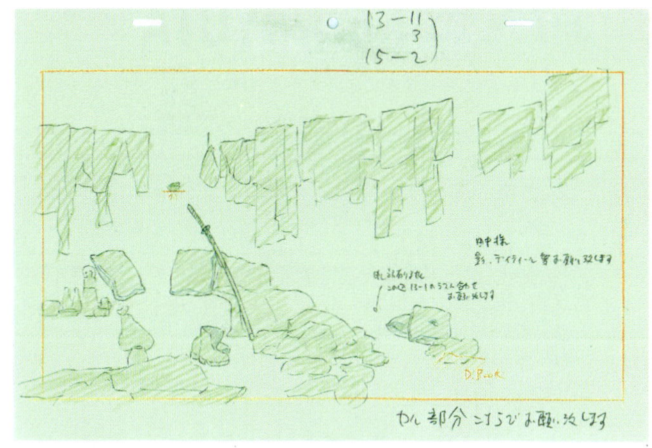

오른쪽 첫 번째와 두 번째
쿠마테츠의 집 배치도 두 장. 첫 번째 그림에는 더러운 옷들이 쌓여 있다.

오른쪽 세 번째
채색한 해당 배경

오른쪽 네 번째
빨래 더미와 캐릭터가 추가된 모습

蓮/九太 REN/KYUTA　　熊徹 KUMATETSU

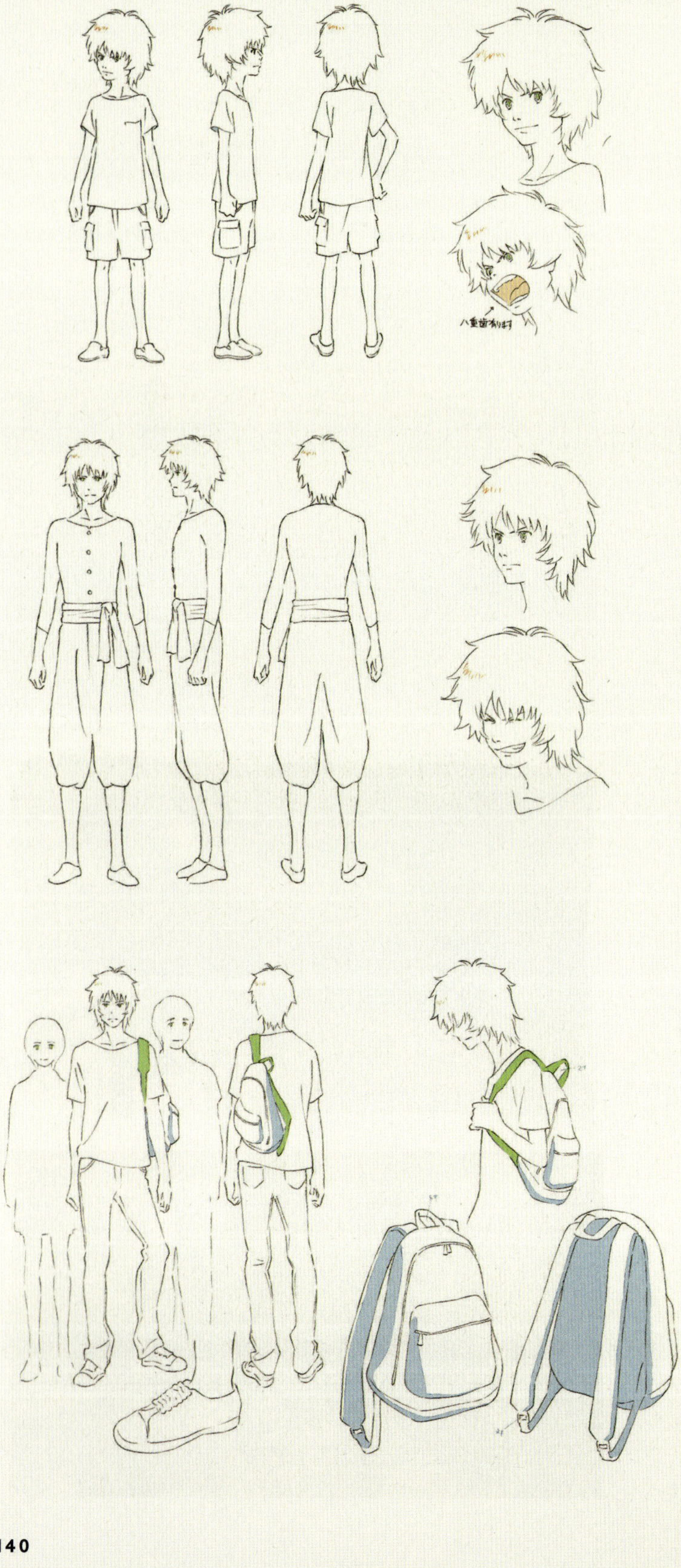

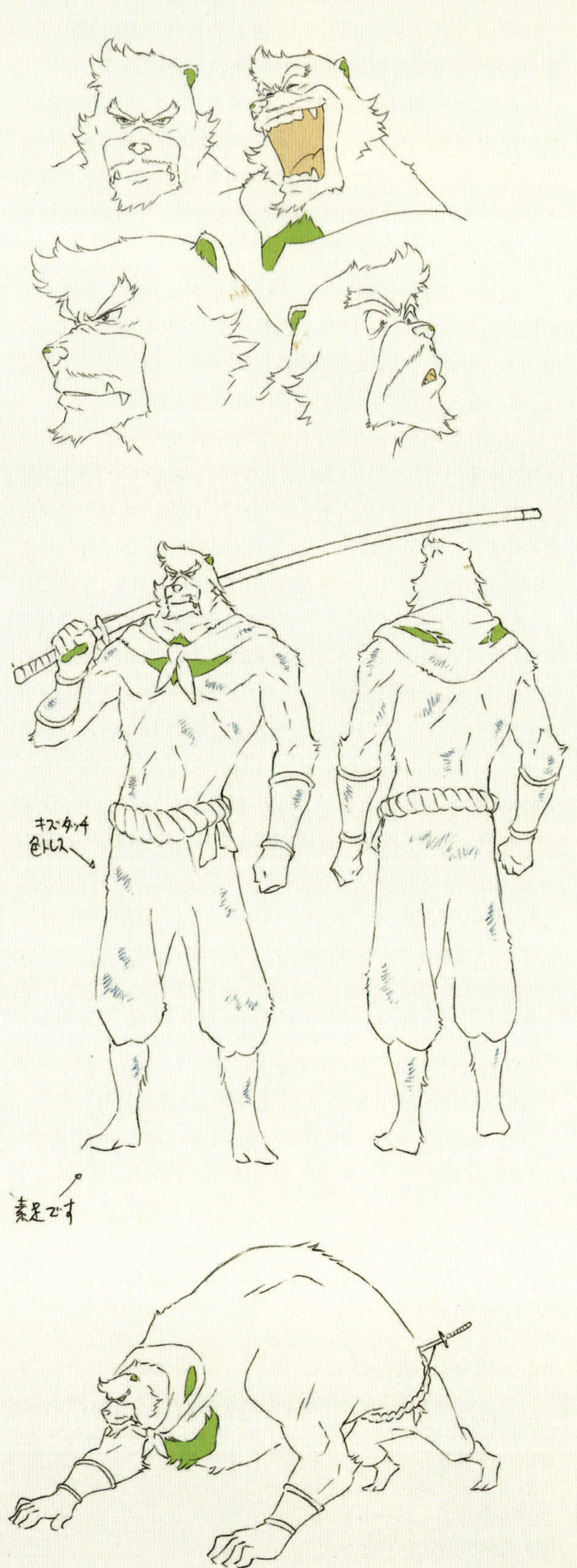

훈련 초기 큐타는 수박을
치기만 해도 손이 다칠 만
큼 미숙했다.

오른쪽
애니메이션 드로잉 네 컷

맨 오른쪽
영화 속 해당 장면

140쪽
**렌/큐타(사춘기 소년과 청소년)와 쿠마테
츠의 모델 시트는 등장인물들의 비율과 표
정, 옷차림 등 세부적인 사항을 보여준다.**

호소다는 이렇게 설명한다. "쿠마테츠의 캐릭터를 구상할 때 떠올린 이미지 중 하나
는 일본 민담 중 하나인 킨타로 설화에 등장하는 곰이었습니다. 곰은 킨타로의 가장 강력
한 씨름 상대였어요. 그 이야기를 보면 아이가 어른이 되기 위해 반드시 거쳐야 하는 일
종의 통과의례와 같은 상징을 알 수 있어요."

거대한 체구의 쿠마테츠는 호소다가 영향을 받았다고 밝힌 영화인 디즈니의 〈미녀
와 야수〉의 캐릭터를 연상시키기도 한다. 오스카상을 수상한 감독이자 '야수' 캐릭터를 총
괄한 애니메이터이기도 한 글렌 킨은 이렇게 말한다. "저는 호소다 감독이 우리가 〈미녀
와 야수〉에서 이루었던 성취를 바탕으로 더 많은 것을 해내고 있다고 생각합니다. 한 단
계 더 나아가 야수라는 상징을 누군가의 영혼을 표현하는 수단으로 확장했기 때문이죠."

큐타의 수련은 결코 쉽지 않았다. 쿠마테츠는 펀치나 킥 한 번으로 그릇을 부술 수
있지만 큐타는 수박을 깨려다 손을 다친다. 쿠마테츠는 제자를 가르치는 방법을 모른다.
그는 엄청난 힘을 갖고 있어서 어떤 갈등 상황에서도 영향력을 발휘할 수 있지만 야만적
인 힘과 직감은 가르칠 수 있는 것이 아니었다.

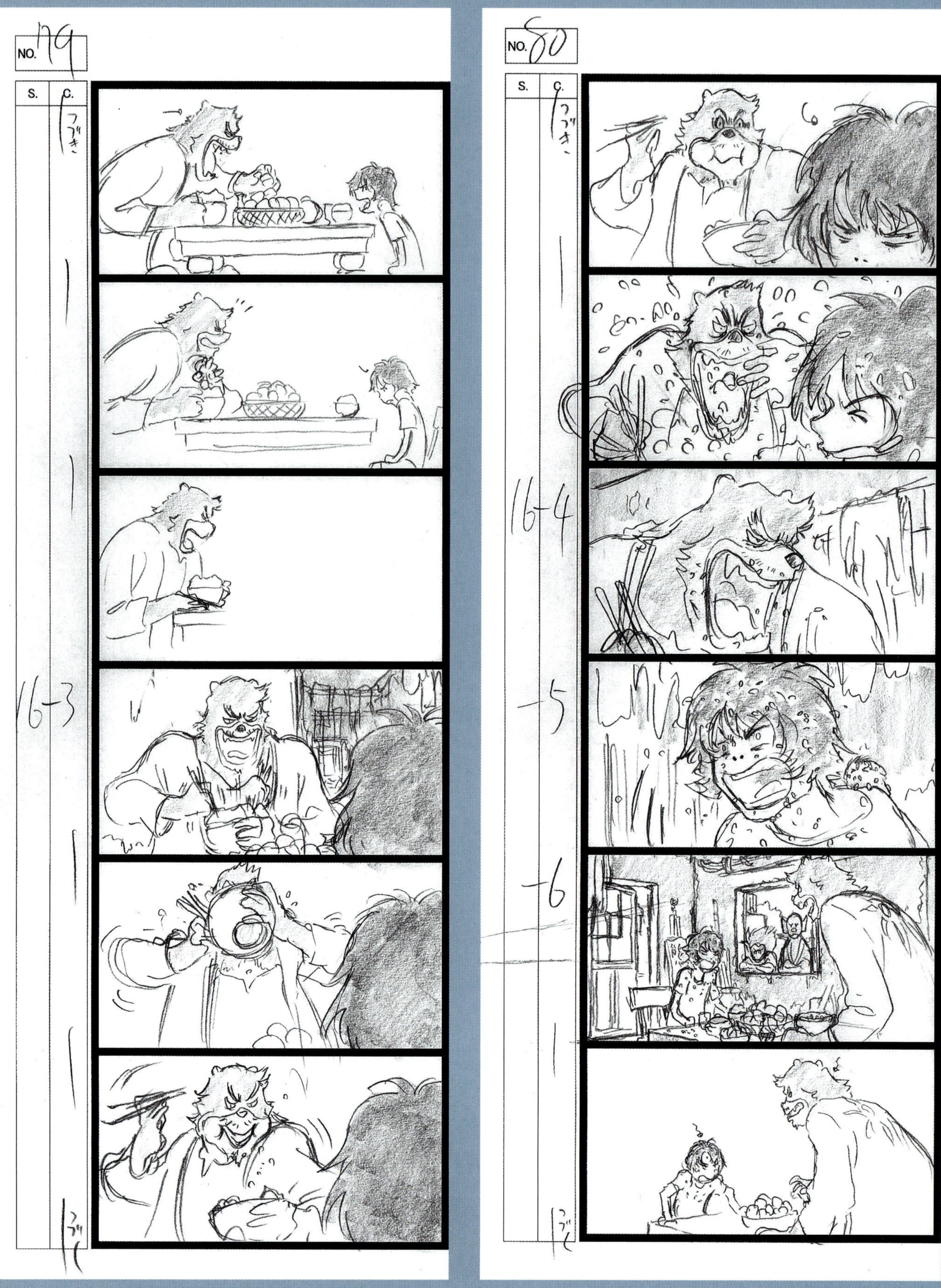

142쪽
아침 식사로 먹을 밥에 날달걀을 올리는 문제를
두고 벌어지는 쿠마테츠와 큐타의 논쟁을 그린
호소다의 스토리보드

위
냉소적인 원숭이 타타라와 온화한 돼지 수도승
하쿠슈보가 지켜보는 가운데, 쿠마테츠와 십 대
가 된 큐타가 아침 식사를 두고 실랑이를 벌이는
장면을 담은 영화 속 장면

그러던 중 큐타는 중요한 깨달음을 얻는다. 설거지를 하던 그는 쿠마테츠가 냉소적
인 원숭이 친구 타타라를 상대로 카드 게임에서 이기고 흡족해하는 모습을 우연히 보게
된다. 쿠마테츠를 매우 주의 깊게 지켜본 큐타는 그가 언제 어떻게 행동할지 이미 꿰뚫고
있었다. 바로 그 점이 쿠마테츠가 이오젠을 이기지 못한 이유였다. 그는 늘 같은 방식으
로 움직였고, 그 패턴은 상대에게 간파되고 있었던 것이다. 다음 날 아침, 쿠마테츠가 규
칙적으로 준비 운동을 할 때 큐타는 그를 공격할 준비를 했다. 큐타는 스승의 움직임을
예상하고 그를 넘어뜨려 빗자루로 최후의 일격을 가한다.

큐타는 영화 〈베스트 키드Karate Kid〉의 다니엘과 미야기처럼 스승과 친밀한 유대감
을 형성하지 않는다. 둘은 아침 식사(달걀밥)에서부터 쿠마테츠의 가르치는 방식까지 모
든 것을 두고 논쟁을 벌인다. 그렇게 다투고 소리치면서 서로 배우고 성장하며 결국에는
애정을 갖게 된다. 호소다는 슬랩스틱, 액션, 대치적인 시퀀스를 통해 이 과정을 포착한다.

스파링과 훈련 중에 그들은 종종 스승과 제자의 역할을 맞바꾼다. 큐타는 쿠마테츠
에게 상대방의 움직임을 분석하여 그대로 되돌려준다는 무술 전투의 핵심 원칙을 가르
친다. "상대를 잘 보고 동작을 맞춰야지. 맞추라고!" 쿠마테츠가 아무 생각 없이 돌진하자
큐타는 목검으로 그를 내리친다. 동시에 큐타는 펀치를 날리고 검을 휘두르는 법을 익혀
나간다.

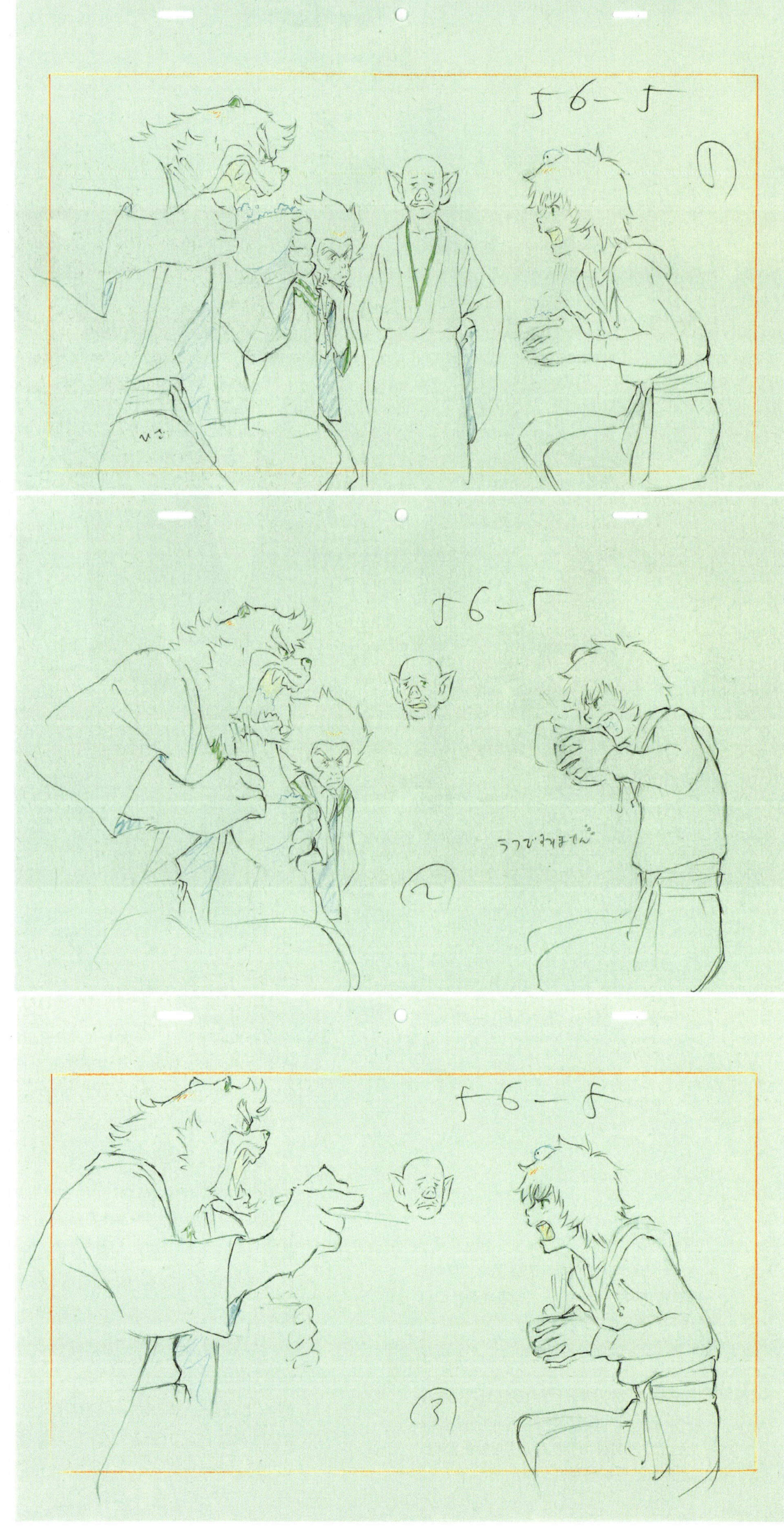

144~145쪽

큐타와 쿠마테츠의 아침 식사가 빠르
게 고함과 다툼으로 발전하는 과정을
담은 생생한 애니메이션 드로잉

호소다는 이렇게 말한다. "우리는 이런 장면을 애니메이션으로 구현하기 위해 스모와 검도 동작을 비롯해 다양한 무술과 전투기술은 물론 그 무술이 추구하는 정신세계도 연구했습니다."

냉소적인 원숭이 타라라와 온화한 돼지 승려 하쿠슈보는 큐타의 훈련을 지켜봤다. 그들은 큐타의 훈련 과정을 따라가며 그의 성장 단계를 짚어주고, 실력이 향상됨에 따라 소년과 스승의 관계가 어떻게 변화하는지 수시로 해설을 제공한다. 타타라가 쿠마테츠에 대해 "주위 아랑곳하지 않고 제멋대로 살아온 쿠마테츠로선 상대에게 맞추는 건 가장 힘든 일이지"라고 말하자 하쿠슈보는 "혼자 강해진 자의 업보야"라고 반박한다.

〈심슨 가족, 더 무비〉의 감독 데이비드 실버맨은 이렇게 말한다. "저는 호소다 감독이 원숭이와 돼지 캐릭터를 다룬 방식을 좋아합니다. 짐승의 형상으로 디자인된 캐릭터지만 인간적인 매너리즘과 유머를 가지고 있죠. 〈괴물의 아이〉는 매우 진지한 요소를 포함하고 있으며, 극도로 드라마틱하고 클라이맥스는 엄청나게 강렬합니다. 하지만 상당히 코믹해요. 더 진지한 애니메이션을 만들겠다는 생각으로 몰두하다 보면 캐릭터에 생기와 활력을 불어넣고 관객과 연결되는 코믹한 매력을 부여하는 일을 잊어버릴 수도 있어요."

의상 감독인 이가 다이스케는 이렇게 말한다. "〈늑대아이〉의 경우 사실주의를 추구했지만 〈괴물의 아이〉는 지나치게 괴수 같은 느낌을 원하지 않았습니다. 브레인스토밍 과정에서 디즈니 영화나 다른 애니메이션 영화에서 보았던 의인화된 캐릭터를 참고했어요. 호소다 감독의 영화 캐릭터는 어떤 모습일까를 고민하면서 대가들의 작품들을 참고했습니다. 기나긴 과정이었죠."

오른쪽

쿠마테츠의 약점을 예측하고 그의 허를 찌르는 큐타의 모습을 보여주는 애니메이션 드로잉

147쪽

영화 속 해당 장면

서로의 역할을 바꾸는 스승과 제자.
큐타는 쿠마테츠에게 무술의 핵심 요소
인 상대방의 동작을 읽는 법을 가르친다.

148쪽과 위
**쿠마테츠를 가르치는 큐타의 애니메이션
드로잉**

오른쪽
영화 속 해당 장면

"호소다 감독과 함께 캐릭터와 의상을 디자인할 때 우리는 각 캐릭터가 어떤 모습인지, 어떤 성장 배경을 지녔는지를 두고 많은 시간을 들여 토론했습니다"라고 다이스케는 덧붙인다. "그 과정을 통해 캐릭터의 분위기를 잃지 않으면서도 인생의 여러 단계에서 그들이 어떤 옷을 입게 될지를 자연스럽게 확장해 나갈 수 있었습니다."

8년에 걸친 수련 끝에 큐타는 강하고 능숙해진다. 모두에게 괴롭힘을 당하던 왜소한 아이에서 이오젠의 아들 지로마루와 견줄 만한 자신감 넘치는 전사로 거듭난다. 그와 동시에 쿠마테츠는 절제력과 집중력을 더 갖게 된다. 햐쿠슈보와 타타라는 그들의 공통된 발전에 놀라고 쥬텐가이의 수장인 토끼는 이런 말까지 한다. "모르겠나? 더 많이 성장한 건 쿠마테츠 쪽이라네. 더 정제되면서 날카로워졌어. 어느 쪽이 스승인지 모르겠군."

"과거에는 부모와 교사가 아이들을 키우는 데 있어 '하향식' 접근 방식을 취해왔지만, 최근에는 상호 성장의 방향으로 나아가고 있다고 생각합니다." 호소다는 이렇게 말한다. "부모와 교사는 완전하지 않으며 아이들과 함께 성숙해져야 한다는 게 오늘날의 관점이죠. 저는 쿠마테츠과 큐타의 관계를 통해 '선택된 스승'이라고 부를 수 있는 다양한 사람들, 즉 어른이 되도록 도와주는 사람들을 만나고 싶다는 아이들의 바람을 표현했습니다. 동시에 어른들에게는 우리가 '성장'하던 지난날을 되돌아보기만 할 필요는 없다는 사실이 얼마나 멋진 일인지 보여주고 싶었습니다. 우리는 계속 자라고 있으니까요. 완벽하고 무결한 존재가 된다는 것은 불가능하지만 쿠마테츠와 큐타가 보여주는 관계의 힘을 이용한다면 결함이 있는 사람들이 완벽한 사람을 능가할 수 있을지도 모릅니다."

쥬텐가이에 지친 큐타는 인간 세계로 다시 돌아간다. 그는 똑똑하고 내성적인 소녀 카에데의 친구가 되어 반 친구들의 괴롭힘으로부터 그녀를 보호한다. 그 대가로 카에데는 큐타가 《모비딕》을 읽을 수 있도록 도와준다. 큐타는 카에데에게 고래의 한자를 읽는 방법을 물어보면서 친구가 된다. 쥬텐가이에 있는 8년 동안 전통적인 교육을 받지 못했던 큐타는 지적이고 호기심이 많지만 읽기와 수학 실력은 퇴보했다. 큐타의 학습 욕구에 마음이 움직인 카에데는 그를 격려하며 차분히 가르친다.

영화의 클라이맥스에서 쿠마테츠는 차기 수장 자리를 놓고 이오젠과 결투를 벌인다. 불리한 상황에서 경기가 시작되지만, 큐타가 전투장에 간신히 합류하면서 스승을 승리로 이끈다. 짐승들이 승리자인 쿠마테츠에게 환호를 보내자 이오젠은 패배를 인정한다. 하지만 이오젠의 입양된 인간 아들 이치로히코가 이에 반기를 들고 쿠마테츠를 검으로 찌른다. 수장과 다른 짐승들은 이치로히코의 가슴에 공허한 검은 테두리로 표현되는 '인간의 마음속에 깃든 어둠'에 두려움을 느낀다.

큐타가 쿠마테츠를 훈련시키는 모습을 지켜보는
냉소적인 타타라와 온화한 하쿠슈보

왼쪽과 오른쪽
해당 장면에서 캐릭터의 자세를 표현한 애니메
이션 드로잉

아래
영화 속 해당 장면

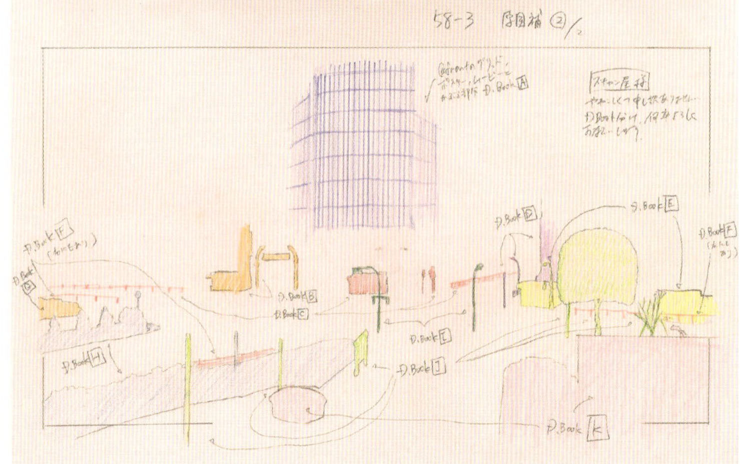

큐타는 이치로히코는 물론 자신의 마음을 집어삼킬 수도 있는 위협적인 공허함도 물리쳐야 한다. 이치로히코는 인간 세계로 도망치고 큐타는 잠시 멈춰 서서 카에데에게 작별 인사를 한다. 인간 전사들의 웅장한 전투는 《모비딕》을 떠올리게 한다. 애니메이션과 CG가 장관을 이루는 가운데 이치로히코가 거대한 흰고래의 모습으로 변모한다. 그의 검은 실루엣은 시부야 스크램블 교차로 특유의 네온 불빛 아래를 불길하게 미끄러지듯 지나가다가 요요기 제1체육관 위 별이 빛나는 밤하늘로 솟구치며 입체적인 청백색 괴물의 형상으로 등장한다.

작곡가 다카키 마사카츠는 이렇게 회상한다. "음악적으로 특히 고민을 많이 했던 전투 시퀀스가 두 장면 있었습니다. 첫 번째는 관객들에게 둘러싸여 쿠마테츠와 이오젠이 결투를 벌이는 마을 광장 장면이었습니다. 현대적이고 대도시적인 분위기의 랩 배틀이나 댄스 배틀 느낌이었어요. 축제 같은 분위기와 매우 비슷했습니다.

반면 큐타와 고래의 전투는 전혀 달랐어요. 그 장면에서 제가 확신했던 한 가지는 큐타가 전투 내내 성장한다는 점이었습니다. 이는 〈드래곤 퀘스트〉를 떠올리게 했어요. 전투 중 재생되는 음악과 전투 후 재생되는 음악이 있는데, 저는 그 두 가지 분위기를 하나의 곡 안에 담고자 했습니다."

왼쪽 맨 위부터

참고 사진, 조감독의 메모, 레이아웃 도면과 배경, 그리고 세계에서 가장 번잡하기로 유명한 시부야 스크램블 교차로

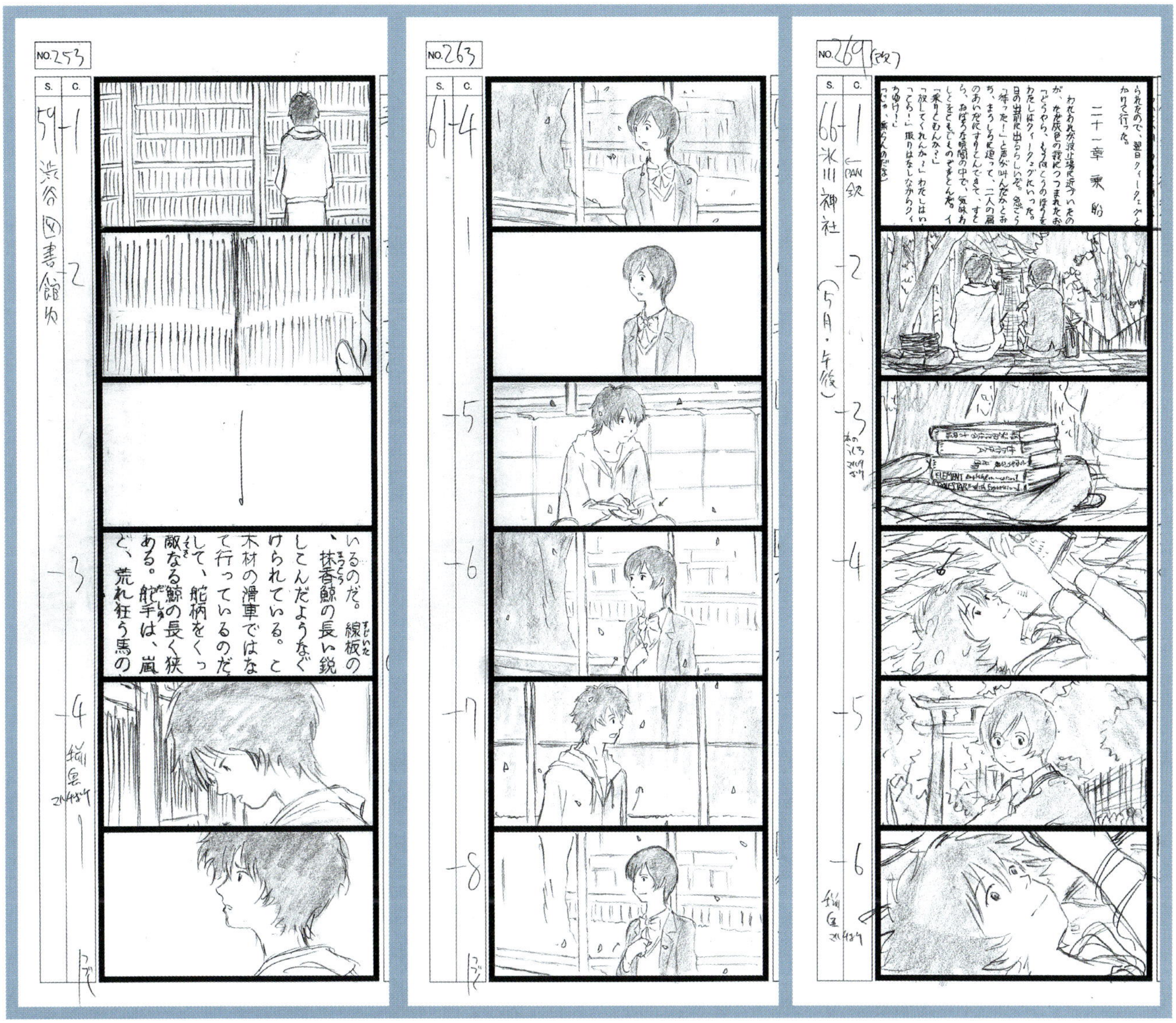

위

배움을 갈망하지만 복잡한 한자에
익숙하지 않아 위축된 큐타를 보여
주는 호소다의 스토리보드

아래

큐타를 도와주는 카에데

쥬텐가이의 차기 수장을 결정하는 결투에서 쿠미데츠가 이오젠을 물리치도록 영감을 주는, 큐타의 격려를 담은 호소다의 드라마틱한 스토리보드

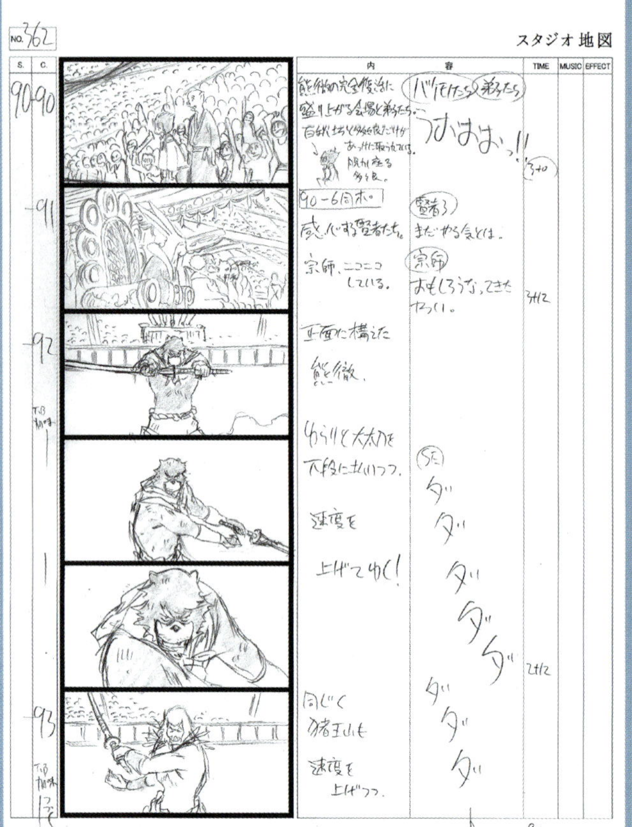

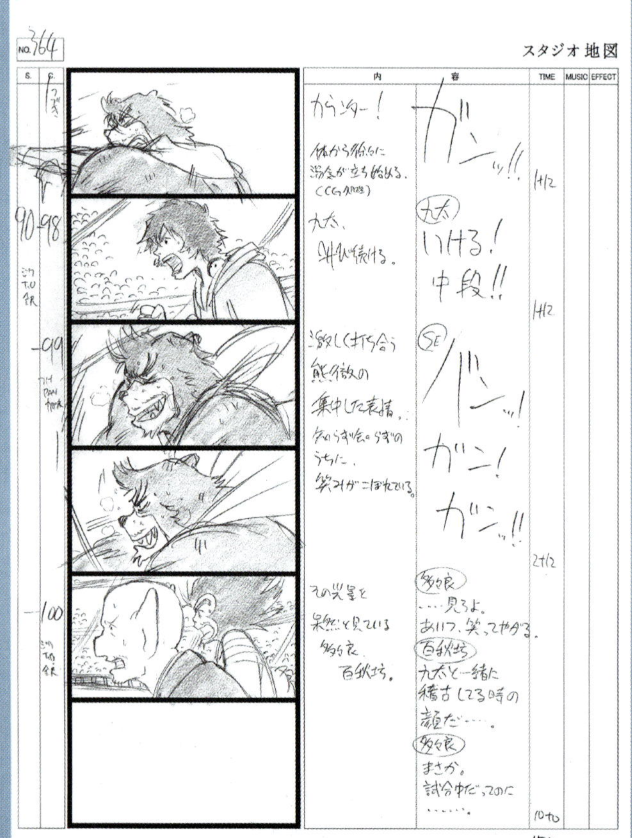

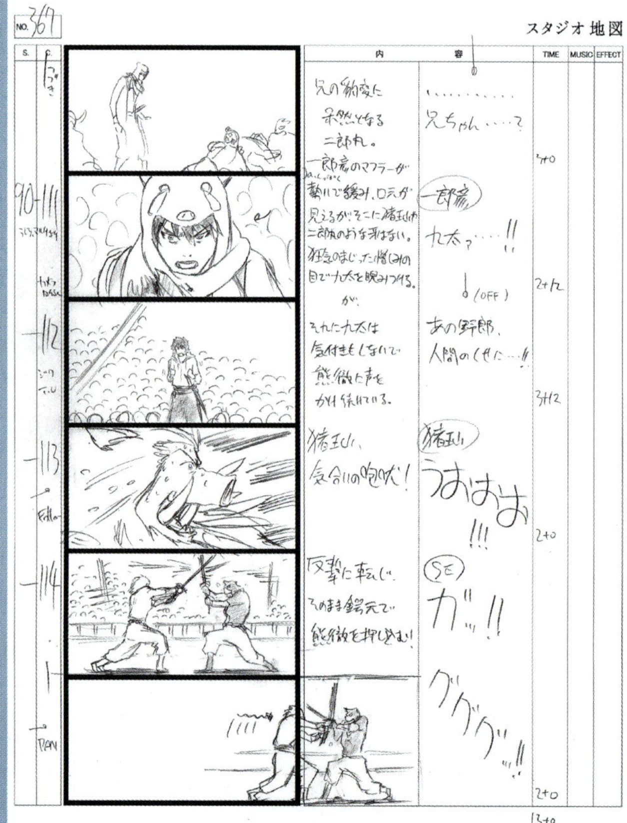

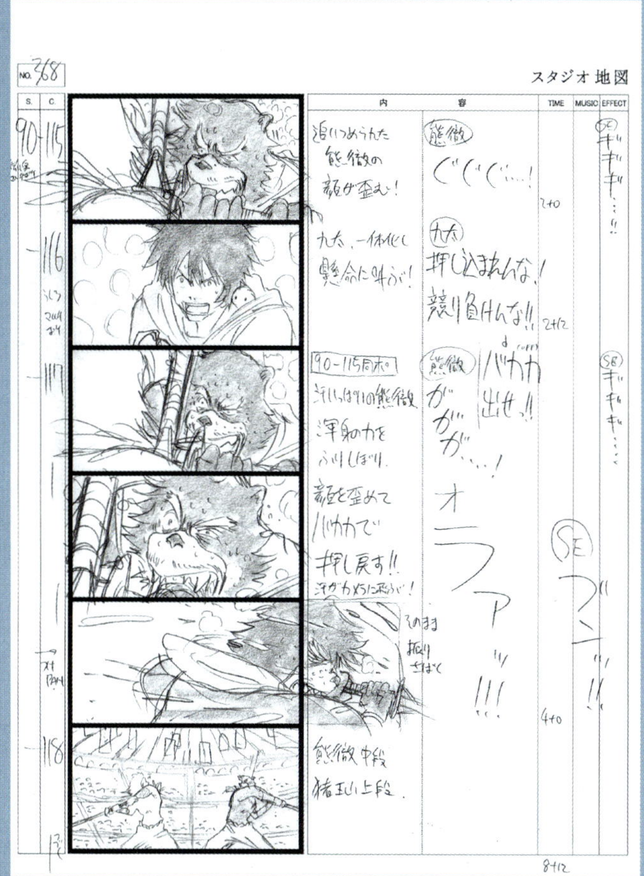

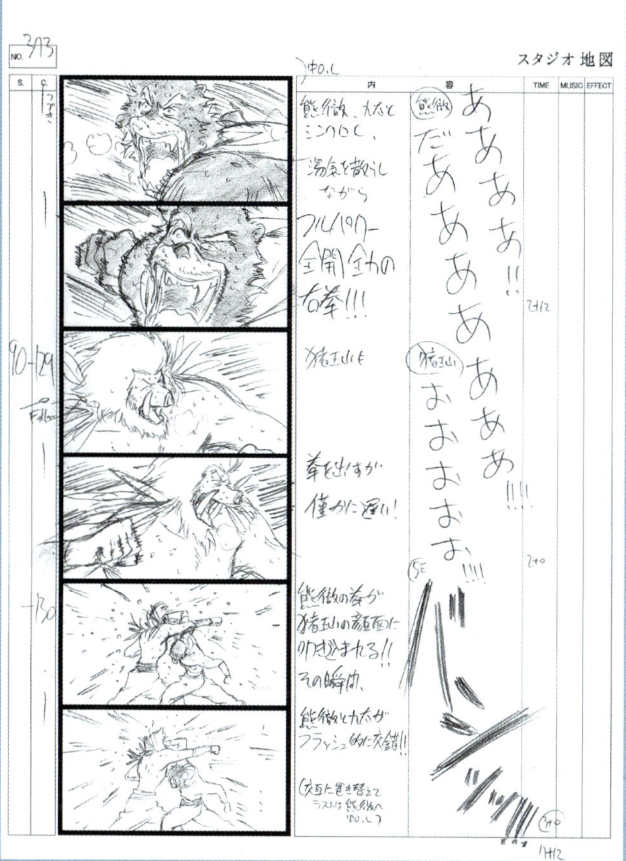

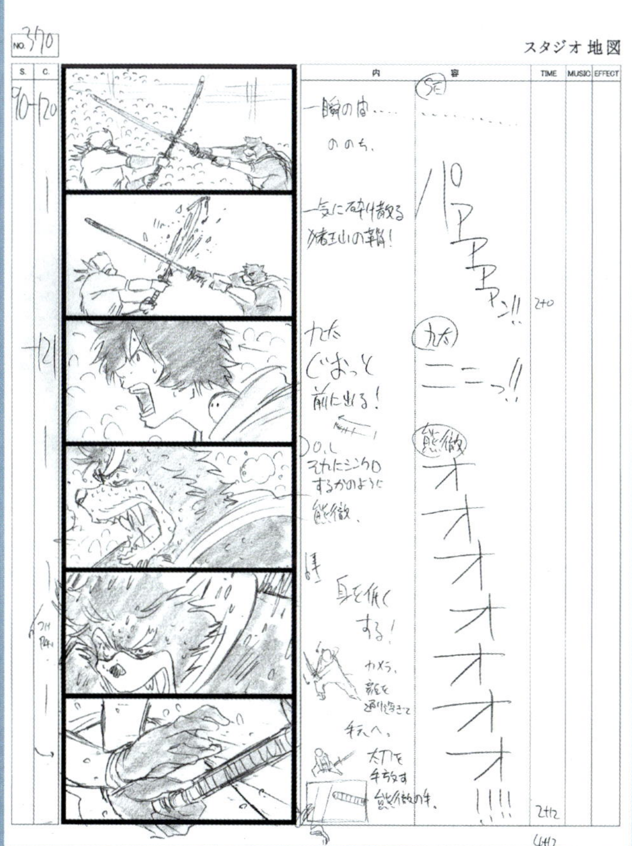

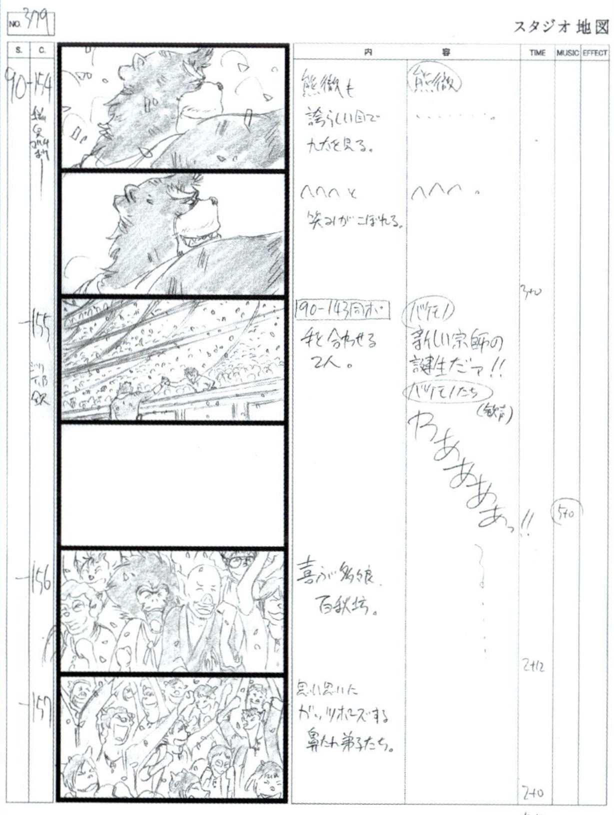

156~157쪽

쿠마테츠는 큐타의 도움으로 이오
젠을 상대로 역전승을 거둔다.

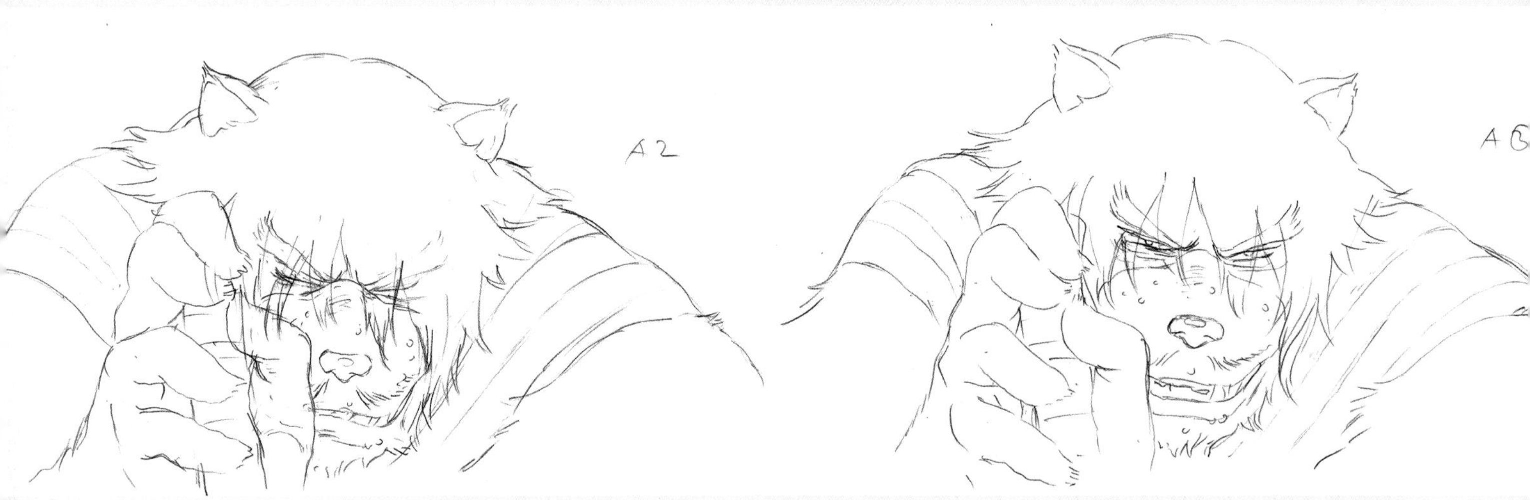

이치로히코에게 치명상을 입은 쿠마테츠는 큐타를 돕기 위해 환생할 권리를 요청한다.
"나는 어리석고 한심하지만 그래도 그 녀석에게 도움이 될 수 있어요. 녀석의 가슴속
빈 부분을 내가 채워줄 겁니다. 어리석은 내가 할 수 있는 유일한 일입니다!"

158~159쪽

쿠마테츠의 고통과 결심을 표현한 파워풀한 애니메이션 드로잉

오른쪽

영화 속 해당 장면

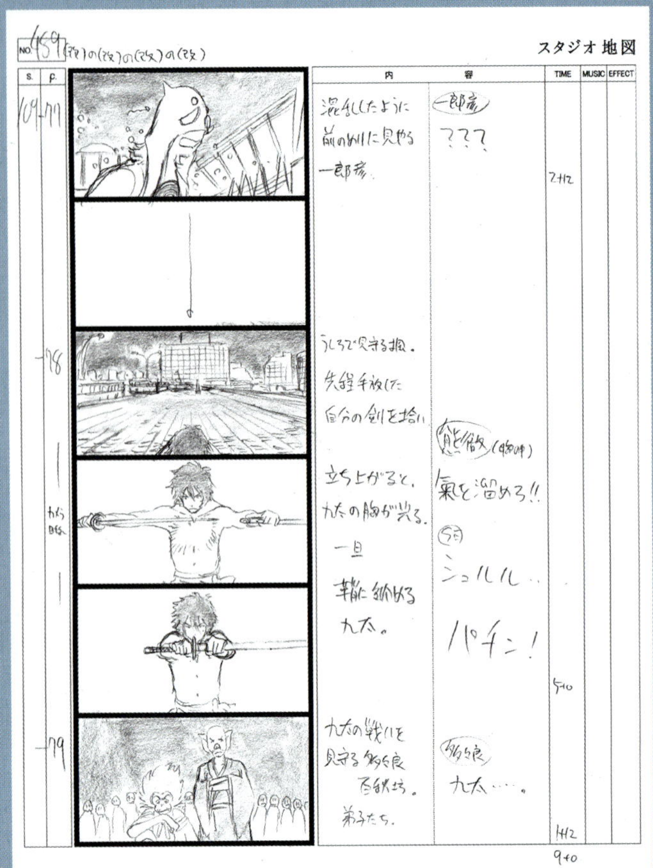
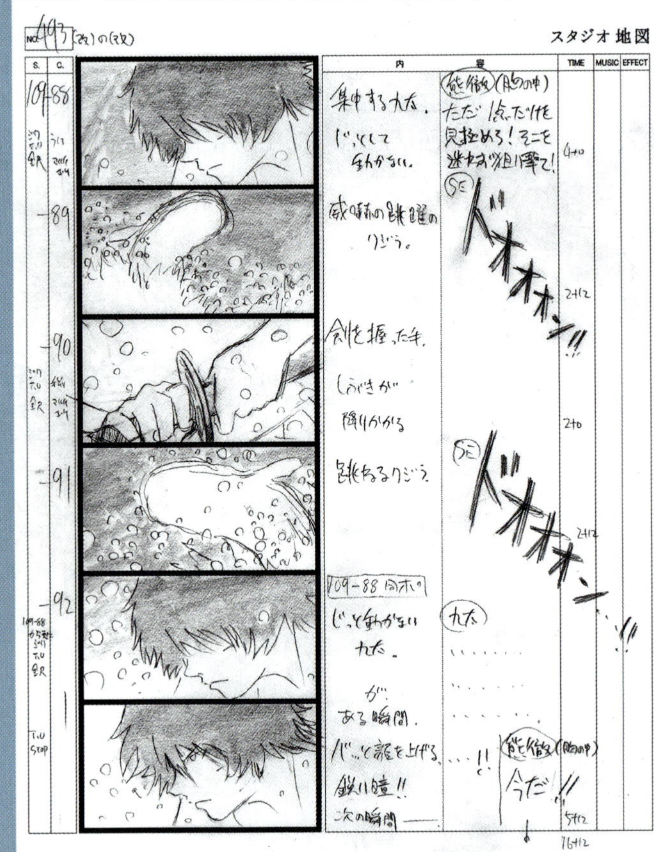
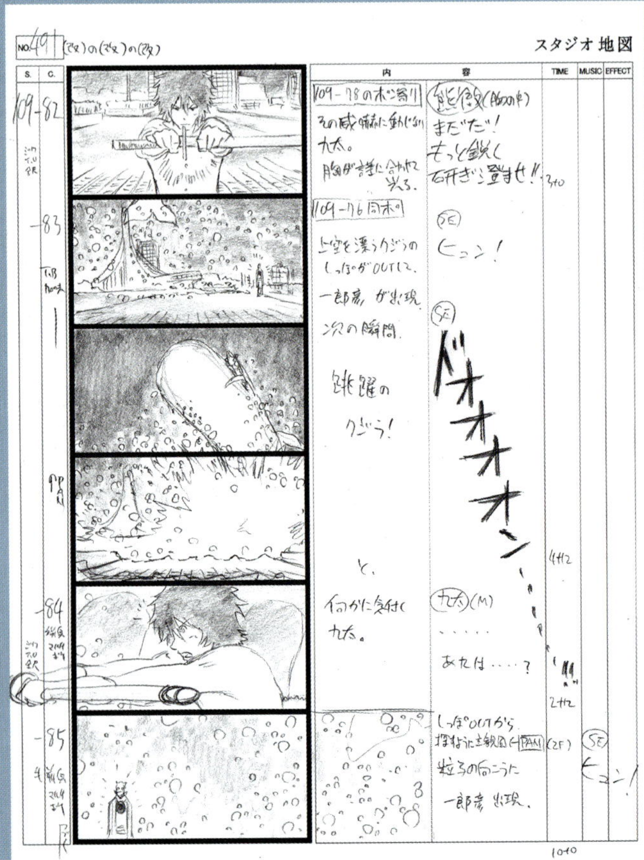
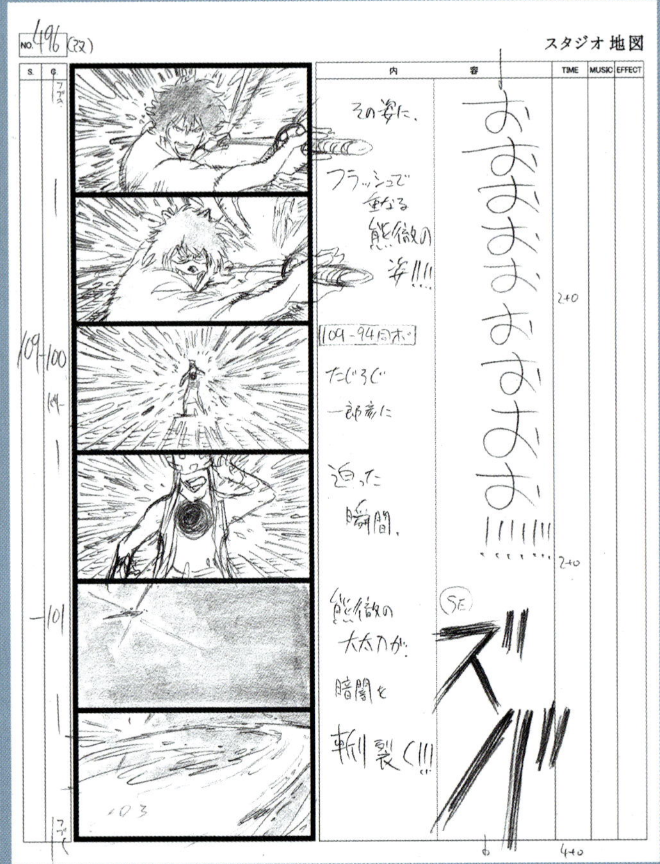

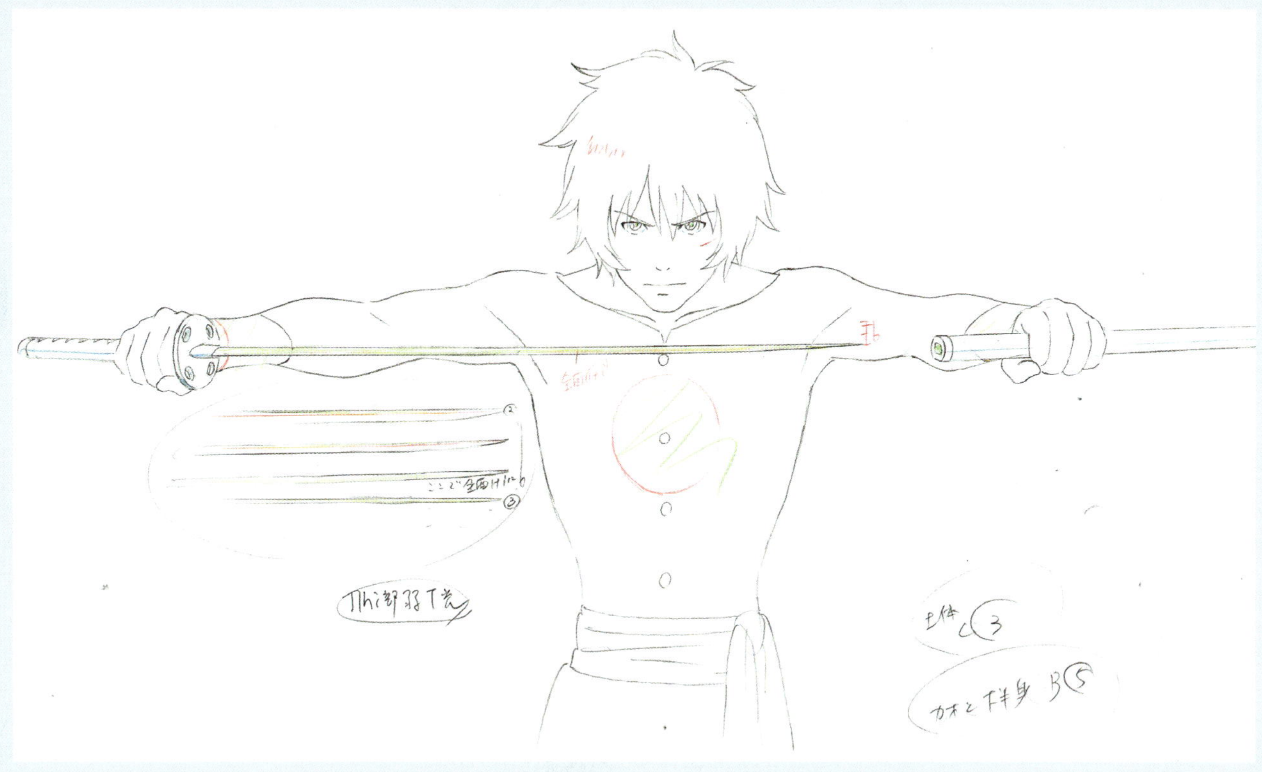

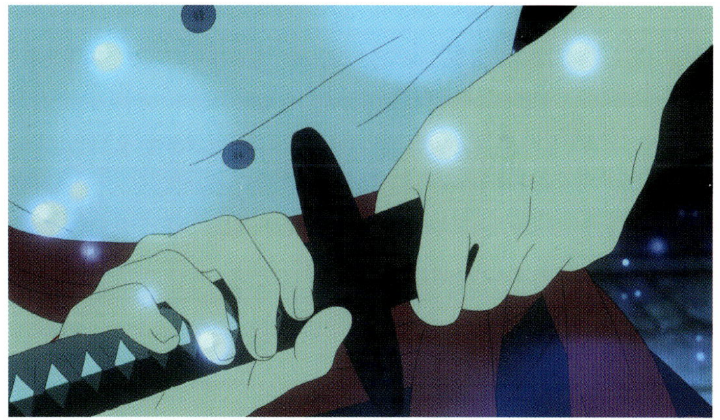

도쿄 국립박물관 연구원 마츠시마 마사토는 호소다가 고래의 전체 형상을 한 번에 드러내지 않고 화면 구석에 서 있는 큐타의 왜소한 모습과 대비시킴으로써 고래의 압도적인 규모와 힘을 강조한다고 평한다. 그는 이 시퀀스를 에도 시대 예술가 우타가와 쿠니요시의 유명한 판화 〈미야모토 무사시와 히젠 앞바다의 고래Miyamoto Musashi Subduing the Whale〉와 비교한다.

쿠마테츠는 칼날로 환생해 큐타의 가슴 속에 자리한 공허를 치유한다. 쿠마테츠와 카에데가 보여준 사랑과 지지는 큐타에게 적을 물리칠 수 있는 힘과 결단력을 주었다. 그것은 단순히 적을 죽이는 게 아니라 두 사람 모두를 파멸로 이끌 뻔했던 내면의 어둠을 극복하는 방식이었다. 선은 복수심을 이기고 이해심은 증오심을 초월한다.

검을 뽑는 큐타를 그린 역동적인 애니메이션 드로잉

아래

영화 속 해당 장면

160쪽

거대한 흰고래로 변모한 이치로히코와 큐타의 클라이맥스 전투를 그린 호소다의 스토리보드

162쪽
타격을 준비하는 큐타의 애니메이션 드로잉과 영화 속 해당 장면

위
환생한 쿠마테츠가 자신의 자세를 투영해 큐타에게 힘을 보태는 모습을
그린 애니메이션 드로잉과 영화 속 해당 장면

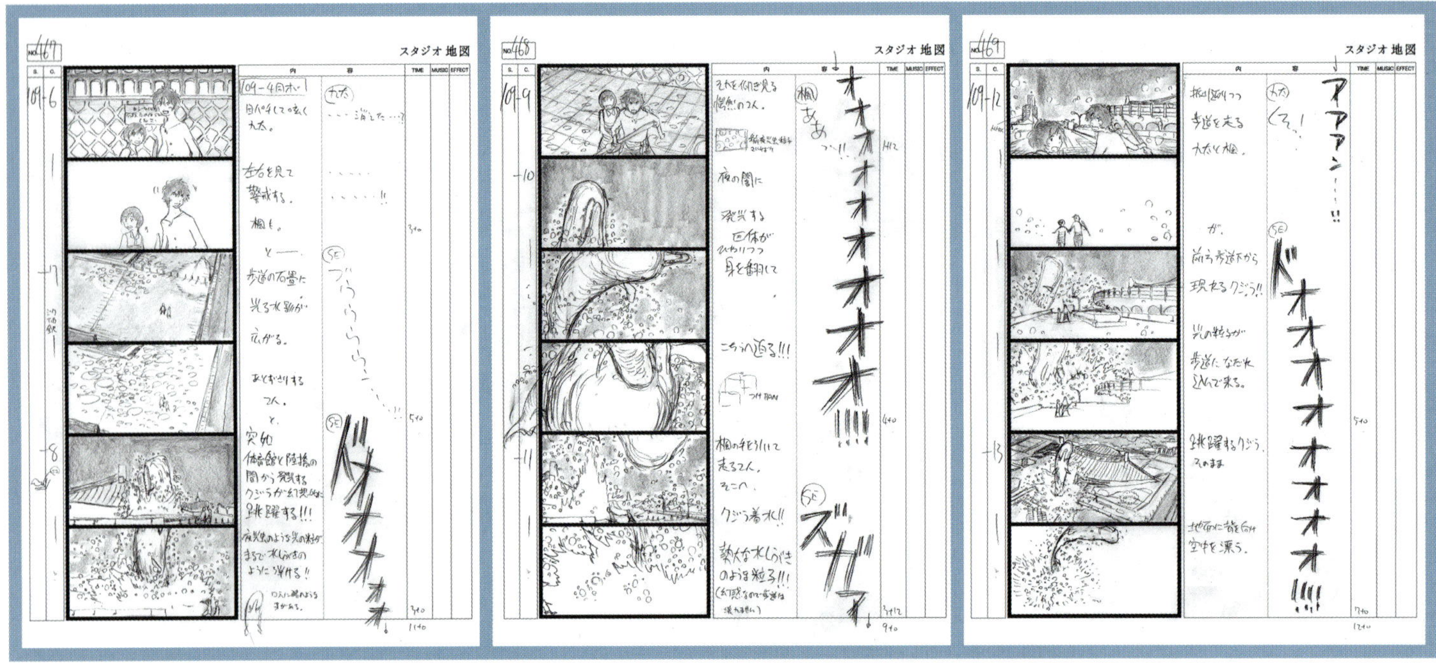

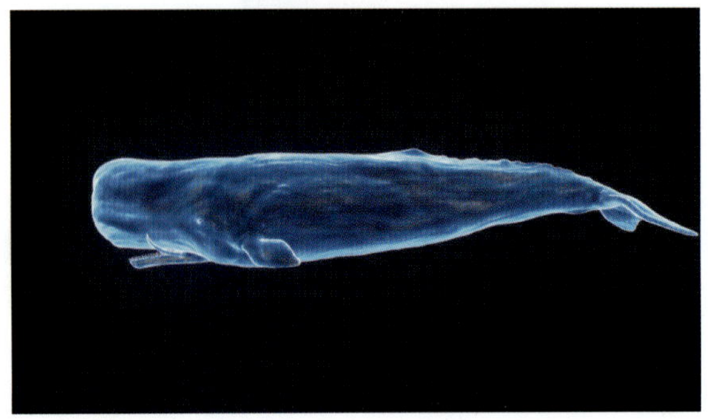

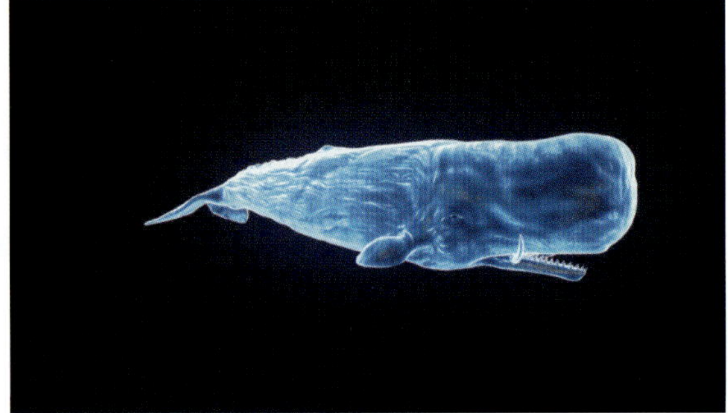

164쪽 위
고래의 공격을 그린 호소다의 스토리보드

164쪽 중간
우타가와 쿠니요시(1798~1861)의 〈미야모토 무사시와
히젠 앞바다의 고래〉

164쪽 아래
CG로 구현한 고래 이미지 두 컷

왼쪽
요요기 제1체육관의 배경 그림

중간
물속에서 솟아오르는 고래를 표현한 컴퓨터 그래픽 효과

아래
완성된 최종 이미지

청소년기에 허먼 멜빌의 소설을 읽었던 호소다는 이렇게 설명한다. "카에데는 말하죠. '이치로히코는 자신 안의 깊은 어둠, 즉 '짐승'과 싸우고 있어.' 저는 짐승 같은 인간과 인간적인 짐승을 보여주기 위해 《모비딕》을 인용했습니다. 고래는 인간이 가진 욕망을 상징하기 때문에 욕망으로 가득 찬 인간의 도시 시부야를 헤엄치는 고래는 매우 상징적이죠. 여기서 핵심은 추함과 아름다움의 결합입니다. 그래서 고래는 꿈을 보는 듯한 아름다운 모습으로 등장합니다."

픽사의 아트디렉터 랄프 에글스턴은 이렇게 말한다. "고래는 CG로 구현됐지만 전체적인 비주얼과 완전히 통일되어 있습니다. 그건 쉬운 일이 아니에요. 가장 어려운 일은 CG 이미지에서 지나치게 사실적인 느낌을 없애는 겁니다. 호소다는 머릿속에 분명한 이미지를 가지고 있었고 그것을 그대로 구현했어요."

수련을 마친 큐타는 인간 세계로 돌아와 그동안 만나지 못했던 생물학적 아버지와 관계를 쌓아가며 학업을 이어간다. 그는 다시는 검을 들지 않겠지만 여전히 강한 검객으로 남을 것이다. 하쿠슈보는 이런 말을 남긴다. "큐타는 가슴속에 쿠마테츠라는 검을 지닌 최강의 검객이야." 이는 세상을 떠난 사랑하는 멘토를 마음속에 품고 살아가는 사람들이 어떻게 다시 힘을 얻는지를 보여주는 호소다의 은유다. 타타라는 이렇게 덧붙인다. "그 녀석이라면 앞으로 무슨 일이 생겨도 다 잘 이겨낼 거야."

사이토는 제작 과정을 회상하며 이렇게 말한다. "〈괴물의 아이〉이전까지 제 역할은 재단사와 같았습니다. 전체 예산을 보고 그 안에서 작품을 완성할 방법을 찾는 일이었어요. 저는 업계에서 적자를 내지 않는 프로듀서로 알려져 있었고 그걸로 좋은 평가를 받기도 했습니다. 〈괴물의 아이〉를 제작할 때도 호소다 감독에게 예산을 보여주고 확인하곤 했습니다. 다만 그는 한 귀로 듣고 한 귀로 흘려보낸 것 같았지만요."

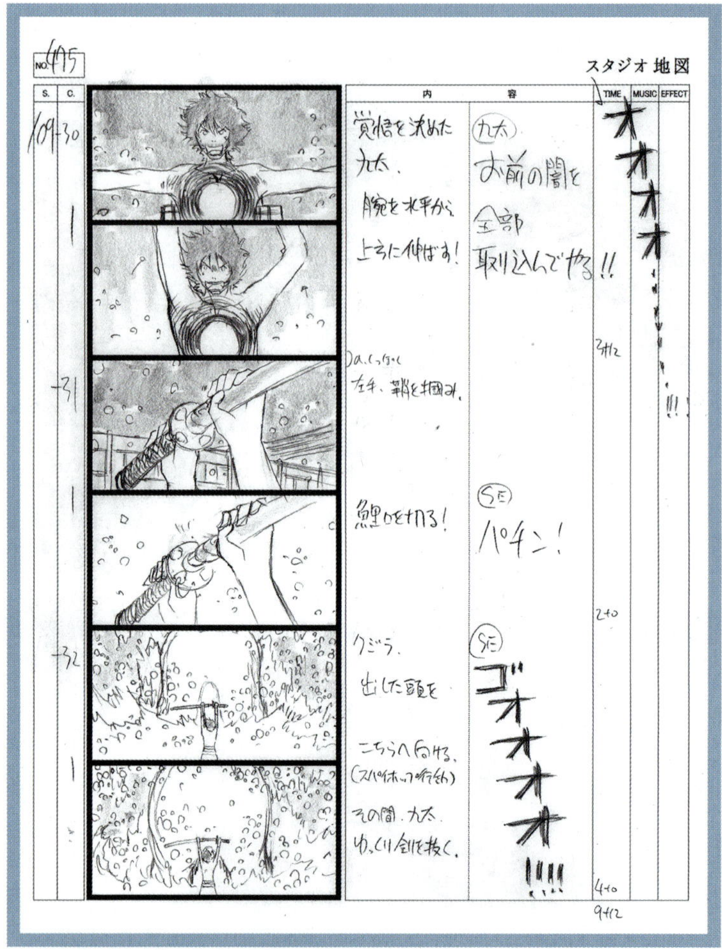

큐타의 진정한 적은 고래도 이치로히코도 아니다. 깊은 상실감으로 대변되는 마음속에 숨겨진 어둠이다.

오른쪽 위
클라이맥스 결투 장면을 담은 호소다의 스토리보드

오른쪽 아래
영화 속 해당 장면

167쪽 위
또 다른 스토리보드

167쪽 아래
큐타를 혼란에 빠뜨리려고 하는 이치로히코의 모습을 보여주는 두 컷의 영화 속 장면

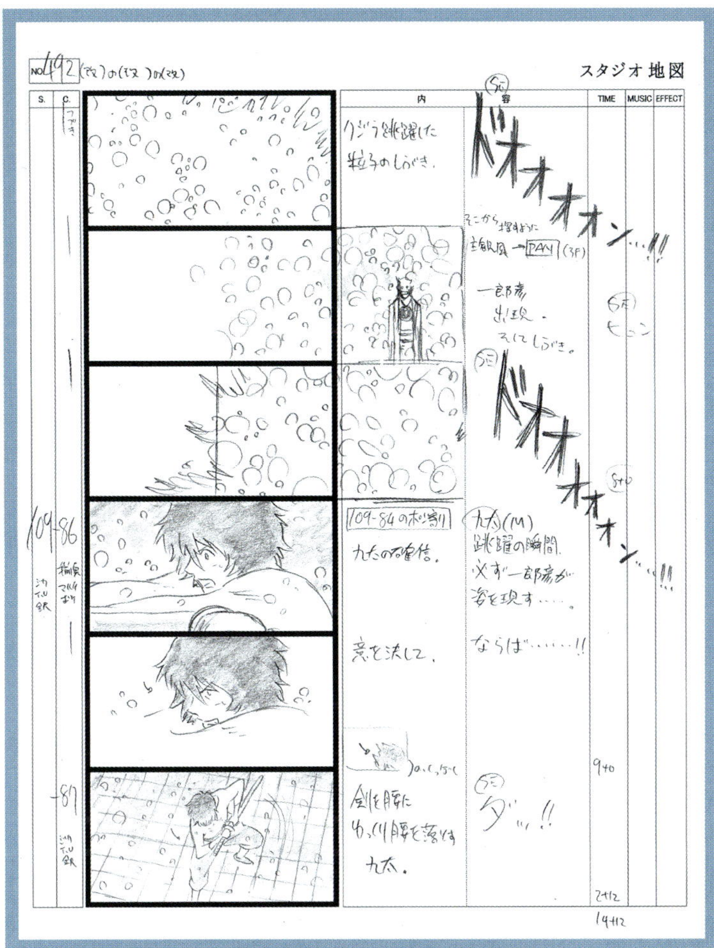

〈괴물의 아이〉는 호소다에게 네 번째 일본 아카데미상 최우수 애니메이션 작품상을 안겨주었으며 일본 영화 비평가상도 수상했다.

영화는 유럽과 미국의 비평가들로부터 찬사를 받았다. 「로저에버트 닷컴」의 사이먼 에이브럼스는 "호소다는 큰 규모의 액션 장면과 조용한 대화의 순간을 연출하는 재능을 가졌다. 이 재능 덕분에 그의 최신작은 관객에게 감정적 보람과 즐거움을 준다. 거의 모든 애니메이션 제작자들이 어린 관객들의 감정에 호소하지만, 성인 관객들까지 동일하게 몰입시키는 이는 거의 없다"라고 말했다. 「버라이어티」의 피터 드브루지는 이런 결론을 내린다. "호소다는 이 혼돈 속에서 각자가 자신의 구원을 위해 무엇을 해야 하는지를 시적으로 표현하며, 주인공들에게 지금껏 존재했던 가장 영웅적인 소년과 괴물임을 증명할 수 있는 결정적 순간을 부여한다."

소년과 고래의 결투를 그린 웅장한 액션 장면은 드로잉과 CG 애니메이션을 인상적이고 창의적으로 결합하는 호소다의 능력을 보여준다. 그는 이렇게 결론지었다. "새로운 방식의 시각적 표현을 통해 우리와는 완전히 다른 가상의 세계 속에서 누구나 공감할 수 있는 친숙한 모티브를 담아 애니메이션이 지닌 가능성을 보여주고 싶었습니다. 사람들은 종종 제게 묻습니다. '완전히 CG로만 영화를 만드는 건 어때요?' 하지만 예술계에서는 누구도 '유화는 고루하고 디지털 아트는 새로운 예술이에요'라고 하지 않죠. 전 어떤 기술을 사용하느냐는 중요하지 않다고 생각합니다. 중요한 것은 예술 그 자체입니다. 사람의 마음을 움직이는 것은 바로 그 예술이에요."

승리한 큐타는 쥬텐가이를 떠날 준비를
한다.

맨 위
영화 속 해당 장면들

중간
큐타와 쿠마테츠가 방문했던 쥬텐가이의
수장과 몇몇 지도자들의 레이아웃 드로잉

아래
그들의 친구를 자랑스럽게 바라보는 타타
라와 하쿠슈보의 레이아웃 드로잉

오른쪽 중간과 아래
행복한 표정과 과장된 동작으로 검정고시 원서를 들고 큐타를
놀라게 하는 카에데의 애니메이션 드로잉

오른쪽
애니메이터 아오야마 히로유키는 이렇게 말한다. "스토리보드
에는 많은 연기 요소가 담겨 있습니다. 호소다 감독은 구두로 피
드백을 준 뒤, 스토리보드를 다시 보여주며 연기를 세밀하게 조
율합니다."

비록 큐타가 다시 검을 들지는 않을 지라도, 인생에서 마주칠 어떤 장애 물도 극복할 수 있도록 쿠마테츠는 언제나 함께할 것이다.

위

영화 속 해당 장면

왼쪽

호소다의 스토리보드. 큐타는 책상 위 에 돌아가신 엄마의 사진을 놓아둔다.

キミとなら、強くなれる。
バケモノの子
The Boy and The Beast
役所広司 宮崎あおい 染谷将太
広瀬すず 山路和弘 宮野真守 山口勝平
長塚圭史 麻生久美子 黒木華 諸星すみれ 大野百花 津川雅彦
リリー・フランキー 大泉洋
監督・脚本・原作 細田守
作画監督 山下高明 西田達三 美術監督 大森崇 高松洋平 西川洋一 音楽 高木正勝
スタジオ地図が贈る
『時をかける少女』『サマーウォーズ』
『おおかみこどもの雨と雪』
細田守監督待望の最新作
7.11 ROADSHOW
bakemono-no-ko.jp

마케팅 MARKETING

영화 관련된 상품으로는 접시와 핀
뱃지, 캔디 박스와 가방, 볼펜, 머리
끈, 휴대폰에 걸 수 있는 영화 프레
임 키링 등이 있다.

170쪽

〈괴물의 아이〉 포스터

미래의 미라이

MIRAI

〈미래의 미라이Mirai〉는 〈괴물의 아이〉보다 규모는 작지만, 호소다의 초기 작품의 여러 요소를 결합해 향수를 불러일으키는 매력적인 작품이다. 〈시간을 달리는 소녀〉의 시간 여행, 〈썸머 워즈〉와 〈괴물의 아이〉에서 반복되는 다른 세계로의 모험, 〈늑대아이〉에서 볼 수 있는 악의 없는 비범한 부모의 고군분투, 〈늑대아이〉와 〈괴물의 아이〉에 공통적으로 등장하는 '좋은 멘토를 찾으려는 아이'라는 요소들이 결합된 것이다.

〈미래의 미라이〉는 호소다의 딸, '미라이'의 출생에서 영감을 받았다. "제 영화는 개인적인 경험에서 비롯됩니다" 호소다는 설명한다. "〈늑대아이〉는 어머니가 돌아가시고 제가 어떻게 자랐는지를 회상하면서 쓴 작품이에요. 〈괴물의 아이〉는 저와 제 아버지와의 관계, 그리고 제가 아버지가 되어가는 과정을 담은 영화입니다. 저는 당시에는 드물게 외동이었습니다. 그래서 여동생이 태어났을 때 반가워하며 오빠가 되어가는 아들의 모습에 감동했어요. 쿤은 제 아들이 세 살이었을 때와 똑같습니다."

호소다의 아들은 과거와 미래의 친척들과 영향을 주고받는 핵심 요소를 제안하기도 했다. "매일 아들에게 전날 꾼 꿈에 대해 물어봅니다. 주로 기차나 좋아하는 장난감에 관한 꿈을 꾸는데, 어느 날 아들이 '미라이를 만났어요. 더 크고 어른 같은 미라이였어요'라고 말했어요. 저는 질투를 느꼈습니다. 저도 어른이 된 미라이를 만나고 싶었거든요. 그때부터 미라이가 커서 어떤 사람이 될지, 어떻게 자랄지 상상하기 시작했고 이 모든 이야기가 나오게 되었습니다."

174~175쪽
십 대가 된 미라이가 쿤을 간지럽히고 쿤은 깔깔대며 웃음을 터뜨린다.

위
쿤과 십 대가 된 미라이, 인간의 모습을 한 강아지 윷코가 히나 인형들을 치우려고 집 안으로 숨어 들어가고 있다.

177쪽
쿤의 집 내부를 미리 시각화한 그림. 기차들이 거실을 점령하고 있다.

이 이야기에서 저는 아버지가 아닙니다. 오히려 쿤에 더 가깝다고 할 수 있어요. 누구나 한때는 네 살이었습니다. 영화 속에서 쿤이 겪는 정체성의 혼란과 타인을 받아들이는 법을 배워가는 과정은 모든 사람이 인생의 어떤 시기에 반드시 경험하는 일이라고 생각해요. 저 역시 마찬가지입니다. 쿤은 우리 모두의 안에 있어요.

—호소다 마모루

"인간의 삶이 반복되고 겹쳐지는 방식은 자연의 순환이 반복되고 영원히 계속되는 방식과 닮아 있습니다. 저는 집과 마당, 평범한 가족의 이야기를 통해 삶의 순환과 우리 인생이 만들어내는 장대한 고리를 그리고 싶었습니다." 호소다는 이렇게 말한다.

총괄 프로듀서 타카하시 노조무는 이렇게 덧붙인다. "저는 일본 TV의 대표이사였지만 제 실제 역할은 일본 TV 내부를 뒷받침하는 백업에 더 가까웠습니다. 저는 호소다 감독에게 이렇게 말했어요. '원하는 것을 무엇이든 만드세요. 우리는 간섭하지 않겠습니다.' 또 스튜디오 치즈 직원들에게도 호소다 감독이 원하는 것을 만들라고 얘기했습니다. 영화가 성공하든 실패하든 그는 그 작품에서 무언가를 얻고 그것을 미래에 반영할 테니까요."

네 살짜리 쿤은 현대 일본인 부부에게서 사랑을 듬뿍 받으며 자란 다소 버릇없는 아들이다. 쿤의 어머니는 바쁜 편집자이고 아버지는 현재 가족들이 살고 있는 요코하마의 서양식 주택을 설계한 건축가다. 어머니가 갓 태어난 여동생과 함께 병원에서 집으로 왔을 때 쿤은 먼저 호기심을 느낀다. 쿤은 자신의 손가락을 잡은 아기의 작은 손을 본다. 하지만 아기가 자신에게 향했던 관심을 빼앗아 간 존재임을 깨닫고는 소란을 피운다. 장난감 기차로 여동생을 때리려 하며 동물 쿠키로 동생의 얼굴을 장식하기도 한다.

오스카상을 수상한 애니메이터 글렌 킨은 이렇게 말한다. "호소다는 우리가 삶에서 가장 좌절스러우면서도 힘들다고 느끼는 동시에 가장 경이롭다고 느끼는 순간들을 모두 포용합니다. 저는 쿤이 아기의 손가락을 만지는 장면을 결코 잊지 못할 거예요. 그것은 아기 손가락이 지닌 경이로움을 응시하는 탐구였습니다."

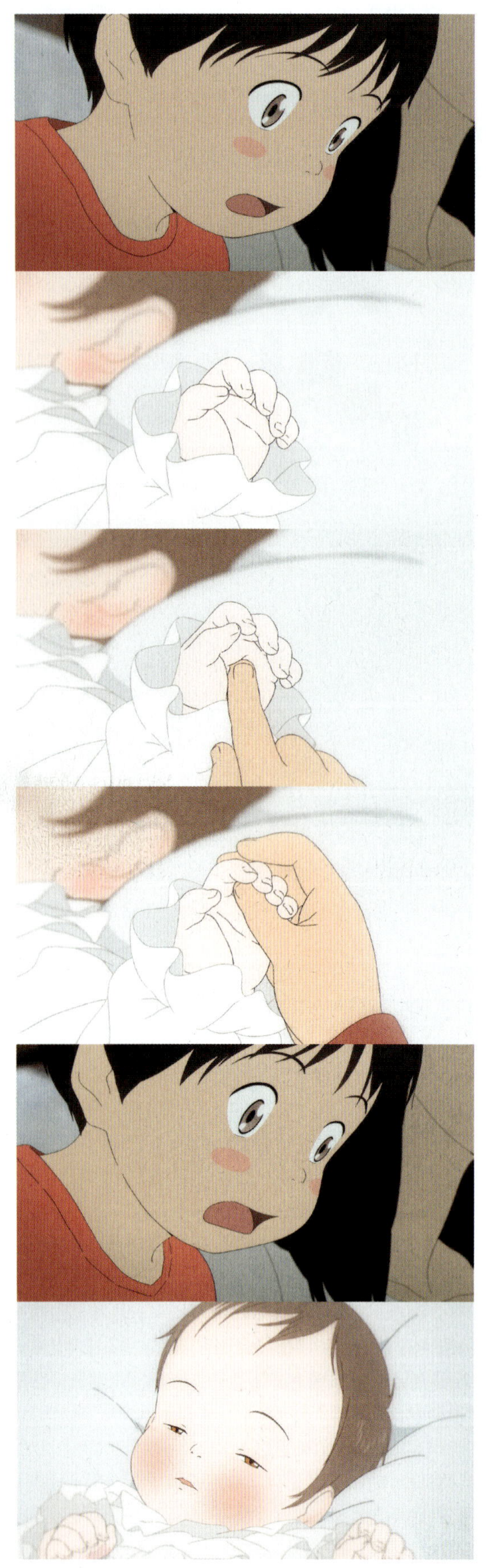

"부드러움을 그리고 다정함을 그리고 발견의 순간을 그립니다. 호소다는 실제보다 더 과장하지 않으면서도 있는 그대로 표현하는 데 탁월합니다. 굳이 설명하지 않고 스스로 말하게 두는 거죠. 미라이의 손가락을 만지던 오빠가 동생을 바라보다가 자신의 장난감 기차로 그녀의 머리를 내려칩니다. 바로 그것이 아이들의 방식이고 호소다는 그런 모습을 보여주는 데 거리낌이 없어요."

글렌 킨에게 깊은 인상을 남긴 미라이의 손가락을 그린 애니메이터 하마다 다카유키는 〈미래의 미라이〉를 제작하던 중에 아버지가 되었다. 그는 아기의 움직임을 가까이에서 세심하게 관찰하여 이를 그림으로 옮길 수 있었다. "사람들은 제 이야기가 가족에 관한 이야기라고 얘기하지만 저는 아이들과 그들이 어떻게 성장하는지에 대한 이야기라고 얘기하고 싶어요." 호소다는 이야기한다. "살아가면서 마주하는 다양한 상황에 대한 영화를 만들고 싶어요. 아직 만들어지지 않은 이야기들을 애니메이션으로 보여줌으로써 영화 예술에 기여하고 싶습니다. 〈미래의 미라이〉에서는 일상 속 작은 순간들이 주는 소중함을 보여주고 싶었어요. 저는 제가 사람들이 좋아하는 다른 스타일의 영화를 만들게 되었다고 생각합니다."

부모님에게 혼난 쿤은 자신이 무시당했다고 느낀다. 슬픔을 느낀 쿤은 정원에 있는 참나무 아래의 은신처로 향한다. 그곳에서 쿤은 가족 구성원들과 함께하는 일련의 초현실적인 경험을 마주하게 된다. 첫 만남은 가족 안에서 중심적인 위치를 잃었다며 비탄에 잠긴 고상한 청년이다. 쿤에게 세상을 다른 관점에서 바라보게 해준 첫 번째 캐릭터는 강아지 윳코였다.

〈심슨 가족, 더 무비〉의 감독 데이비드 실버맨은 말한다. "쿤이 왕자 같은 인물을 처음 만났을 때 우리는 그가 집이나 무언가의 정령일지도 모른다고 생각하지만 아닙니다. 그는 집안의 왕이었던 강아지예요. 저는 그가 단순히 강아지라는 점에서 그 페르소나를 정말 좋아합니다. 그는 진정한 왕족과 같은 존엄이 있어요."

쿤의 다음 방문자는 십 대가 된 미라이로 그녀는 쿤의 여동생인 동시에 누나가 된다. 미라이는 쿤을 간지럽히고 쿤과 윳코를 설득해 히나 인형을 치워버리자고 한다. 3월 3일이 지나서도 인형을 치우지 않으면 결혼이 늦어진다는 미신 때문이었다. (인형들은 헤이

오스카상을 수상한 애니메이터 글렌 킨이 로스앤젤레스에서 열린 애니메이션 이즈 필름 행사에서 호소다와 함께 아기 미라이가 쿤의 손가락을 잡으려 하는 장면에 대해 이야기하고 있다.

쿤은 여동생이 자신의 삶을 어떻게 뒤흔들지 전혀 모른 채 그녀를 바라보고 있다.

안 시대의 예복을 입고 황실을 대표하는 인형들로, 전통적으로 '소녀의 날(히나마츠리)'로 불리는 3월 3일에 장식한다.) 타카기 마사카츠의 불규칙한 피아노 선율은 세 명의 공모자가 산만한 아버지의 눈을 피해 깨지기 쉬운 인형을 포장하려 할 때의 긴장감을 강조한다. 심지어 우스꽝스럽고 방해되는 상황에서도 음악은 계속된다.

"호소다 감독은 가끔 매우 까다로운 작업을 하는데, 그 시퀀스는 특히 까다로운 장면 중 하나였어요. 우리는 빠른 장면을 많이 사용했기 때문에 시퀀스에 필요한 신의 갯수가 늘어났어요. 호소다 감독이 그 작업을 좋아했는지는 모르겠지만, 저는 마음에 들었어요." 편집자 니시야마 시게루는 이렇게 회상했다.

호소다는 이렇게 설명한다. "이 영화는 일반적인 3막 구조가 아니라 5막 구조를 따릅니다. 각 막에는 가족 구성원들이 등장해요. 윳코, 미라이, 어머니와 아버지, 증조할아버지와 쿤입니다. 그리고 나무로 상징되는 가계도의 이야기가 서로 얽혀 흐릅니다."

가족들을 만나는 탐험 중에 쿤은 아버지가 자전거 타는 법을 배우기 힘들어했던 마른 소년이었음을 알게 된다. 그의 어머니는 활달한 어린 소녀였으며 쿤에게 장난감을 정리하라고 일장 연설을 하는 지금과 달리 엉망으로 어지르는 것을 좋아했다. 쿤은 어머니가 어린 시절 사용하던 신발에 메모를 넣어 무언가를 요청하는 비법을 알게 되었고 어머니가 고양이를 키우게 해달라고 한 것과 마찬가지로 자전거를 사달라고 적은 쪽지를 신발에 넣어둔다.

작곡가 다카키 마사카츠는 이렇게 말한다. "이 영화가 시간 여행에 관한 영화였다면 음악도 시대를 정확히 반영해야 했을 겁니다. 하지만 프로젝트 개발 초기에 호소다 감독은 핸드폰으로 촬영한 아들이 연주하는 영상을 보여주었습니다. 어른의 눈높이였다면 허리춤까지 오는 작은 나무와 풀이 보이는 특별할 게 없는 장면이었을 겁니다. 하지만 아이의 눈높이에서 촬영했기 때문에 풀은 들판처럼, 나무는 숲처럼 보였습니다. 쿤의 관점에서 세상을 표현하기 위해 의식적으로 음악을 선택했습니다."

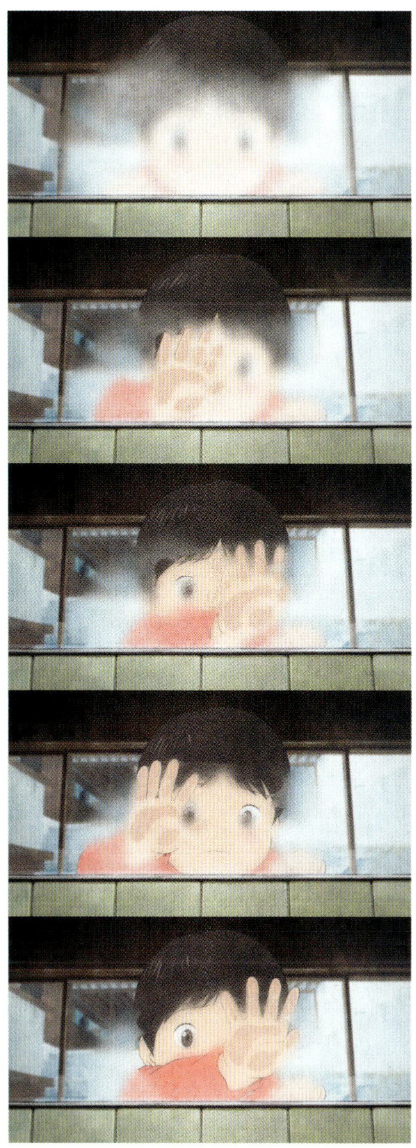

오른쪽 위
엄마가 돌아오기를 기다리는 쿤을 그린 호소다의 스토리보드와 영화 속 해당 장면. 창문에 입김을 불고 닦는 소소하고 평범한 행동으로 쿤이 어디에나 존재할 법한 어린 소년임을 보여준다.

오른쪽
작곡가 다카키 마사카츠

오타 패밀리
THE OTA FAMILY

180쪽

캐릭터의 상대적인 크기뿐만 아니라 미라이의 오른쪽 손목에 있는 모반과 쿤의 신발 무늬 같은 세부 사항도 그려져 있는 모델 시트

왼쪽과 아래

쿤은 고상한 청년 윷코를 만난다. 윷코는 실제로 쿤의 가족이 키우는 강아지이며 쿤이 태어났을 때 집안의 중심에서 밀려난 경험이 있다.

맨 아래

윷코와 쿤이 만나는 장면을 그린 호소다의 스토리보드

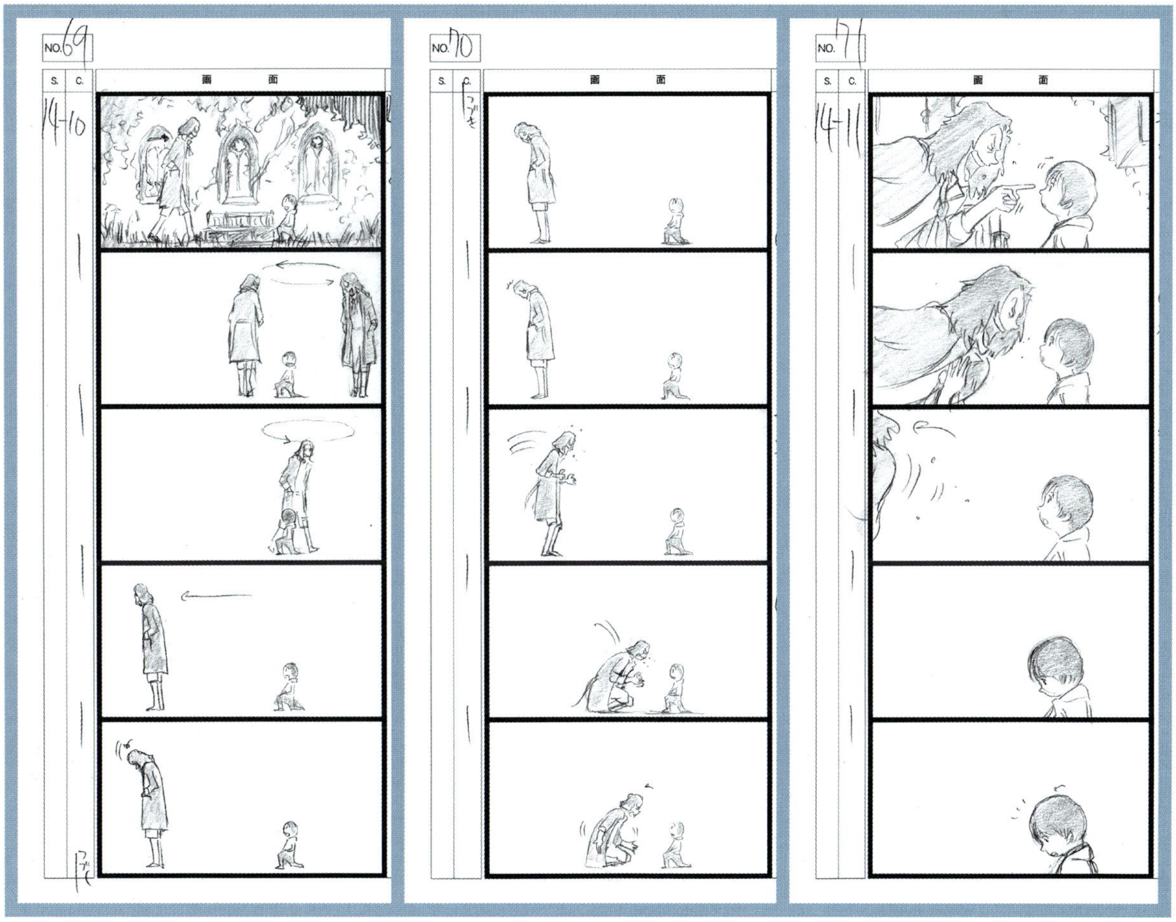

쿤은 아버지가 정신없이 일에 집중하는 동안 동물 쿠키로
여동생의 얼굴을 장식하여 불만을 표현한다.

왼쪽 아래
쿤의 장난을 그린 호소다의 스토리보드

오른쪽 아래
쿤과 마주한 십 대가 된 미라이

위와 왼쪽

아버지를 방해하지 않고 히나 인형 세트를
치우려는 미라이와 윳코를 그린 애니메이
션 드로잉

아래

같은 장면을 그린 호소다의 스토리보드

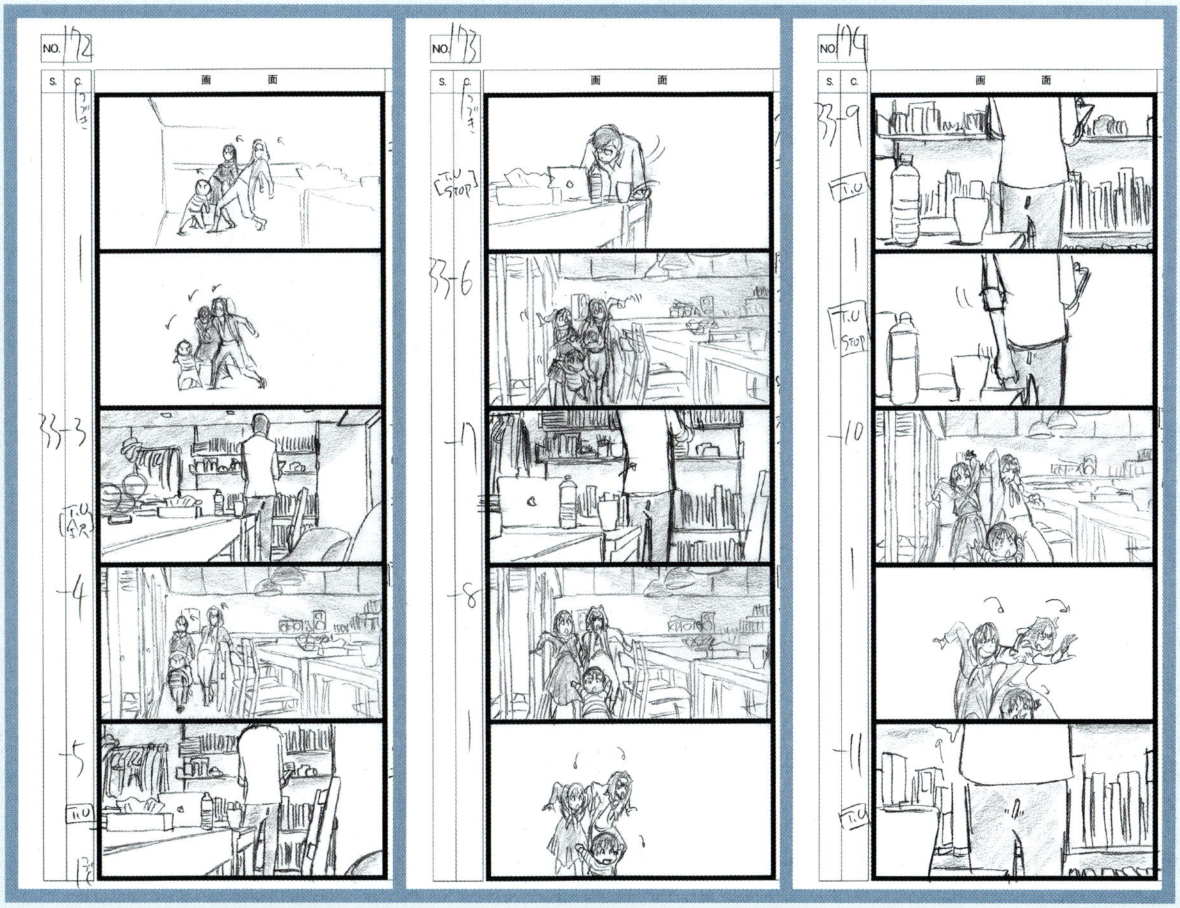

左手の指

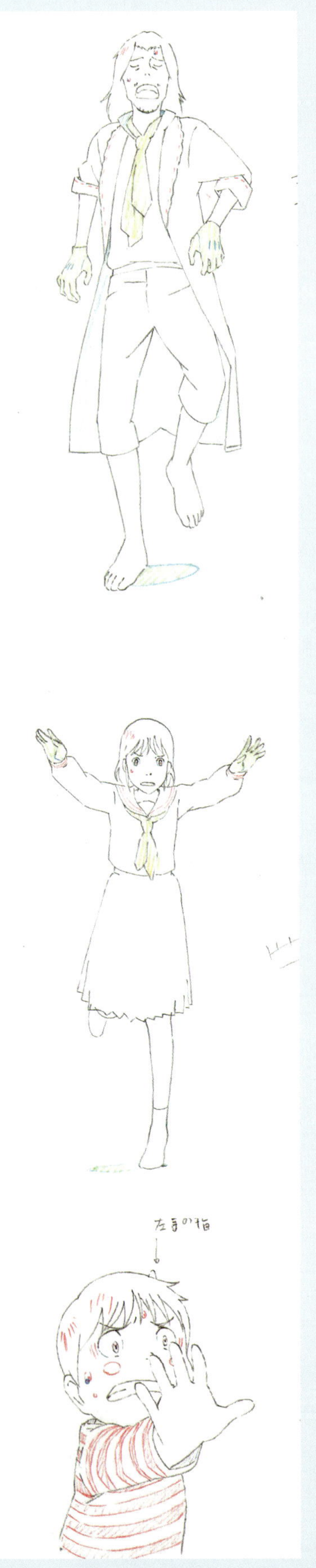

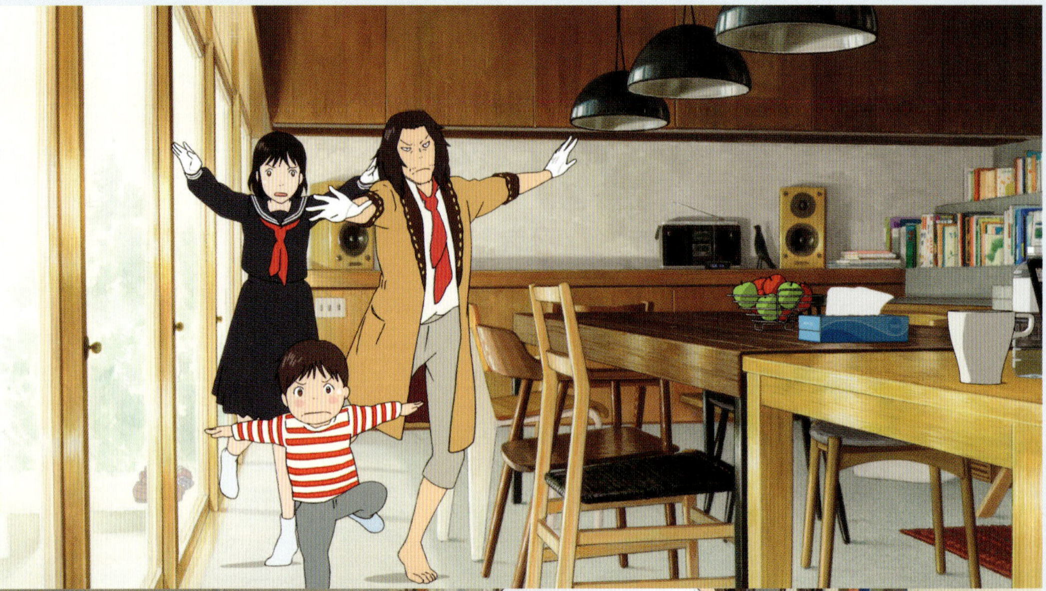

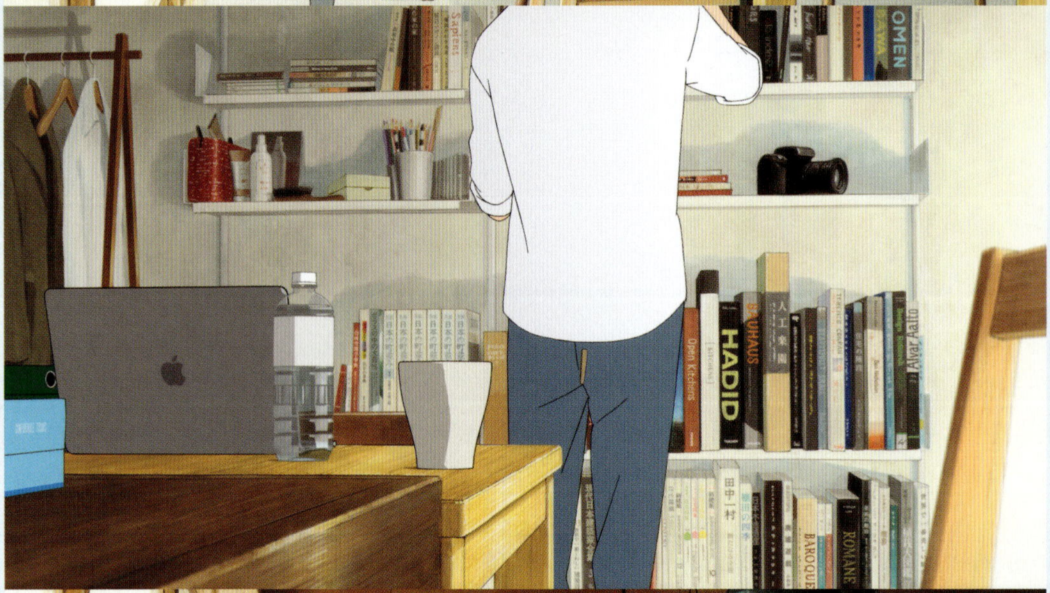
HADID
Open Kitchens
Alvar Aalto

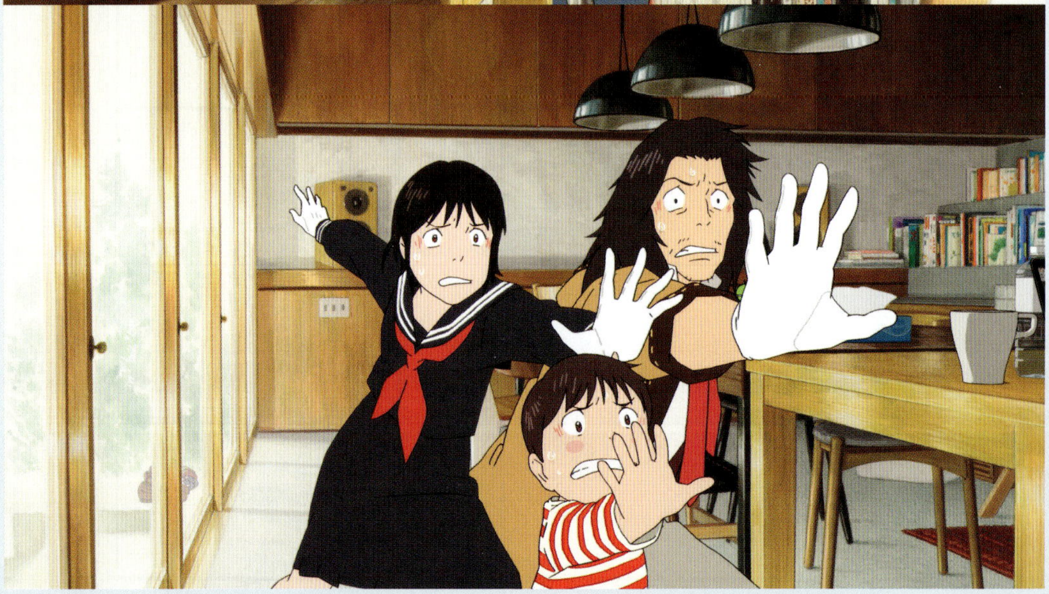

184쪽
아버지 바지에 붙어 있는 히나 인형의 궁중 상징물(샤쿠)를 잡으려는 미라이와 쿤, 윳코. 해당 장면의 애니메이션 드로잉과 영화 속 해당 장면

185쪽
십 대가 된 미라이는 아버지에게 몰래 다가가면서 균형을 유지하고 침묵을 지키기 위해 고군분투한다.

마당에 있는 나무는 쿤의 가계도이자, 가족 구성원들이 공유하는 유대감을 상징한다.

오른쪽

쿤이 미래의 미라이를 만나는 판타지 시퀀스의 레이아웃 드로잉. 안뜰 나무 주변에 열대 식물이 무성하게 자라고 있다.

아래

배경 그림은 몇 년 뒤, 쿤이 고등학생이 되었을 때 안뜰의 나무가 어떤 모습일지를 보여준다.

네기시 산림 공원에서 다른 아이들이 보조 바퀴 없이 자전거를 타는 모습을 본 쿤은 아버지에게 자전거에서 보조 바퀴를 떼어 달라고 요구한다. 그러나 쿤은 균형 잡는 방법을 몰라 계속 넘어진다. 온몸에 멍이 든 채 좌절한 쿤은 울면서 다시는 자전거에 손도 대지 않겠다고 선언한다. 갓난아기의 울음에 정신이 팔린 아버지는 쿤이 이 난관을 어떻게 극복하도록 도와야 할지 모른다.

쿤의 다음 모험에는 전쟁에서 당한 부상으로 영구적인 장애를 입어 다리를 절지만 말과 오토바이를 타는 용감한 증조할아버지가 등장한다. 이는 황금빛으로 물들어 향수를 불러일으키는 마법 같은 시퀀스이다. 아티스트들은 참고할 만한 요코하마의 과거 사진을 인터넷으로 찾았고 옛 지도에 오토바이 도로를 그렸다.

"호소다 감독은 원하는 장면에 대한 확실한 이미지를 갖고 있기 때문에 최종 승인을 받기까지 많은 수정을 거쳤습니다." 아트 디렉터 아카마츠 요헤이는 설명한다. "그는 배경에 아무런 색도 칠하지 않은 부분이 있어야 한다고 말했습니다. 그 정도의 노출감을 원했던 거죠. 저녁이 되면서 우리는 약간의 노란색과 오렌지색을 추가했습니다. 흰색과 노란색, 오렌지색을 사용하면서 황금빛 느낌을 주었어요."

호소다는 이렇게 말한다. "우리 모두 훨씬 더 나이 든 남성, 즉 할아버지나 아버지가 자전거를 가르쳐주던 모습, 혹은 오토바이에 앉아 있는 모습을 희미하게 기억합니다. 어릴 때 그런 탈것을 타면 특별한 기쁨을 느낄 수 있죠. 그래서 그 사람이 누구든지 매우 멋진 인물이라고 생각하게 됩니다. 현대 사회에는 아버지가 더 이상 오토바이를 타지 않거나 그런 인물상이 필요하지 않을 수도 있어요. 하지만 그런 관계에 대한 향수는 여전히 우리 마음속에 남아 있습니다."

증조부의 가르침, 즉 무언가를 탈 때는 앞을 보고 아래를 내려다보지 말 것, 그리고 무엇보다 중요한 것은 새로운 경험과 도전을 두려워하지 않는 마음임을 가슴에 새긴 쿤은 마침내 자전거를 마스터하고 다른 아이들과 우정을 만들어 나갈 수 있었다. 그의 부모님은 그런 갑작스러운 발전에 기뻐하면서도 의아해한다.

"증조부 캐릭터는 확실히 강한 인상을 남겼습니다. 이는 전적으로 호소다 감독의 스토리와 스토리보드에서 비롯되었다고 생각합니다. 정말 매력적인 캐릭터예요." 애니메이션 감독 아오야마 히로유키는 이렇게 언급했다.

니시야마는 다음과 같이 덧붙인다. "영화를 통틀어 가장 어려운 시퀀스 중 하나였고 음악에 맞춰 편집해야 했습니다. 편집실에 처음 모였을 때는 음악과 구성이 전혀 맞지 않아서 장면을 많이 늘리고 비주얼에 맞추어 연주도 해야 했어요. 매우 신중하게 장면을 선택했습니다. 쿤은 오래전에 세상을 떠난 사람과 이야기하지만, 우리는 그 장면을 통해 현실을 초월하는 연결고리를 전달하고 싶었어요. 이는 정말 큰 도전이었습니다."

**쿤에게 말부터 오토바이까지 무엇이든 탈 수 있는
용기를 가르쳐 준 위풍당당한 증조부**

수십 년 전의 요코하마를 그린 배경

배경 아티스트들은 각 배경을 정확하게 묘사하기
위해 옛 요코하마의 사진들을 조사했다.

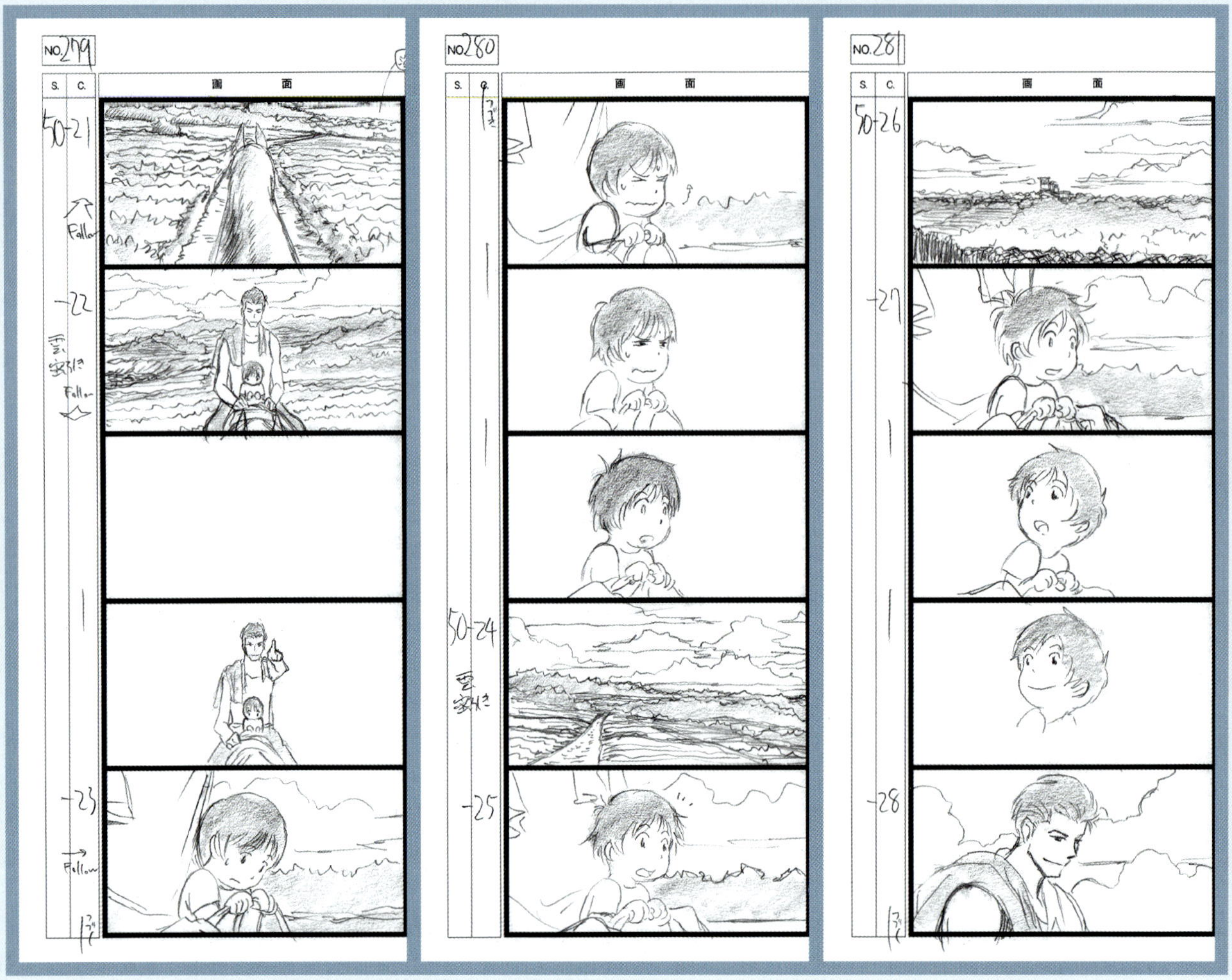
NO.279
S.
C.
画面
50-21
Follow
-22
Follow
-23
Follow
NO.280
S.
C.
画面
50-24
-25
NO.281
S.
C.
画面
50-26
-27
-28

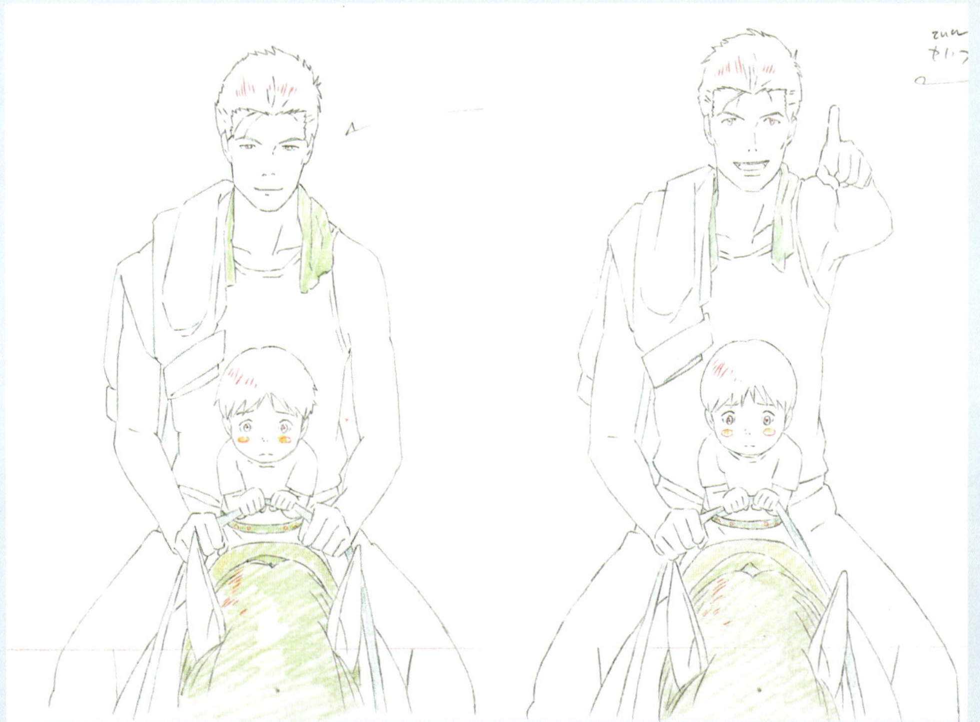

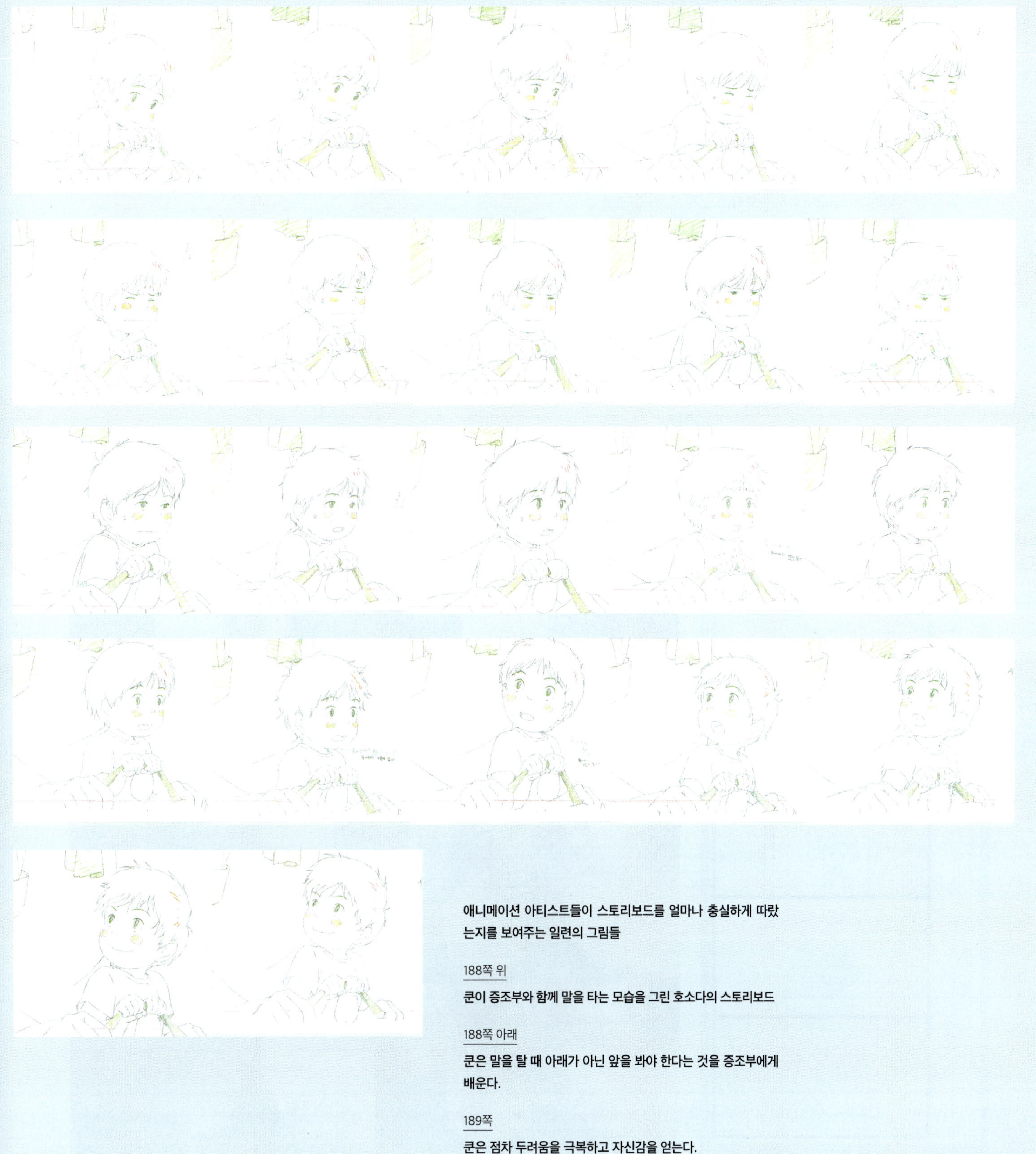

애니메이션 아티스트들이 스토리보드를 얼마나 충실하게 따랐
는지를 보여주는 일련의 그림들

188쪽 위
쿤이 증조부와 함께 말을 타는 모습을 그린 호소다의 스토리보드

188쪽 아래
쿤은 말을 탈 때 아래가 아닌 앞을 봐야 한다는 것을 증조부에게
배운다.

189쪽
쿤은 점차 두려움을 극복하고 자신감을 얻는다.

쿤의 가장 극적인 모험이자 영화의 클라이맥스는 그가 마음에 드는 바지를 입지 못해 심통이 나서 가족 여행의 출발을 지연시키며 시작된다. 쿤은 소란을 피우고 숨었다가 참나무로 달려간다. 그리고 이번에는 또 다른 가족이 아니라, 십 대가 된 미래의 자신을 만난다. 미래의 쿤은 현재의 쿤이 느끼는 감정을 외면한 채 경고를 건네지만 쿤은 이를 무시하고 기차에 오르고, 거대한 기차역에 도착한 뒤 길을 잃은 채 공포에 휩싸인다. 호소다는 그림과 CG를 복합적으로 결합하여 엄청난 군중과 과장된 크기의 아치로 이루어진 위협적인 세계를 만들어낸다.

이 핵심 시퀀스는 기술적이면서도 예술적인 도전이 필요했다. 그들은 이 끔찍한 기차역을 '도쿄역'이라 부르지만, 실제 도쿄역은 스튜디오 치즈와 겨우 30분 거리에 있어서 실제 모습 그대로 옮기기에는 지나치게 익숙한 장소였다. 그래서 아티스트들은 19세기 런던과 파리의 기차역을 참고하여 쿤이 느꼈던 것처럼 거대하고 두려운 공간으로 느껴지도록 디자인했다.

프로덕션 디자이너 조조 안리는 이렇게 말한다. "먼 곳에 있는 건물을 모델로 삼으면서도 도쿄역처럼 느껴지게 하는 게 목표였습니다. 스카우트 출장에 동행하여 기차역이나 돔 형태의 구조물을 직접 체험할 수 있었고, 이는 다양한 장면과 건물 구성에 도움이 되었습니다. 호소다 감독은 어떤 장소에서든 철저하게 조사하는 것을 좋아합니다. 파리에서는 하루에 2만 5천 보나 걸었어요."

"그 시퀀스는 쿤의 악몽이었기 때문에 구성하기가 상당히 어려웠습니다. 적당히 무섭거나 대충 만들었다면 아무런 효과가 없었을 거예요." 호소다는 덧붙였다. "우리는 각기 다른 표현들과 감정을 과장해야 했어요. CG 모델을 사용하면서 신칸센의 선로 위에 있는 것처럼 레이어링을 구현하는 것은 정말 어려웠습니다. 모든 것이 무섭고 거대해 보였던 어린 시절의 세상을 묘사하려고 노력했어요."

쿤은 분노를 다스리고 가족 휴가를 망치지 말라고 말하는 냉소적인 십 대가 된 자신을 만난다.

왼쪽 아래
해당 장면을 그린 호소다의 스토리보드

오른쪽 아래
둘의 만남을 그린 영화 속 해당 장면

기차에 매료된 쿤은 버려진 객차들이 등장
하는 악몽에 휘말리게 된다.

　겉보기에는 친절해 보이는 로봇이 쿤에게 누구인지 정체를 밝히
라고 반복적으로 요구하자 겁에 질린 쿤은 필사적으로 외친다. "난 미
라이의 오빠야!" 이 정확한 대답은 그가 가족 내에서 자신의 새로운
지위를 받아들였다는 것을 의미한다. 십 대의 미라이가 그를 데리고
집으로 돌아가기 위해 역에 도착한다. CG로 만든 복잡한 거미줄 같은
길을 지나가면서 그녀는 참나무가 모든 친족을 연결하는 핵심적인 역
할을 한다고 설명한다. 집에 다시 들어갔을 때 쿤은 비로소 자신이 누
구인지, 그리고 확장된 가족 안에서 어떻게 적응해야 할지를 이해하
게 된다.

　호소다는 집의 구조에 대해 이렇게 설명한다. "가족의 비밀을 알
아가는 아이의 이야기이기 때문에 벽이 없다는 것이 중요했습니다.
저는 쿤이 다른 사람들이 무엇을 하는지 보기를 바랐어요. 그것이 이
영화가 무엇에 관한 이야기인지를 상징한다고 생각했기 때문에 아트
디렉터가 아니라 건축가에게 집 디자인을 맡겼습니다. 이 집을 실제
로 짓기를 원한다면 정말 이대로 지을 수 있을 겁니다."

　어린아이들은 항상 애니메이터들에게 어려운 과제다. 짧고 통통
한 팔다리, 다소 어색한 비율, 머뭇거리는 움직임 등은 포착하기가 쉽
지 않다. 자칫하면 어린아이들은 형태를 가진 외계인이나 미니어처
사이즈의 성인, 혹은 보기 흉한 덩어리처럼 보이기 쉽다. 집의 계단을
오르내리는 쿤은 에너지와 불확실성이 혼합된 모습으로 그럴듯하게
움직인다.

　아오야마는 이렇게 말한다. "일본의 애니메이터들은 귀여움을 묘
사하는 방법의 대가들입니다. 실제로 다섯 살짜리 아이의 머리와 몸
의 비율은 다를 겁니다. 우리는 머리를 더 크게 만들고 더 어려 보이도
록 했죠. 일본 애니메이션에는 많은 경험과 정보들이 존재하고 호소
다 감독은 이를 통해 귀여운 표현을 추구하도록 독려했습니다."

위
도쿄역으로 향하는 중대한 여정을 앞두고 배낭을
멘 채 울면서 계단을 내려가는 쿤을 그린 애니메
이션 드로잉. 이 시점의 쿤은 이전보다 성장해 계
단을 능숙하게 오르내릴 수 있다.

왼쪽
영화 속 해당 장면

맨 위

**새 자전거를 탈 수 없다는 사실에 좌절하고 헬멧을 벗어
던지는 쿤을 그린 애니메이션 드로잉**

위

호소다의 스토리보드

"애니메이션에서 아이들을 묘사하는 새로운 방법을 찾기 위해 저는 스태프들과 함께 아이들을 직접 관찰했습니다. 스튜디오로 초대하여 함께 놀고 안아주며 머리도 만졌어요. 제 아들이 어떻게 움직이고 사물과 상호작용을 하는지도 연구했습니다. 쿤의 애니메이션을 성공적으로 만들 수 있었던 이유는 이런 추가적인 단계를 거쳤기 때문이라 확신합니다. 또한 재능 있는 애니메이터들이 그런 도전을 받아들였기 때문이기도 하죠." 호소다는 이렇게 설명한다.

의상 감독 이가 다이스케는 이렇게 덧붙인다. "제게는 호소다 감독의 아들과 비슷한 나이의 딸이 있는데, 영화를 만들 당시 쿤의 나이 정도였기 때문에 아이들의 과장된 표현을 묘사하는 데 도움이 되는 참고 자료가 많았습니다. 또한 아이들이 바지를 배꼽 위로 올려서 입는 방식 등 세부적인 내용을 확인할 수 있는 영상도 많이 있었죠."

쿤은 항상 사랑스러운 아이로 그려지지 않는다. 쿤은 토라지고 소란을 피우며 소리를 지른다. 그의 부모님은 때로는 화를 내고 때로는 당황하는 등의 반응을 보인다. 미국 영화 제작자들은 관객들이 캐릭터를 '싫어할 수 있다'라는 이유로 이러한 불쾌한 행동을 거의 허용하지 않는 경우가 많다. 하지만 실제 아이들은 대개 완벽하게 행동하지 않기에 쿤은 다른 애니메이션 속 아이들에 비해 더 현실처럼 느껴진다.

"애니메이션 영화뿐만 아니라 많은 서양 영화에서 영화 제작자나 스튜디오는 특정 유형의 캐릭터를 완벽한 인물로 표현해야 한다는 강박이 있습니다. 불완전한 것을 허용하지 않아요." 픽사의 단편 애니메이션 〈포 더 버드For the Birds〉로 오스카상을 수상한 작가이자 감독인 랄프 이글스턴은 이렇게 말한다. "언제 어디서나 '그건 캐릭터를 비호감으로 만들어요'라는 말을 듣습니다. 네! 맞아요! 하지만 그 캐릭터를 다시 좋아하게 만들 수 있는 시간이 90분이나 있어요. 적어도 그들을 이해하도록 만들 수는 있죠."

이와 비슷하게 그의 나쁜 행동에 대처하려 애쓰는 부모의 노력은 그들에게 흥미로운 깊이와 개성을 부여한다.

"저는 이 부모들이 성인聖人이 아니기 때문에 그들을 사랑합니다. 그들은 어려움을 겪고 후회도 하죠." 이글스턴은 말을 이었다. "그들은 매우 믿음직하고 진실하며 이야기와 잘 맞는 캐릭터들입니다. 오늘날의 애니메이션 영화에는 높은 수준의 기술적인 지식이 많이 투입되어 있지만 호소다 감독의 영화처럼 제 관심을 끄는 훌륭한 캐릭터와 스토리는 많지 않습니다."

실버맨도 이에 동의한다. "젊은 성인들을 매우 사실적으로 묘사했어요. 흥미롭고 성공적인 삶을 살아가면서 두 아이를 키우는 일과 그 균형을 맞추려 애쓰는 젊은 부부의 이야기죠. 이렇게 잘 확장된 두 명의 애니메이션 캐릭터는 없다고 생각해요. 건축가인 아빠는 아이들에게 무슨 일이 생겼는지 아랑곳하지 않고 모니터만 바라봅니다. 창의력이 넘치기 때문에 완전히 몰입하죠."

"세상에는 완벽한 부모나 완벽한 인간은 없습니다." 호소다는 답한다. "그래서 부모와 자식은 서로를 이해하고 함께 성장해야 합니다. 어쩌면 이 영화는 부모를 비롯한 주변 사람들의 참된 모습을 보기 위한 여정일지도 모릅니다."

프로듀서 사이토 유이치로는 이렇게 말한다. "호소다 감독은 비록 예산을 세세히 따지지는 않지만, 상업적 성공을 중시하는 감독입니다. 그는 상업적으로 성공해야 다음 영화를 제작할 수 있다는 사실을 알고 있어요. 〈미래의 미라이〉의 경우 호소다 감독이 원하는 제작비를 거의 다 지원했습니다. 쉽지는 않았지만 그 덕분에 그는 자유롭게 선택할 수 있었습니다. 업계에서는 제가 그에게 나쁜 버릇을 들였다고 비난하기도 했어요."

〈미래의 미라이〉 역시 평단의 극찬을 받았다. (로튼 토마토에서 90퍼센트의 신선도를 기록한다.) 「뉴욕 타임스」의 빌지 에비리는 다음과 같이 썼다. "호소다 감독의 영화는 과도한 스토리 메커니즘보다는 감정의 순을 우선시한다. 그 결과 순수하고 솔직한 겸손함을 잃지 않으면서도 복잡성을 지니게 된다. 가장 좋은 의미에서 〈미래의 미라이〉가 매우 현명한 아이의 꿈처럼 느껴지는 것이다." 「데일리 텔레그래프」의 로비 콜린은 "훌륭한 애니메이션은 종종 최고의 실사 연기도 따라올 수 없는 정밀함과 통찰력으로 인간의 감정이나 경험을 정확히 집어낼 수 있다. 〈미래의 미라이〉는 평범한 가족의 삶을 아름답고 새로운 빛으로 물들인다"라고 평했다.

오른쪽

짜증을 내는 쿤. 실제 아이들은 쉽게 흥분하고 화를 내지만 미국 애니메이션에서는 이런 장면이 거의 사용되지 않는다.

195쪽

쿤이 짜증을 부리며 아기와 엄마, 강아지까지 화나게 만드는 장면을 그린 호소다의 스토리보드

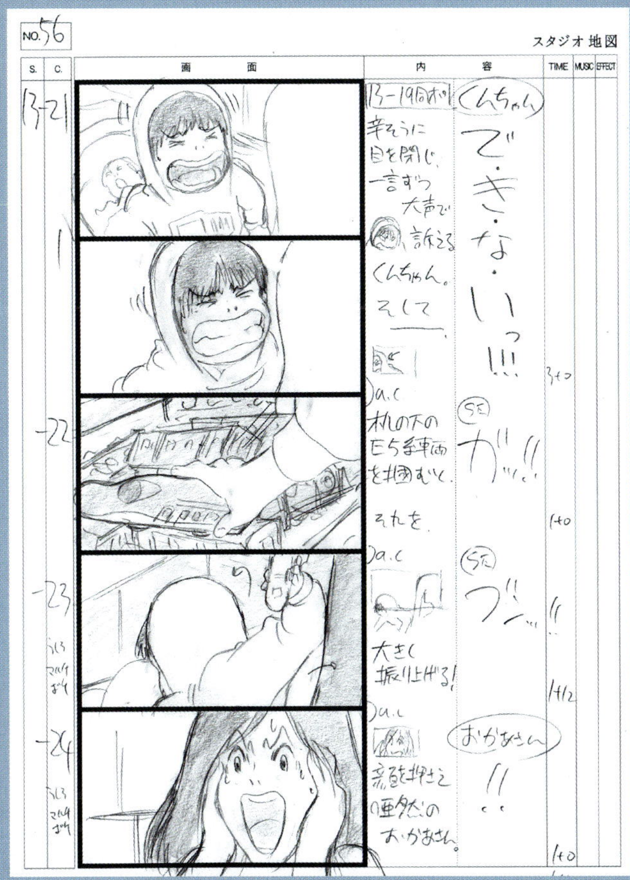
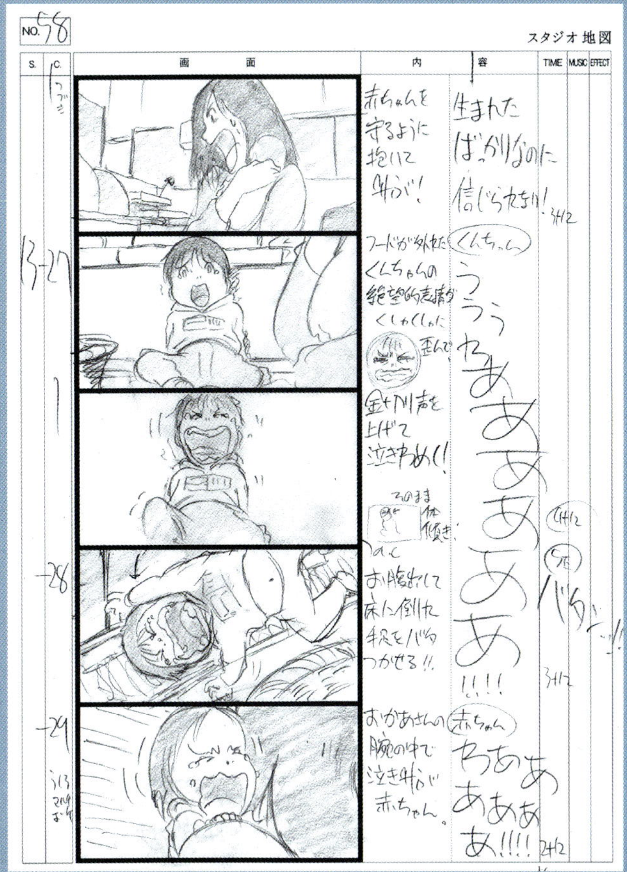
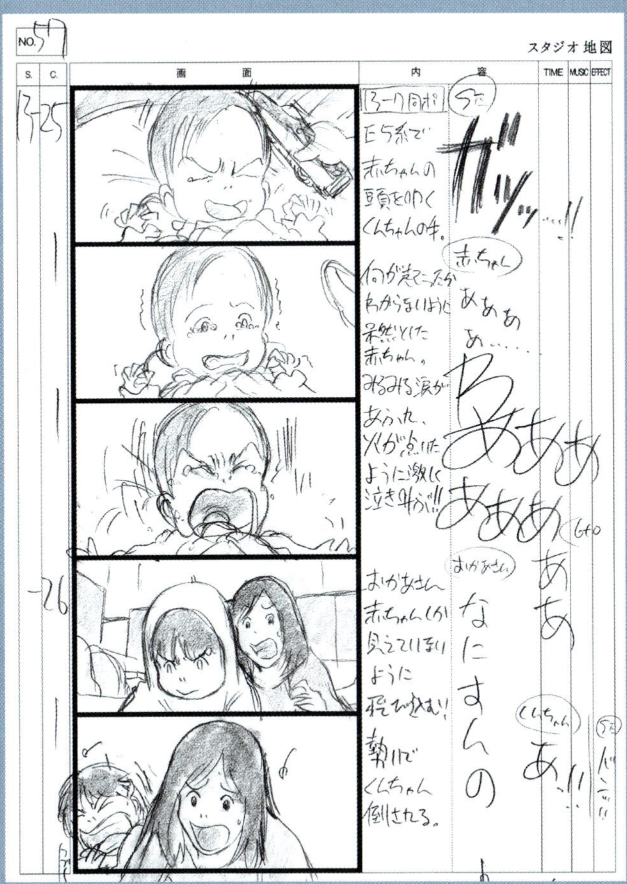
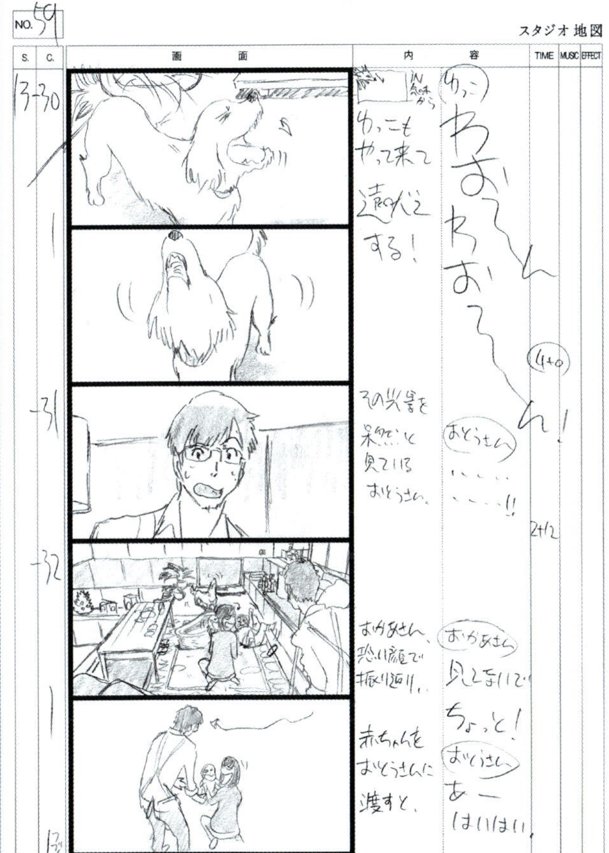

NO.302

S.	C.	画面

NO.303

S.	C.	画面

증조부의 설명을 듣고 쿤은 마침내 자전거 타기에 성공한다.

196쪽 왼쪽
해당 장면을 담은 호소다의 스토리보드

196쪽 오른쪽
해당 장면을 담은 애니메이션 드로잉과 영화 속 프레임

왼쪽
해당 장면의 추가적인 스토리보드

오른쪽
아들의 성공을 응원하는 쿤의 아버지를 그린 애니메이션 드로잉과 영화 속 장면

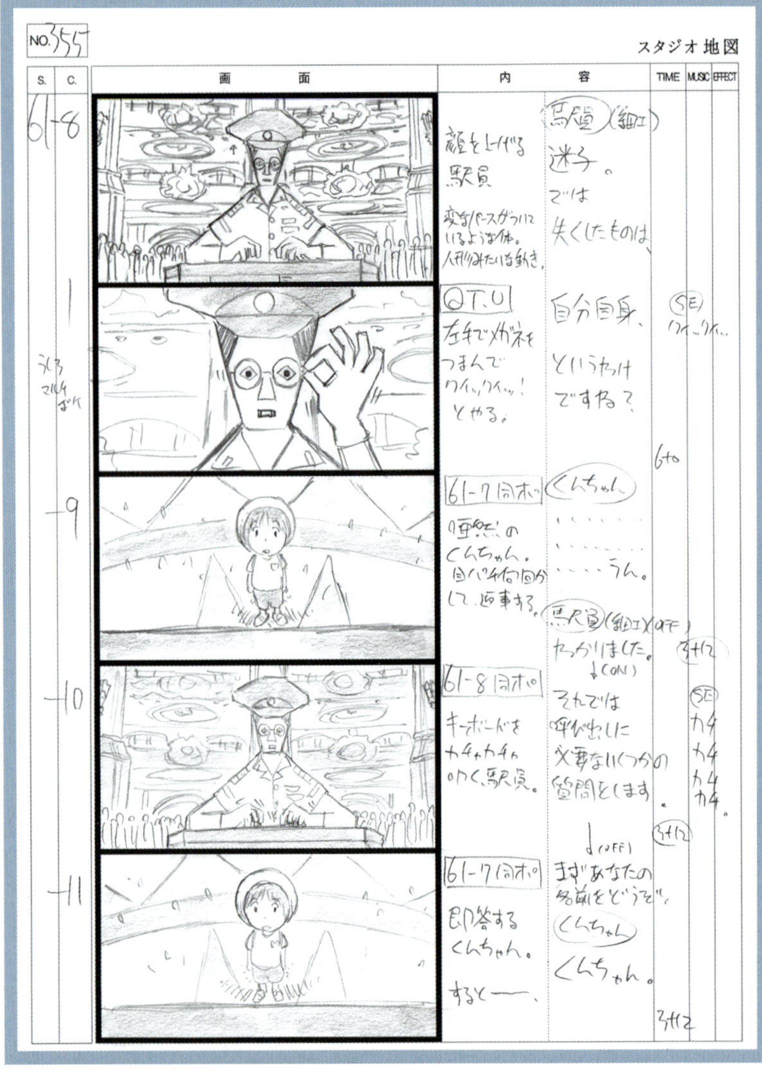

쿤은 유실물 접수 센터 안내원에게 도움을 요청하지만, 아무런 정보도 얻지 못한다.

왼쪽 맨 위
쿤과 유실물 접수 센터 안내원의 실망스러운 만남을 그린 호소다의 스토리보드

왼쪽 아래와 오른쪽
영화 속 해당 장면

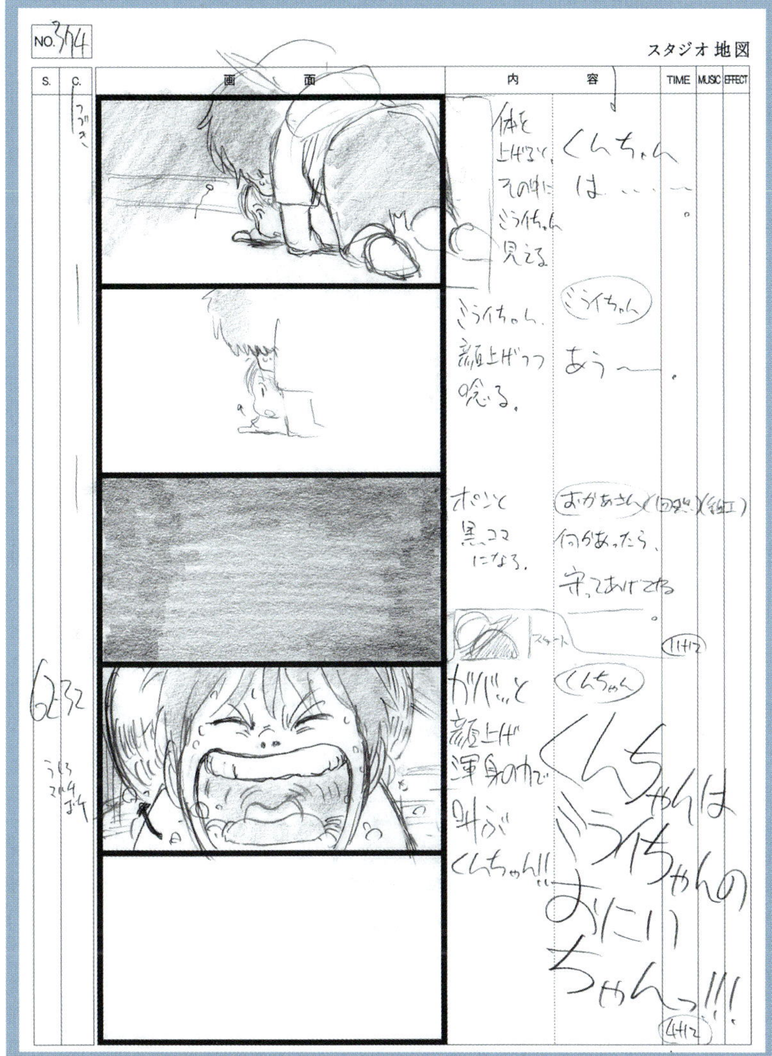

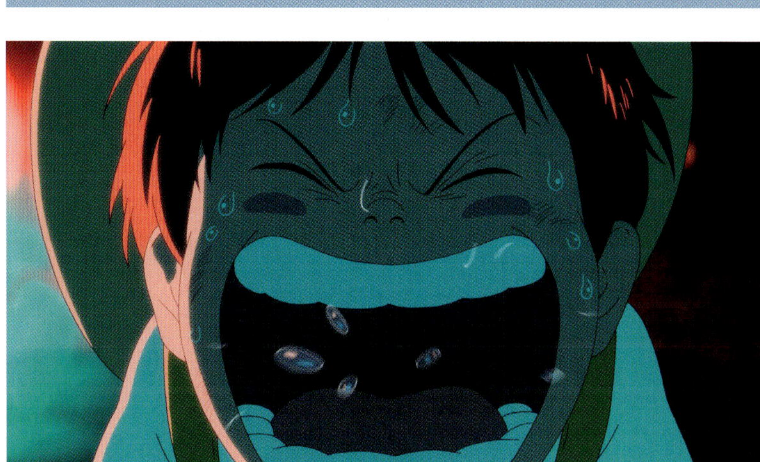

영화의 클라이맥스에서 쿤은 미라이가 위험한 기차에 탑승하는 것을 막고 유실물 접수 센터 안내원이 반복해서 던지는 "누구십니까?"라는 질문에 마침내 답을 찾아낸다. "난 미라이의 오빠야!"

왼쪽 맨 위
쿤의 선언을 담은 호소다의 스토리보드

왼쪽 아래와 오른쪽
영화 속 해당 장면

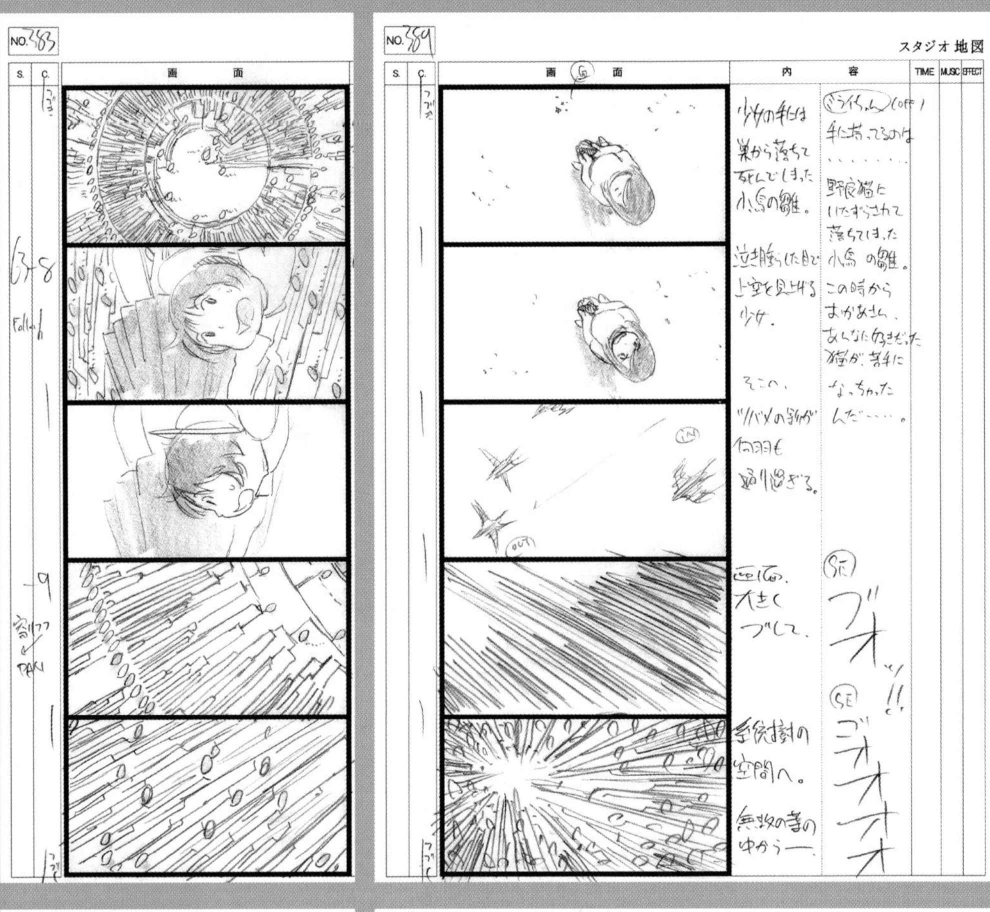

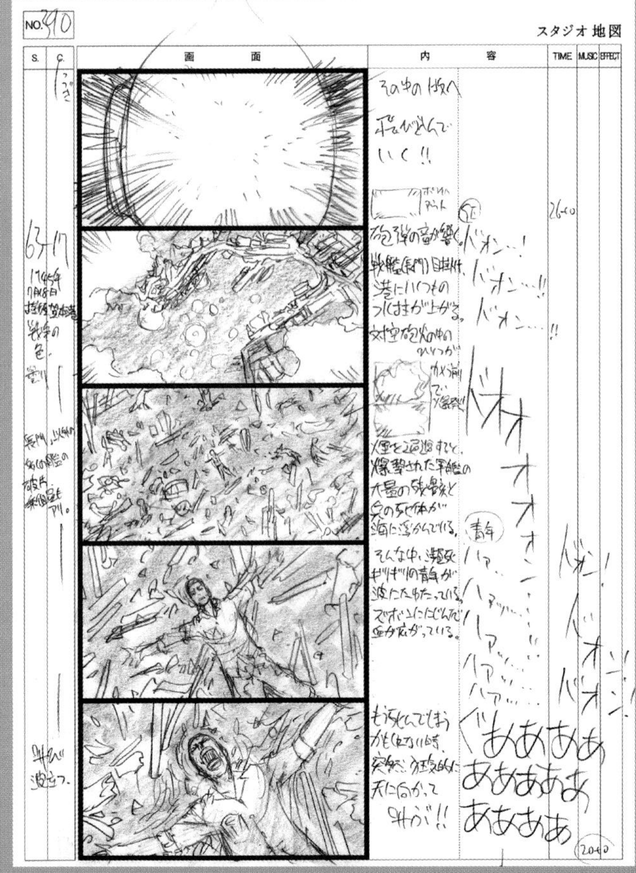

쿤이 가족 안에서 자신의 새로운 자리를 받아들이는 순간 마법이 깨진다. 십 대가 된 미라이는 쿤을 사악한 역에서 데리고 나와, 가족의 과거와 현재로 이어주는 웹을 통해 집으로 돌아간다.

오른쪽

해당 장면을 담은 호소다의 스토리보드

201쪽 왼쪽

영화 속 해당 장면

호소다는 〈미래의 미라이〉로 다섯 번째 일본 아카데미상 애니메이션 작품상을 수상했다. 해외에서는 칸 영화제와 함께 열리는 독립영화 섹션인 디렉터스 포트나이트에서 상영되었다. 〈미래의 미라이〉는 스튜디오 지브리가 아닌 일본 영화로는 처음으로 아카데미 장편 애니메이션 부문 후보에 올랐으며, 일본 영화 최초로 골든 글로브 애니메이션상 부문에도 노미네이트되었다. 또한 애니 어워드에서는 최우수 독립 장편 애니메이션상을 수상했다.

프로듀서 사이토는 이렇게 말한다. "영화제 수상과 높아진 인지도는 재정적 모델에 대해서 의논하거나 미래에 함께 무언가를 만들겠다는 동기부여 측면에서 중요한 의미를 가집니다. 수상 이력은 그 자체로 엄청난 의미를 지니고 있어요."

〈미래의 미라이〉의 성공은 미야자키 하야오부터 톰 무어에 이르기까지, 여러 수상 경력의 애니메이션 감독들이 이미 증명해 온 사실을 다시 한번 확인시켜 준다. 아티스트가 자신의 가족이나 문화에 대한 이야기를 정직하고 재미있게 풀어낼 때 모든 이들이 좋아한다는 것이었다.

"이 영화는 일본의 작은 지역에 사는 가족에 대한 이야기지만 영화를 보는 전 세계 사람들은 자신의 이야기라고 생각합니다. 일본 관객이 느끼는 것을 그대로 느끼죠. 영화를 상영하는 일은 관객과 친구가 되는 것과 같습니다. 〈미래의 미라이〉를 통해 새로운 세계 각지의 다양한 사람들과 친구가 된 것 같은 기분이 듭니다." 호소다는 이렇게 매듭지었다.

위

호소다와 프로듀서 사이토가 아카데미상 후보자 오찬 행사에서 포즈를 취하고 있다.

쿤의 집 설계도 HOUSE DESIGN

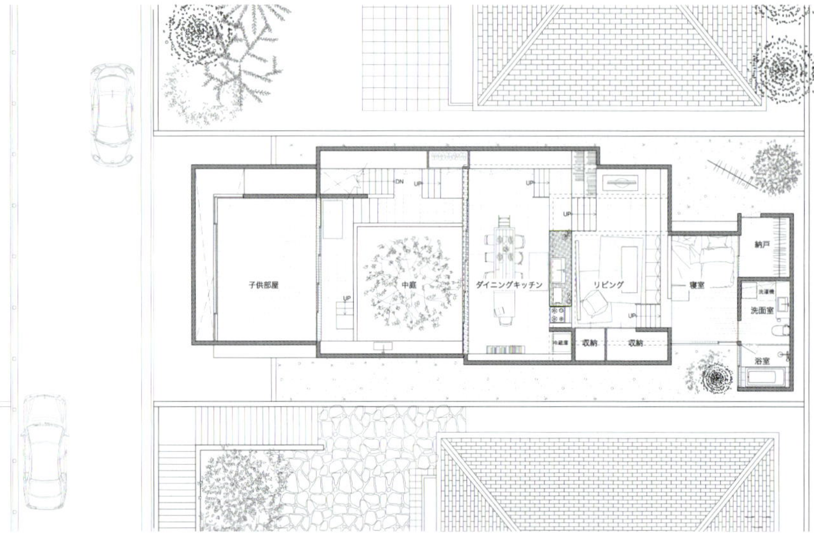

쿤이 사는 집을 건축적으로 표현한 다양한 렌더링. 인물 드로잉을 통해 각 방의 규모를 알 수 있다. 호소다는 "이 집을 실제로 짓고 싶다면, 정말 이대로 지을 수 있을 겁니다"라고 말한다.

식당을 세밀하게 묘사한
두 장의 배경 그림

공포의 열차 NIGHTMARE TRAINS

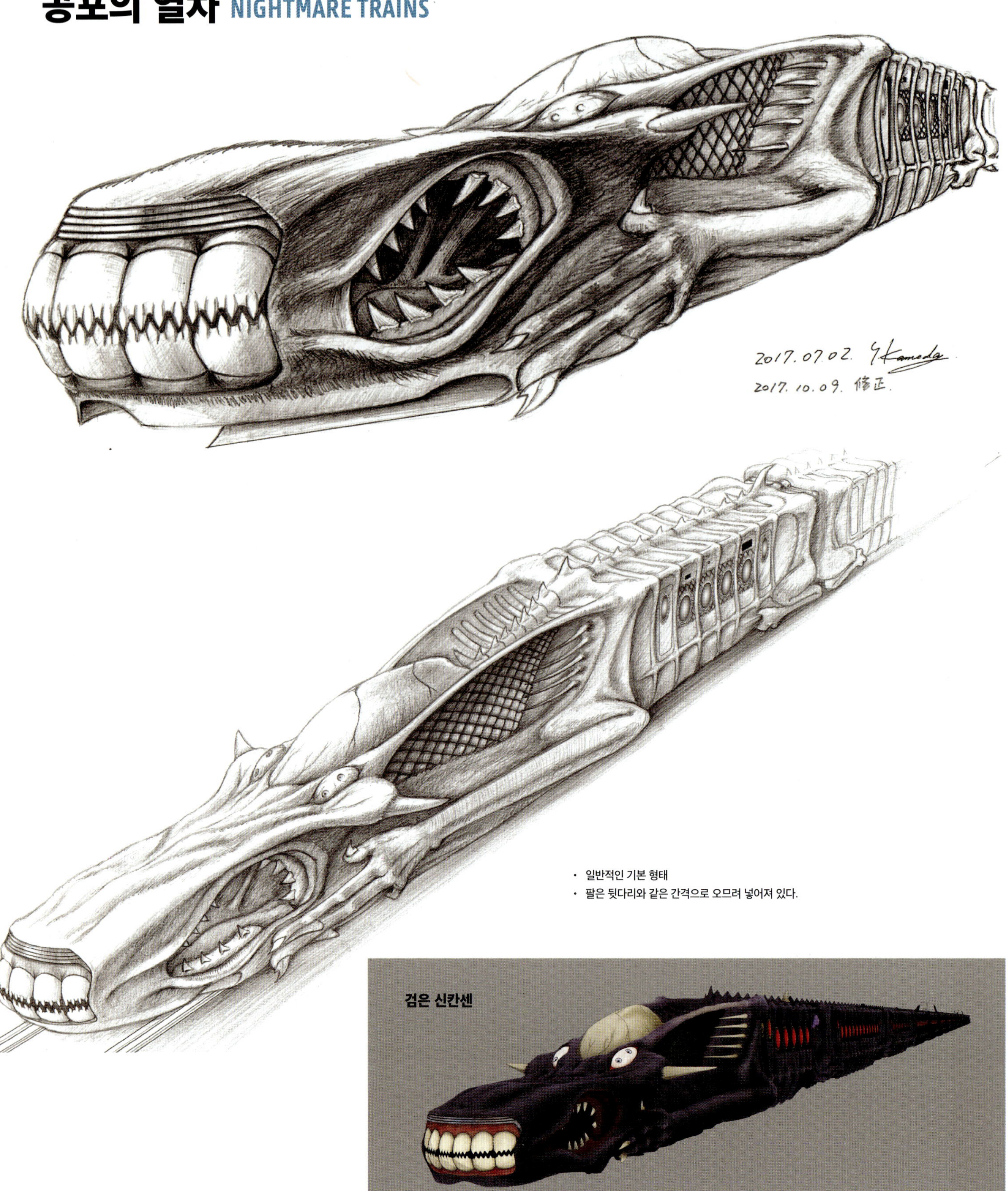

- 일반적인 기본 형태
- 팔은 뒷다리와 같은 간격으로 오므려 넣어져 있다.

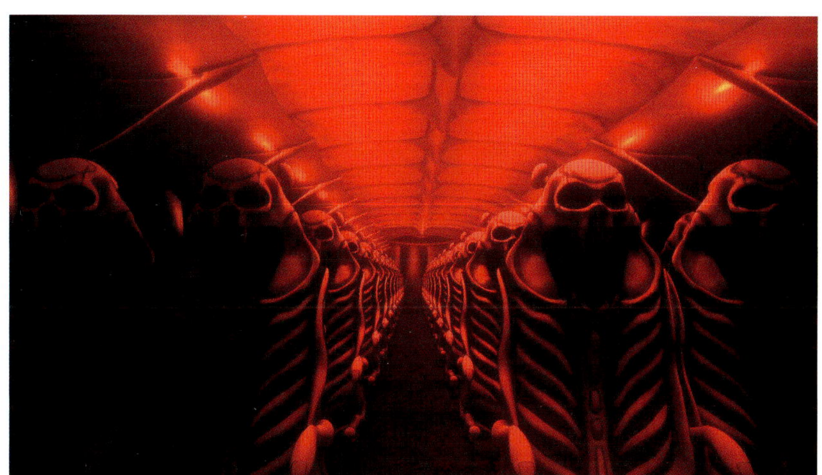

204쪽

악랄한 괴물을 닮은 신칸센 '검은 총알 기차'의 오리지널 디자인. 가와사키 중공업 주식회사에 근무하던 요시타카 카메다의 작품이다.

205쪽

기차의 최종 CG 버전. 해골 모양 좌석과 무시무시한 뼈대로 둘러싸인 외관. 쿤은 여동생을 이 끔찍한 기차에서 구해내야 한다는 생각에 질투심을 뒤로한다.

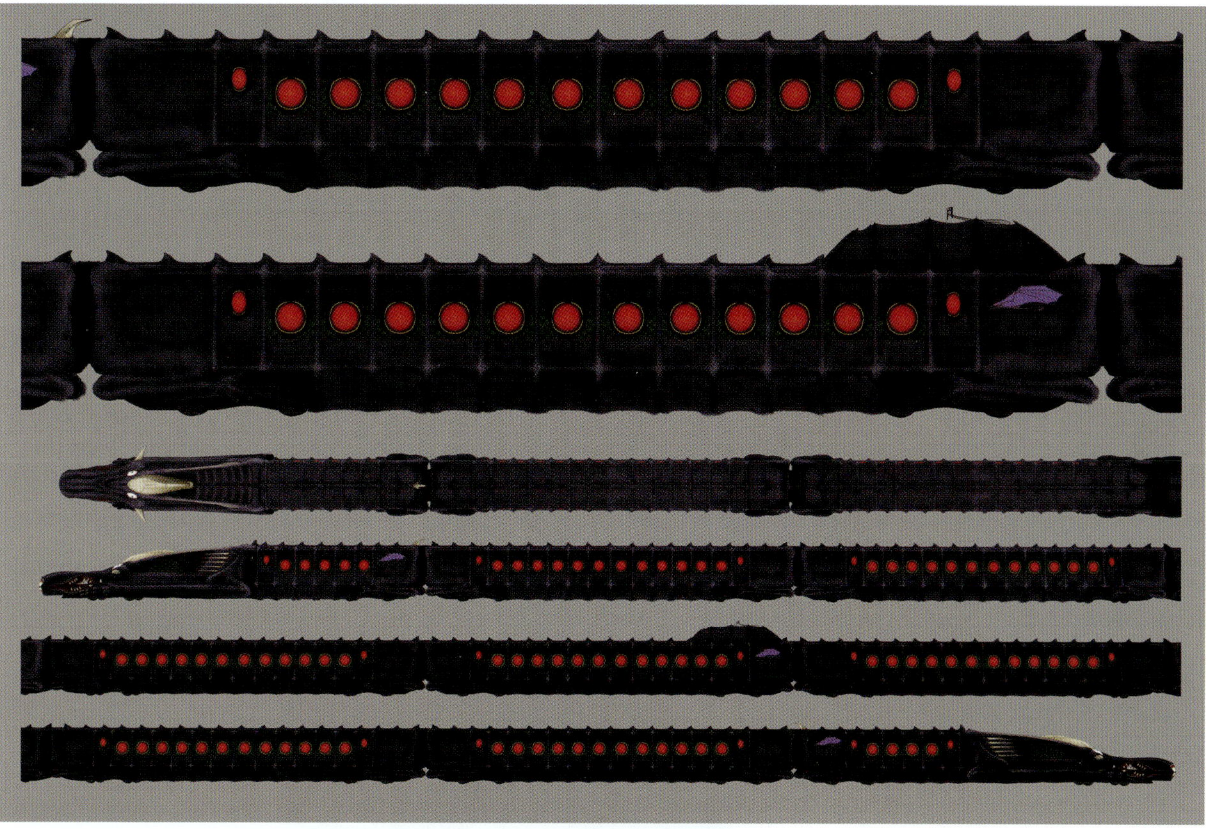

도쿄역 TOKYO STATION

위

호소다와 그의 팀은 19세기 유럽 건축물을 조사해 가상의 도쿄역을 위한 연구에 반영했다.

왼쪽

키오스크에 위치한 유실물 접수 센터 안내원의 초기 디자인

207쪽

배경에 대한 연구 자료들

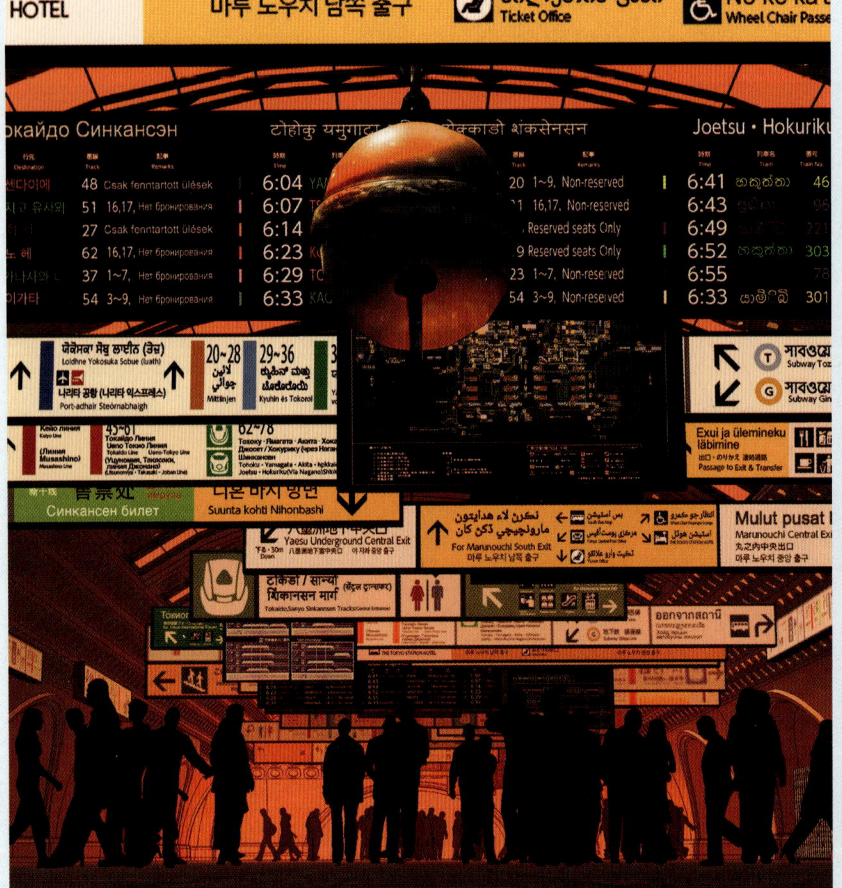

도쿄역의 익숙한 표지판들 때문에 과장된
공간이 더욱 위협적으로 느껴진다.

오른쪽 아래

중앙 홀에 대한 초기 연구들

역 중앙의 원형 건물에 있는 거대한 창살
빔과 스톤 아치는 쿤과 관객들에게 상황을
더욱 위협적으로 보이게 만든다.

유실물 접수 센터 안내원

LOST & FOUND MAN

유실물 접수 센터 안내원과 클락맨의 초기 스케치. 기차역 직원이 들고 다니는 회중시계를 모델로 클락맨을 만들었다는 내용의 코멘트가 있다.

211쪽

최종 캐릭터의 CG 버전의 작업 단계

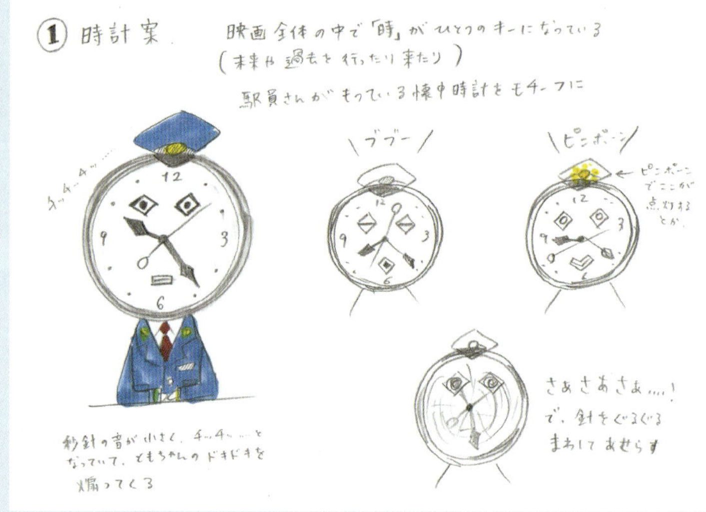

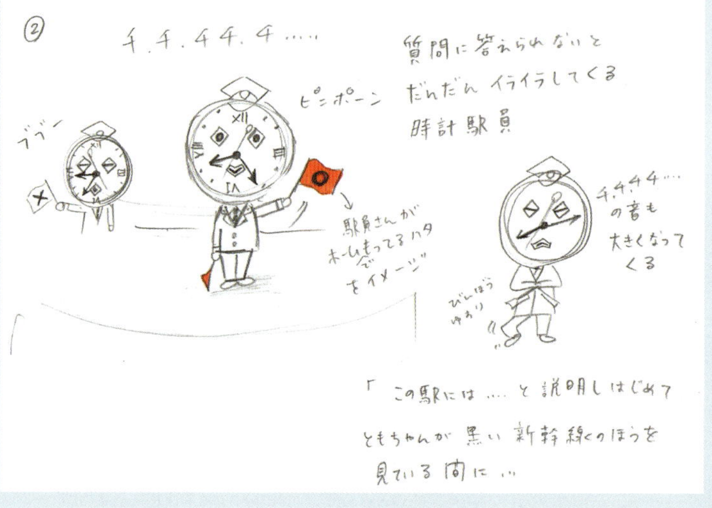

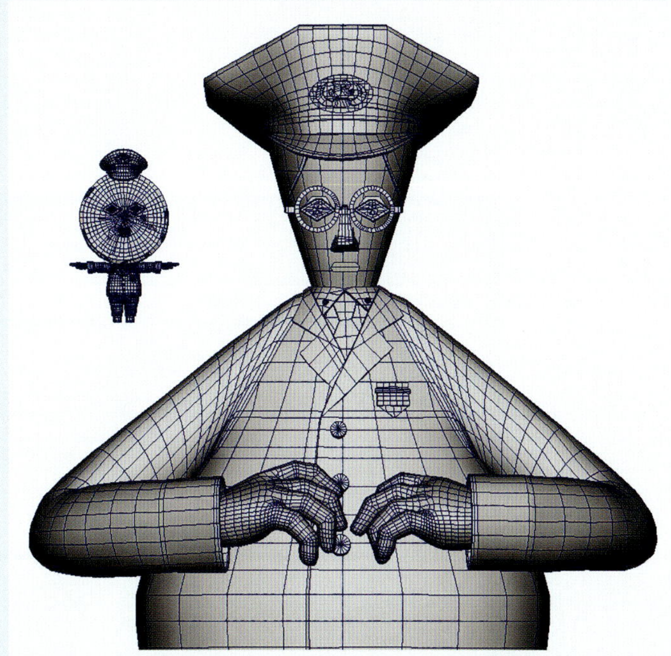

입을 다문 상태

눈을 감고 오므린 입

새로운 정체성에 안정을 얻은 쿤은 여동생
과 잘 지내며 그녀를 웃게 만들기도 한다.

212쪽
마지막 장면을 그린 호소다의 스토리보드

위
서로 웃고 있는 아이들의 모습

未来のミライ
ボクは未来に出会った。
小さな庭から時をこえる旅へ——
それは、ボクと家族の未来をめぐる物語。
上白石萌歌　黒木 華
星野 源　麻生久美子　吉原光夫　宮崎美子
役所広司
監督・脚本・原作：細田 守
作画監督：青山浩行　秦 綾子　美術監督：大森 崇　高松洋平　音楽：高木正勝　オープニングテーマ・主題歌：山下達郎
D.N.ドリームパートナーズ・スタジオ地図LLP 共同事業
企画・制作：スタジオ地図
7.20
FRI ROADSHOW
『時をかける少女』『サマーウォーズ』
『おおかみこどもの雨と雪』
『バケモノの子』
細田 守監督最新作

마케팅 MARKETING

영화 관련 상품으로는 쿤이 떼어낸 윳코의
꼬리를 포함하여 머그잔과 유리컵, 마시멜
로 병, 윳코 인형 등이 제작되었다.

214쪽
〈미래의 미라이〉 공식 포스터

용과 주근깨 공주
BELLE

호소다는 〈미래의 미라이〉로 전례 없는 국제적인 주목을 받았다. 일본 관객과 해외 애니메이션 팬, 페스티벌을 순례하는 애니메이터들은 이미 그의 작품을 알고 있었지만, 칸 영화제와 아카데미상 후보에 오르면서 더 많은 관객의 사랑을 받았고 애니메이션 분야에서 가장 주목받는 감독 중 한 명으로 인식되었다.

"〈미래의 미라이〉로 우리는 너무나 먼 세상처럼 보였던 미국까지 진출했습니다." 호소다가 말했다. "'오스카'나 '골든 글로브' 같은 단어는 지구 반대편 어딘가에서 일어나는 일처럼 멀게만 느껴졌어요. 〈미래의 미라이〉에 대한 반응이 제 시야를 넓혔습니다. 전 세계에서 보고 즐길 수 있는 영화를 만들 수 있다는 사실을 깨달았죠."

호소다는 다음 영화로 오랫동안 생각해 오던 이야기를 선택했다. 바로 '미녀와 야수'였다. 이 동화는 1899년 프랑스의 파테 프레르Pathé Frères에서 만든 실사 영화를 시작으로 지금까지 적어도 서른 번은 영화로 만들어졌다. 가장 잘 알려진 영화는 장 콕토의 초현실적인 흑백 영화 〈미녀와 야수〉(1946)와 엄청난 인기를 끌었던 디즈니 애니메이션 영화 〈미녀와 야수〉(1991)였다.

"이번 작품을 위해 '미녀와 야수'에 대한 다양한 해석과 각색을 연구했지만, 디즈니와 콕토의 버전이 제게 가장 크게 와닿았습니다." 호소다는 이렇게 말했다. "'미녀와 야수'가 오랜 시간 동안 해석과 재해석을 거쳤다는 사실은 이 이야기에 매우 인간적인 진실이 담겨 있기 때문이라고 생각합니다. 하지만 현대 사회의 요구에 맞게 새롭게 변형되고 업데이트할 필요가 있다고 생각했어요."

"디즈니가 〈미녀와 야수〉에서 여주인공을 현대적인 젊은 여성으로 설정한 것은 큰 변화를 의미합니다." 그는 말을 이었다. "애니메이션에서 여성 주인공은 언제나 동화 속의 트로피 같은 느낌이었지만 디즈니는 그런 전형적인 틀을 완전히 깨버렸고 저는 매우 새롭다고 생각했어요. 마찬가지로 〈용과 주근깨 공주〉에서도 우리는 영화 캐릭터가 아니라 사람을 만들려고 했어요. 우리는 우리가 살아가는 사회를 반영하는 사람을 만들고 싶었습니다. 그것이 바로 새로운 프로젝트에 부여하고자 했던 의미입니다."

218~219쪽

고전적인 만남의 재구성. 벨과 용의 아바타가 사이버 세계 U에 있는 용의 성에서 만난다.

220쪽

의상을 입은 벨의 초기 스케치
아티스트: 김상진

아래

호소다는 '미녀와 야수' 이야기를 다룬 두 편의 영화에서 영감을 받았다. 장 콕토의 고전적인 영화 〈미녀와 야수La Belle et la Bête〉(1946), 디즈니 애니메이션 영화 〈미녀와 야수Beauty and the Beast〉(1991)가 그것이다.

鈴 SUZU

222쪽

화려한 모습의 벨과는 달리 작은 마을 출신의 평범한 소녀임을 강조하는 스즈의 모델 시트

위

평범한 여고생이 지낼 법한 스즈의 방

스즈는 콕토의 도도하고 성숙한 벨이나 독립적이고 지적인 디즈니의 벨과는 전혀 다른 인물이며 고전 동화 속의 수동적인 상인의 딸도 아니다. 그녀는 아름답지도, 인기가 많은 것도 아니다. 스즈는 수줍음이 많고 외로운 십 대 소녀로 시코쿠의 작은 마을에서 아버지와 살고 있다. 또한 집 근처 강에서 어린 소녀를 구하려다 어머니가 익사했다는 사실에 여전히 힘들어한다. 스즈는 어머니를 그리워하지만 '이름 모를 아이를 구하기 위해' 자신을 버렸다는 생각에 화가 나 있다.

애니메이션 감독 아오야마 히로유키는 이렇게 말한다. "스즈 캐릭터를 만들 때 그녀가 눈에 띄지 않고 내성적인 사람이어야 한다고 생각했습니다. 우리는 그녀의 앞머리를 길게 만들어서 눈을 숨기는 등 매우 내성적으로 보이도록 노력했습니다. 또한 주근깨를 더해 전형적인 '귀여움'을 배제했습니다. 그녀의 애니메이션 연기는 이미 스토리보드에 담겨 있었습니다. 호소다 감독의 스토리보드에는 캐릭터의 표정까지 포함해 많은 정보가 담겨 있어요. 저희 애니메이터들은 그저 스토리보드를 따라갔을 뿐입니다."

"스즈는 억눌린 감정이 많습니다. 하고 싶지만 참아야 하는 게 많아요. 그녀는 길을 걸을 때조차 땅을 보면서 걸어가는 캐릭터죠. '자유로운' 캐릭터와는 거리가 아주 멉니다." 호소다는 이렇게 덧붙인다.

내성적인 성격이지만 스즈에게도 친구들이 있다. 어린 시절부터 함께한 친구인 시노부는 스즈가 어머니를 잃은 후 그녀 곁에 있겠다는 약속을 지키고 있다. 시간이 흐르면서 그는 키가 크고 운동을 잘하는 청년으로 성장했다. 스즈의 활기 넘치는 단짝 히로는 스즈가 껍질을 깨고 밖으로 나올 수 있도록 노력하며 사이버 세계 U에서 벨의 모습을 한 스즈의 무대를 관리한다. 유머러스한 카미신은 카약 클럽에 학생들(특히 여학생)을 유치하려고 계속해서 노력하지만 성공하지 못한다. 모델 같은 외모를 지닌 반장 루카가 먼저 손을 내밀자 스즈는 깜짝 놀란다.

스즈가 음악에 관심을 갖게 된 이유는 어머니 때문이었다. 하지만 어머니의 죽음으로 인한 트라우마로 스즈는 누구에게도 음악적 재능을 보여줄 수 없게 되었다. 그녀의 분신이자 또 다른 자아가 사이버 세계를 지배하는 디바라고는 누구도 생각하지 못한다. 하지만 벨은 전 세계 수많은 팬의 사랑을 받고 있다. 그녀의 노래는 사람들의 마음을 감동시키고 벨의 공연은 관객의 시선을 사로잡는다. 큰 키에 자신감 넘치고 환상적인 의상(생화로 만든 드레스를 포함하여)을 입은 벨은 화려함의 화신이다.

호소다는 이전 영화에서도 뛰어난 기술로 드로잉 애니메이션과 CG를 결합한 바 있지만 컴퓨터 애니메이션은 〈괴물의 아이〉의 고래를 포함하여 배경이나 특정 요소에 국한되어 있었다. 반면 〈용과 주근깨 공주〉에서는 주요 캐릭터의 CG 애니메이션을 U 세계라는 형식에 통합했다.

호소다는 〈겨울왕국〉, 〈모아나〉 등 디즈니 영화를 작업했던 아티스트 김상진에게 CG 버전으로 벨의 디자인을 요청했다. 김상진은 이렇게 말한다. "저는 호소다 감독의 영화를 정말 좋아합니다. 그는 십 대의 감정을 잘 이해하고 완벽하게 묘사합니다. 시나리오를 읽었을 때 호소다 감독의 접근 방식이 너무 신선하고 독특해서 놀랐습니다. 다루는 주제 역시 매우 무겁죠. 이런 이야기가 미국 애니메이션에서 만들어지는 모습을 상상하기는 쉽지 않아요."

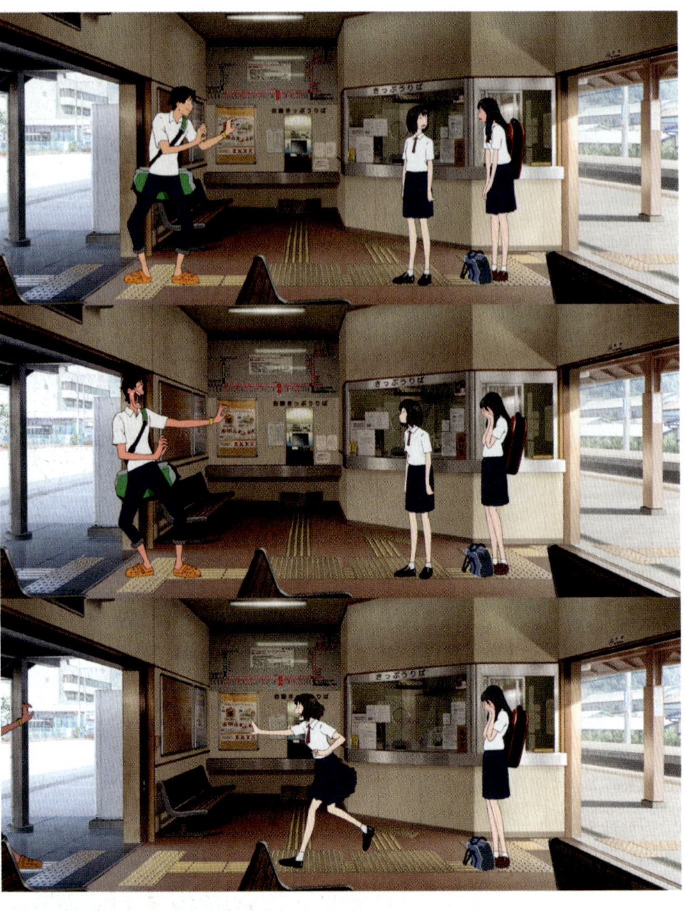

운동 신경이 뛰어나고 지나치게 열정적인 카미신과 학교에서 가장 인기 있는 여학생 루카는 스즈의 도움으로 서로의 매력에 빠진다. 이 순간은 십 대 로맨스의 서투름을 포착하고 메인 스토리에 코믹함을 더해 진지함을 완화시킨다.

왼쪽과 225쪽
하마다 타카유키가 그린 섬세한 애니메이션 드로잉

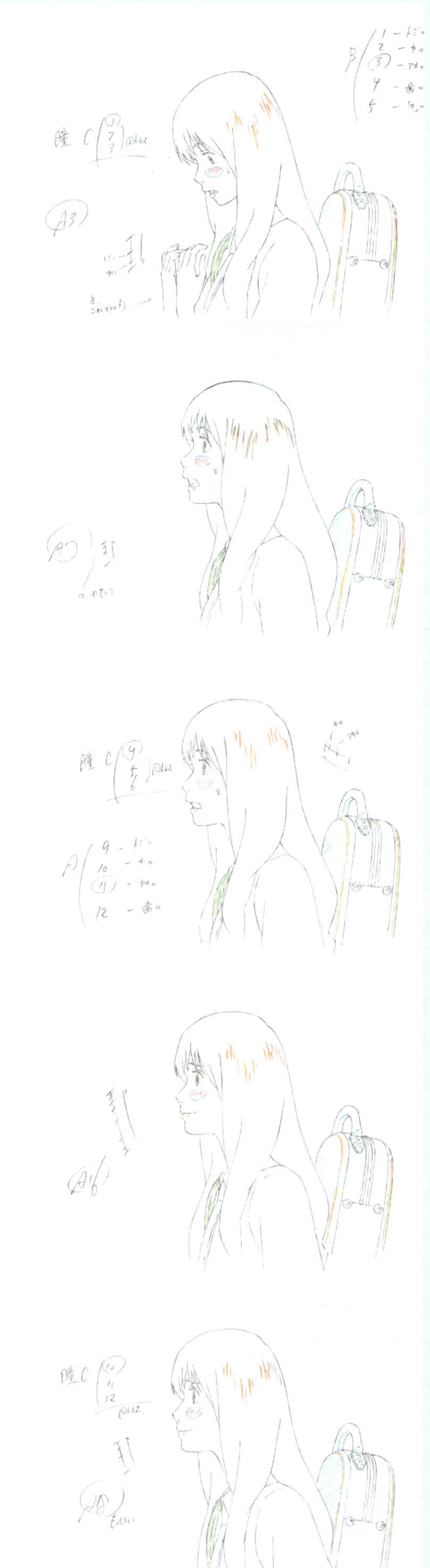

ベル BELLE

コート姿

사이버 세계 U의 디바라는 명성에 걸맞게 벨의 의상과 액세서리는 극도로 화려하다. 슈퍼스타급 가수만이 이를 소화할 수 있다.

아티스트: 야마시타 타카아키

애니메이터 야마시타 타카아키(참고 영상으로 분수대를 촬영 중인)는 이렇게 말한다. "우리는 스즈를 전형적인 귀여운 캐릭터와는 거리가 먼 인물로 만들었습니다. 그녀의 애니메이션과 공연 장면의 상당 부분은 이미 스토리보드에 담겨 있었습니다. 호소다 감독의 스토리보드는 표현의 밀도와 정보량 면에서 정말 탁월합니다."

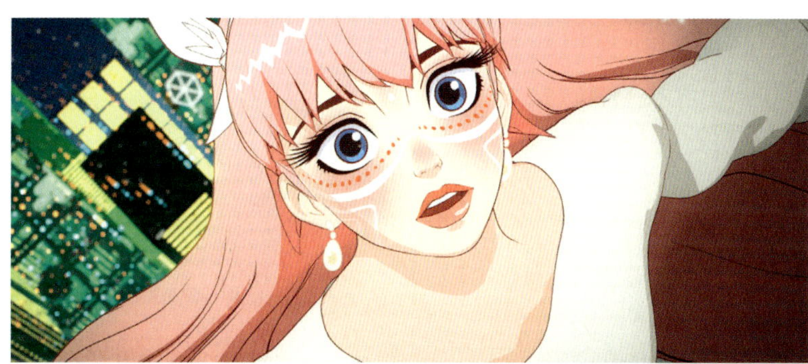

김상진은 영감을 얻기 위해 레이디 가가, 비욘세 및 K-팝스타들과 한국의 콜로라투라 소프라노 조수미 등 여러 디바를 연구했다. 그는 "조수미가 노래할 때 취하는 포즈와 태도를 바탕으로 많은 그림을 그렸습니다"라고 덧붙였다.

CG 애니메이션을 만들기 위해 호소다는 이전 영화에서 함께했던 호리베 료와 디지털 프론티어로 다시 눈을 돌렸다. 호리베와 그의 아티스트들이 직면한 가장 큰 과제는 벨의 히트곡을 만드는 일이었다. 춤은 애니메이션으로 만들기 어렵기로 악명이 높았다. 움직임이 복잡하고 각각의 스텝이 음악의 비트와 일치해야 한다. 〈백설공주와 일곱 난쟁이Snow White and the Seven Dwarfs〉(1937)를 작업했던 월트 디즈니의 애니메이터들은 댄서 '마지 챔피언'의 실사 영상을 바탕으로 작업했다. 호리베의 아티스트들은 그런 동작을 분석하기 위해 현대적인 모션 캡처를 사용했다.

"우리는 노래의 안무를 맡은 댄서를 모캡(모션 캡처) 무대로 데려가 직접 조정한 기본적인 동작을 알려주었습니다. 애니메이션 작업을 시작하기 전에 노래가 영화의 중요한 요소임을 파악했습니다. 그래서 아리아나 그란데를 포함한 해외 아티스트들을 살펴보았죠. 하지만 실제 애니메이션 작업에서는 댄서만 참고했습니다. 영화에서는 벨이 노래하지 않는 장면도 많습니다. 몇몇 극적인 순간을 비롯한 다른 캐릭터들과의 일상적인 교류 등 모든 장면은 모캡만 참고했습니다." 호리베는 이렇게 설명했다.

위와 중간

벨의 얼굴 패턴은 60년대 보디페인팅과 메이크업 스타일에서 영감을 받았다.

왼쪽

벨의 주홍색 드레스 패브릭에 잡힌 주름은 구부러진 달리아 꽃잎을 연상시킨다.

아래

애니메이터이자 감독 호리베 료는 이렇게 말한다. "벨과 용을 통해 우리는 거대한 대도시에서도 사람이 어떻게 외로움을 느끼는지를 표현하고자 했습니다. 그 감정을 구현하고 감독이 원하는 퍼포먼스를 만들어내기 위해 우리가 가진 모든 도구를 사용했습니다."

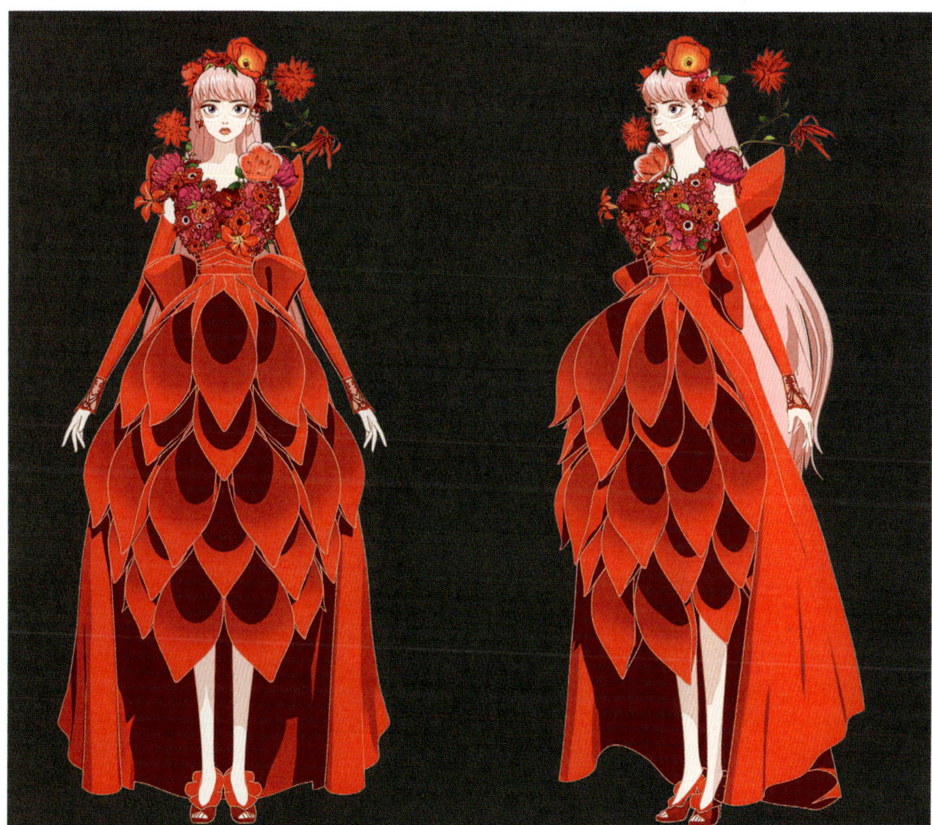

캐릭터 디자이너 김상진의 디벨롭 드로잉은 너무나 생생해, 이미 애니메이션으로 완성된 듯한 인상을 준다. 그는 이렇게 설명한다. "캐릭터 디자인은 단순히 얼굴이나 체형을 설계하는 일이 아닙니다. 코스튬 역시 디자인의 일부이자 캐릭터를 구성하는 중요한 요소죠. 저는 벨을 지나치게 현대적이지도 그렇다고 너무 고전적이지도 않은 시대를 초월한 존재로 만들고 싶었어요. 그 미묘한 균형을 지키는 일은 결코 쉽지 않았습니다."

230쪽

성의 계단을 오르다가 잠시 멈춰 선 벨을 그린 초기 드로잉

231쪽

망토를 두른 벨과 망토가 열리며 드레스가 드러나는 벨의
스케치들

아티스트: 김상진

CG 환경에서 주인공 캐릭터를 애니메이션화하기 위해 아티스트들은 능력을 더 발휘해야 했고, 호소다 역시 연출 방식을 바꿔야 했다. 호리베는 이렇게 말한다. "호소다 감독은 아티스트에게 지시하는 방식을 바꿔야 했습니다. 손으로 그린 이미지로 작업할 때는 애니메이터의 작업 위에 그림을 그려 자세나 표정을 수정하곤 했습니다. 하지만 CG에서는 그런 다양한 피드백을 말로 전달해야 했어요. 그는 애니메이터와 함께 시퀀스를 보면서 원하는 조정 사항을 구두로 설명하곤 했습니다."

콕토의 영화 〈미녀와 야수〉에서 조셋 데이는 이렇게 말한다. "야수는 고통받고 있으며 그의 눈은 너무나 슬프다." 디즈니의 벨은 야수의 우락부락한 외형 아래 숨겨진 외로움과 너그러운 마음씨를 발견한다. 스즈가 마주치는 야수(영화에서는 '용'이라 불린다)는 마법사의 저주를 풀려는 왕자가 아니라 아버지에게 학대를 당한 소년이다. 아버지의 학대로부터 자신의 어린 동생 토모를 보호하지 못한 케이는 적을 물리칠 수 있는 아바타를 만들어낸다. 긴 턱과 송곳니, 강인한 팔다리를 가진 용은 위협적인 존재이지만, 헤진 망토와 늘어뜨린 어깨, 처진 머리는 케이의 상처받은 영혼을 그대로 반영한다.

아동학대는 해외 애니메이션 영화에서는 거의 다루어지지 않는 주제다. 하지만 두 아이의 아버지인 호소다는 이 문제를 다루어야 한다고 생각했다. "영화에서 이런 주제를 담지 않는 것은 문제를 외면하는 일과 같습니다. 예전에는 아이들이 잘못하면 때리는 일이 흔했지만, 이제는 모두 그것이 잘못이라는 데 동의합니다. 하지만 사회의 사고방식이 바뀌었다고 해서 문제가 사라진 것은 아닙니다."

"우리는 아이들이 완전무결한 꿈의 세계에서 살기를 바라지만 현실은 그렇지 못합니다. 우리는 그 현실을 우리의 프로젝트에 반영해야 했어요. 단순히 전형적인 패턴을 따라 재미를 제공하는 장르 영화를 만들 수도 있어요. 그것도 좋아요. 하지만 크리에이터라면 어떤 매체에서든지 이런 메시지를 사람들이 관심 갖도록 전달해야 할 의무가 있다고 생각합니다. 지금 일어나고 있는 일을 외면할 수는 없어요. 주제가 다소 충격적으로 느껴질 수도 있습니다. 하지만 애니메이션 영화에서 현실을 묘사하는 게 그렇게 충격적일까요?"

위

용의 초기 스케치
아티스트: **야마시타 타카아키**

233쪽

케이와 그의 남동생이 아버지에게 학대당하는 장면을 발견한 스즈와 친구를 그린 호소다의 스토리보드

용은 자경단원 저스틴과 U의 질서를 수호한다고 자처하는 이들을 물리치며 관객에게 처음 모습을 드러낸다. 인간과 동물이 결합된 그의 복합적인 해부학적 구조를 애니메이션으로 구현하는 것은 큰 도전이었다.

"용은 얼굴이 매우 길고 몸집이 꽤 큽니다. 그런 종류의 생명체를 애니메이션화하기는 매우 어렵습니다." 호리베가 설명했다. "우리는 디즈니 영화에서 글렌 킨이 만들어낸 '야수'의 표현에서 영감을 얻었습니다. '야수'가 가졌던 특유의 분위기와 느낌을 유지하려고 애썼어요. 용은 첫 장면에서 싸우고 있습니다. 동물과 연관되지 않은 애니메이션 시리즈나 만화 주인공은 〈드래곤볼〉 같이 액션 동작이 많습니다. 우리는 용의 동물적 요소 디자인이 그의 움직임을 너무 제한하지 않기를 원했습니다."

용은 처음에는 악당처럼 보이지만 관객들은 이야기가 전개되면서 그가 처한 상황에 동정심을 갖게 된다. 애니메이터들은 그의 공격적인 행동을 야기하는 슬픔과 고통을 보여주어야 했다.

호리베는 말을 이었다. "대부분의 경우 호소다 감독의 스토리보드를 따랐기 때문에 그런 미묘한 뉘앙스를 가질 수 있었습니다. 용이 서 있는 자세와 날카로운 눈빛 같은 영화 속 디테일은 왠지 모르게 그가 외롭다는 느낌을 줍니다. 우리는 그 감정을 느끼게 하려고 노력했습니다."

사이버 세계 U의 모습을 연출하기 위해 영국의 건축가이자 디자이너 에릭 웡을 영입했다. "어느 날 디지털 프론티어에서 콘셉트 아트를 의뢰했습니다. 하지만 누구 영화의 콘셉트인지는 알려주지 않았어요. 그저 서너 문장만 줄 뿐이었습니다." 웡은 이렇게 회상한다. "그 몇 문장을 기반으로 콘셉트 팩을 만들었습니다. 이후 그들은 제게 '스튜디오 치즈에서 호소다 감독과 그의 팀과 함께 일하게 될 겁니다'라고

NO. 340
スタジオ地図
S.C. 画面 内容 TIME MUSIC EFFECT
71-26
Hiro types commands swiftly into the computer... and looks up at the screen.
Hiro: I'll enlarge it!!
2+0
-27
71-21 Position
The video on-screen gradually spins around as it magnifies.
It zooms into the boy's vacant eyes.
The screen becomes pixelated then refreshes, pixelates, and refreshes repeatedly as it zooms into his pupil.
An image can be seen on it. It's Belle, singing in the Beast's castle hall!!
15+0
17+0

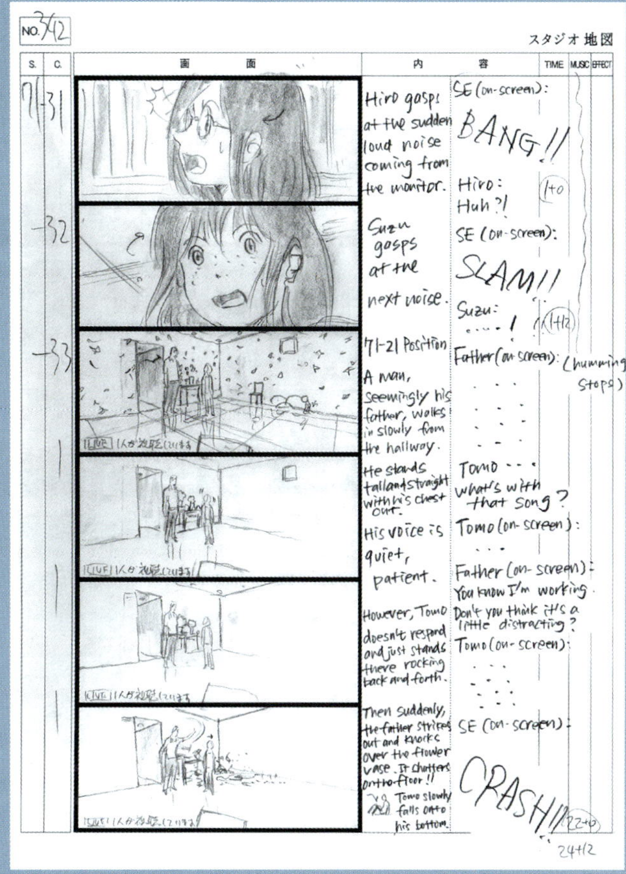

NO. 342
スタジオ地図
S.C. 画面 内容 TIME MUSIC EFFECT
71-31
Hiro gasps at the sudden loud noise coming from the monitor.
SE (on-screen): BANG!!
Hiro: Huh?! 1+0
-32
Suzu gasps at the next noise.
SE (on-screen): SLAM!!
Suzu: ...! 1+12
-33
71-21 Position
A man, seemingly his father, walks in slowly from the hallway.
He stands tall and straight with his chest out. His voice is quiet, patient.
However, Tomo doesn't respond and just stands there rocking back and forth.
Then suddenly, the father strikes out and knocks over the flower vase. It clatters onto-floor!! Tomo slowly falls onto his bottom.
Father (on-screen): (humming stops)
Tomo... what's with that song?
Tomo (on-screen): ...
Father (on-screen): You know I'm working. Don't you think it's a little distracting?
Tomo (on-screen): ...
SE (on-screen): CRASH!! 22+0
24+12

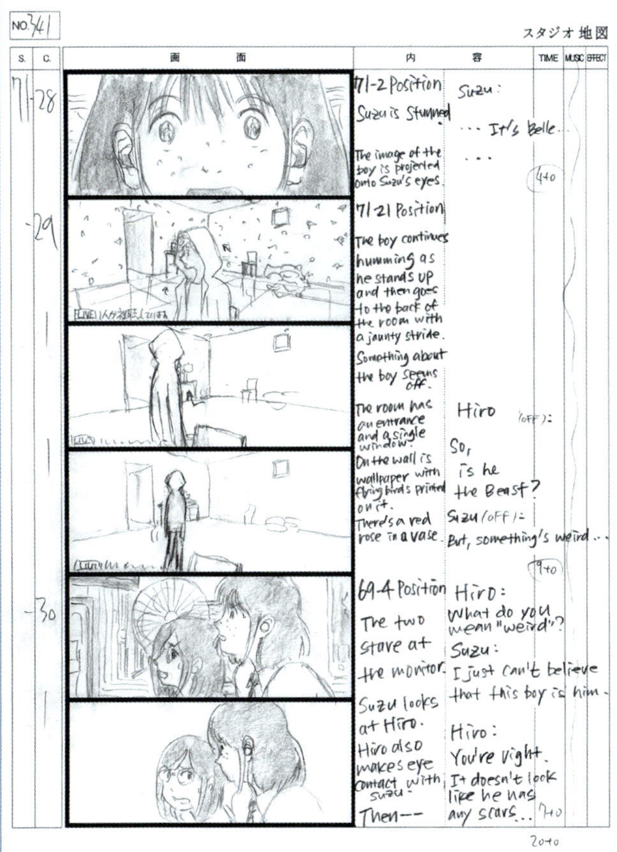

NO. 341
スタジオ地図
S.C. 画面 内容 TIME MUSIC EFFECT
71-28
71-2 Position
Suzu is stunned
Suzu: ... It's Belle. ...
The image of the boy is projected onto Suzu's eyes.
4+0
-29
71-21 Position
The boy continues humming as he stands up and then goes to the back of the room with a jaunty stride.
Something about the boy seems off.
The room has an entrance and a single window. On the wall is wallpaper with flying birds printed on it. There's a red rose in a vase.
Hiro (OFF): So, is he the Beast?
Suzu (OFF): But, something's weird...
9+0
-30
69-4 Position
The two stare at the monitor.
Suzu looks at Hiro. Hiro also makes eye contact with Suzu. Then---
Hiro: What do you mean "weird"?
Suzu: I just can't believe that this boy is him.
Hiro: You're right. It doesn't look like he has any scars...
7+0
20+0

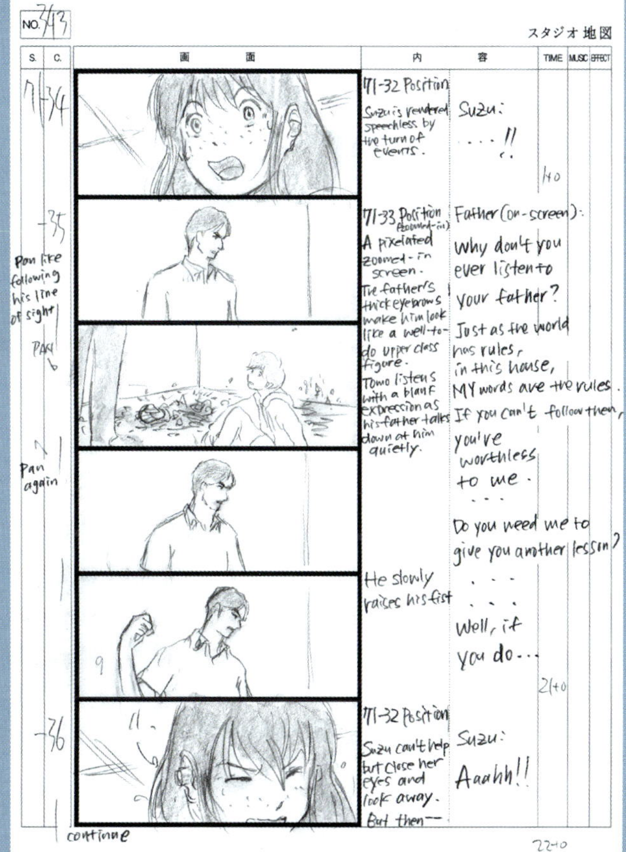

NO. 343
スタジオ地図
S.C. 画面 内容 TIME MUSIC EFFECT
71-34
71-32 Position
Suzu is rendered speechless by the turn of events.
Suzu: ...!!
1+0
-35
71-33 Position (zoomed-in)
A pixelated zoomed-in screen.
The father's thick eyebrows make him look like a well-to-do upper class figure.
Tomo listens with a blank expression as his father talks down at him quietly.
Pan like following his line of sight
Pan again
Father (on-screen): Why don't you ever listen to your father? Just as the world has rules, in this house, MY words are the rules. If you can't follow them, you're worthless to me. ...
Do you need me to give you another lesson?
He slowly raises his fist. ...
Well, if you do...
21+0
-36
71-32 Position
Suzu can't help but close her eyes and look away. But then---
Suzu: Aaahh!!
continue
22+0

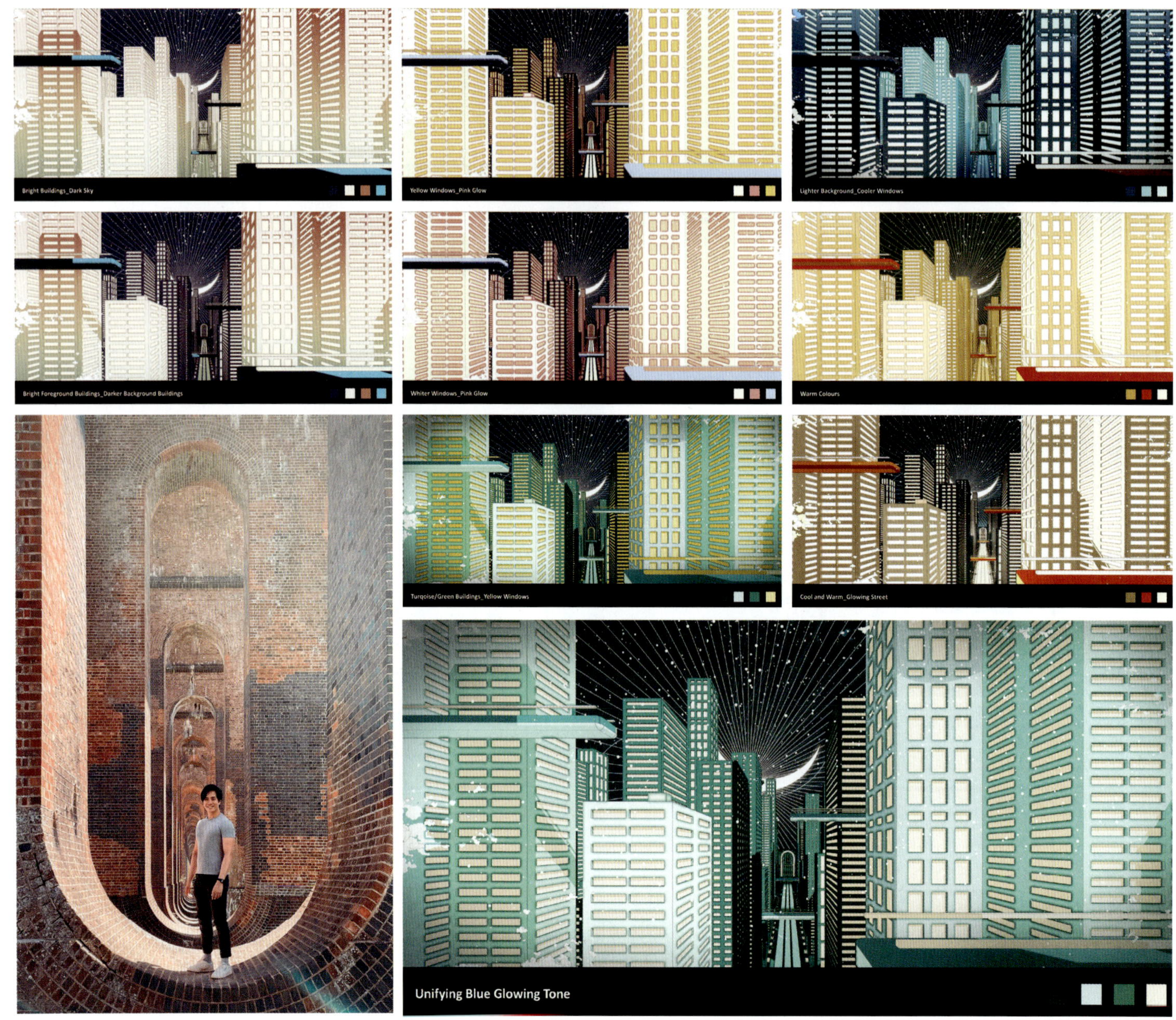

234~235쪽

디자이너이자 건축가인 에릭 웡은 U의 영원한 트와일라잇 영역을 표현하기 위해 다양한 색채를 실험했다. 일부 색상 구성은 일몰과 네온, 오로라 등을 기반으로 한다. 웡(오즈 밸리 고가에 서 있는)은 이렇게 말했다. "〈용과 주근깨 공주〉의 작업은 멋진 경험이었습니다. 전 거의 매주 스튜디오 치즈에 작업물을 보내곤 했습니다. 시차 때문에 아침 일찍 일어나 출근한 다음 저녁과 주말에 집에 와서 〈용과 주근깨 공주〉를 작업해야 했어요. 힘들었지만 호소다 감독이 도시 디자인을 추구할 수 있는 자유를 많이 허용해 줘서 신이 났습니다."

말했어요. 저는 오래 전부터 호소다 감독의 작품을 정말 좋아했습니다. 어린 시절에는 〈디지몬〉을 보았고 어른이 되어서는 그의 모든 영화를 다 봤어요."

웡의 초기 디자인은 알파벳 U 모양을 연상시켰다. "저는 다양한 참고 자료와 성의 건축적 유형을 바탕으로 상상했습니다. 전형적인 성벽과 성문, 안뜰과 해자가 있는 U자 모양의 성이었습니다." 그는 설명한다. "호소다 감독이 '멋진 작품입니다. 그런데 〈썸머 워즈〉를 연상시키는 버전을 만들 수 있을까요?'라고 했어요. 그래서 마치 OZ의 두 번째 버전인 것처럼 다시 만들었습니다. 왕관과 궤도 지형, 성, 스피커, 고층 빌딩, 교통 터널, 거대한 고래와 달이 있는 도시를요."

하지만 호소다는 생각을 바꿔 웡에게 더 복잡하고 직선적인 원래의 디자인으로 돌아가달라고 요청했다. 호소다는 U를 밤의 세계로 설정하길 원했기 때문에 웡은 전 세계의 저녁 하늘을 표현한 색채들로 실험하고 초승달 모양의 규모를 변경했다. 이 새로운 버전은 한눈에 봐도 영원히 계속될 것 같은 세상처럼 보이

위

〈용과 주근깨 공주〉의 홍보 아트를 그린 호소다의 연필 스케치

오른쪽

홍보 아트의 최종 이미지. 주인공들의 감동적인 초상화는 영화
의 개봉을 위해 토호가 발행한 기념품 책자 표지를 포함하여 다
양한 매체에 등장했다.

는 거대한 구조로 바뀌었다.

U에 대한 윙의 비전은 대도시와 복잡하고 세밀하며 질서정연한
마더보드가 교차하는 지점을 연상시킨다. 맨해튼이나 도쿄가 어떤 방
법으로든 기하급수적으로 확장된다면 U와 비슷할 것이다. 빽빽한 건
물의 수열은 모든 방향에서 무한대로 이어지는 결과를 가져오기 때
문이다. U로 이끄는 오프닝 시퀀스는 복잡성으로 관객의 시선을 사로
잡는다. U는 무한한 기회의 장이자 도시 소외를 구현한 것처럼 느껴
진다. 디지털 프론티어의 애니메이터들은 복잡한 배경 때문에 산만한
와중에도 관객의 눈길을 사로잡을 퍼포먼스를 만들어야 했다.

"벨과 용은 거대한 대도시적 비주얼 속에서도 아주 외로울 수 있
다는 사실을 표현합니다. 호소다 감독이 '화면 전체가 건물들에 휩싸
이는 것처럼 느껴졌으면 좋겠습니다'라고 말한 적이 몇 번 있습니다.
수많은 건물 중에서도 우리는 캐릭터의 감정과 퍼포먼스를 발전시키
기 위해 사용할 수 있는 모든 도구를 사용했습니다." 호리베는 이렇게
설명한다.

〈썸머 워즈〉에서는 밝은 색상과 둥그스름한 형태의 OZ가 따뜻하
고 매력적이며 유치한 느낌까지 준다. 광활하긴 해도 OZ는 방향을 찾
을 수 있고 마음껏 이용해도 되는 것처럼 보인다. 방문자들도 지정된
전장 밖에서는 안전하다고 느낀다. 반면 U는 호텔 창문에서 바라본 미
지의 도시, 즉 정교하고 각진, 광활하며 냉랭한 도시의 모습을 보여준
다. 호소다는 문화 전쟁, 허위 정보를 이용한 광고, 사적 복수의 무대
가 된 인터넷 사용 방식의 변화를 반영하기 위해 이처럼 차가운 세상
을 선택했다.

"〈썸머 워즈〉가 처음 개봉했을 때 사람들은 〈디지몬〉과 많이 비
교했습니다. '사이버 세계로 간다고? 아, 같은 영화군.' 하지만 두 영화
는 완전히 다릅니다. 상황도 달라요. 〈디지몬〉은 2000년에 개봉했고
〈썸머 워즈〉는 2009년에 나왔습니다. 인터넷을 사용하는 방식과 인
터넷이 우리 삶에 미친 영향 등이 크게 달라졌어요. 2000년대에는
인터넷이 말 그대로 폭발적으로 증가하기 시작했고 젊은 세대가 앞으
로 나아갈 길을 열어주는 희망의 공간처럼 보였습니다. 그것이 젊은
세대가 도전에 나서야 했던 〈디지몬〉의 가장 중요한 주제였습니다."

"2009년에나 지금은 더 이상 아무도 인터넷을 그렇게 생각하지
않습니다." 그는 말을 이었다. "지난 20년 동안 소셜 미디어를 포함한
더 많은 도구가 등장했습니다. 많은 사람들이 익명성이라는 베일을
쓰고 다른 이들에게 해를 끼치기 위해 인터넷에 접속하며 이는 인터
넷이 어떻게 변했는지를 보여줍니다. 하지만 저는 더 나은 목적을 위

해 인터넷을 사용할 새로운 방법이 있다고 믿습니다. 그 메시지를 전하고 싶었어요. 아이들은 이 모든 것에 굴하지 않고 새로운 세상으로 가는 길을 열 것이고 그 아이디어가 〈용과 주근깨 공주〉로 이어진 겁니다. 영화에서 사람들은 인터넷을 다양한 방식으로 사용하지만, 그 근본적인 주제는 희망입니다."

대도시 U와는 달리 호소다는 영화의 '현실 세계'를 일본 남부 시코쿠의 고치현으로 설정했다. 〈늑대아이〉의 산악지대와 마찬가지로 시골인 고치현도 젊은이들이 도시로 이주하면서 인구 감소에 직면해 있었다. 스즈가 등굣길에 매일 타는 버스에는 9월에 운행을 중단할 것이라는 안내문이 붙어 있다.

호소다는 이렇게 설명한다. "스즈의 주변 환경은 그녀가 느끼는 압박감을 묘사해야 했습니다. 깊은 시골 지역에 빠져들 때 그곳이 파괴 직전임을 느끼게 됩니다. 마치 세상의 가장자리처럼 느껴지죠. 아

트디렉터와 저는 그 느낌을 영화에 담을 방법에 대해 많이 의논했습니다."

코로나19 팬데믹 때문에 호소다와 제작진은 평소처럼 장소 스카우트 출장을 갈 수 없었다. "봉쇄 상태였기 때문에 우리는 해당 지역 영화 위원회에 연락해서 일종의 원격 스카우트를 했습니다. 영화 위원회 위원이 카메라를 들고 돌아다니면 '잠깐 멈춰주시겠어요? 그곳을 확대할 수 있나요?'라고 묻곤 했어요. 직접 장소에 방문하면 사진으로 보는 것과는 달리 공기를 들이마시고 분위기를 느낄 수 있습니다. 하지만 인터넷에서 벌어지는 이야기인 이 프로젝트의 주제를 감안하면 아이러니하게도 원격으로 스카우트하는 게 오히려 적절해 보였습니다."

아트디렉터 이케 노부타카의 아버지가 고치현 출신이어서 고치현이 배경이라는 사실은 그에게 개인적인 공감을 불러일으켰다.

원격 스카우트를 했던 영화위원회 위원이 유용한 디테일을 많이 포착한 것은 사실이지만 아트디렉터는 풍경을 바라보는 그들만의 특별한 방식을 갖고 있었다.

"도로변이든 전신주든 바라보거나 확대할 때 예술 감독만이 생각하는 특정 요소가 있습니다. 영화위원회 위원들의 카메라를 원하는 방향으로 향하게 하는 일은 쉽지 않았어요." 이케는 한숨을 쉬었다. "저는 스즈의 스토리를 잃어버린 자신의 일부를 되찾는 이야기라고 생각합니다. 이야기의 대부분에서 그녀는 이 부정적인 면을 극복하려고 노력합니다. 우리는 고치의 아름다움을 영화의 밝은 부분으로 설정했어요."

〈용과 주근깨 공주〉의 배경 설정은 호소다의 작품에서 반복되는 주제인 일본의 계절 변화도 반영하고 있다. 영화는 고치의 계절 변화에 따른 호소다의 시각을 반영하고 있으며 이케는 그런 현상을 논리적으로 설명하거나 정의할 수는 없다고 말한다. 스즈는 니요도강 유역을 자주 걷는다. 일 년 중 다양한 시기의 니요도강은 직선적이고 도시적인 U의 세계와 비슷하면서도 뚜렷한 대비를 이룬다. 호소다는 이

렇게 말한다. "사계절과 계절 사이의 전환이라는 개념은 일본 미학의 기본입니다. 사람들은 계절 속에서 살고 있으며 이 생각은 제 모든 영화에 스며들어 있습니다. 저는 변화라는 개념을 좋아해요. 변하지 않는 사람들은 지루합니다. 계절은 이 모든 것을 하나로 묶어주는 좋은 장치입니다."

호소다는 윙이 회상한 대로 계절의 이미지를 U의 세계로 확장했다. "그는 일직선으로 늘어선 도시의 모습을 정말 좋아했어요. '강처럼 보이지 않나요? 스즈가 현실 세계의 강을 따라 걷는 장면에서 흐르는 강과 비슷해요'라고 말했습니다. 그 장면은 시적인 울림이 있어요. 끈처럼 이어진 도시는 은유의 조합들이 한데 모여 만들어진 것 같았습니다."

스토리보드에는 '스즈의 집은 깊은 산속 마을의 언덕 위에 있다'라고 명시되어 있다. 애니메이션 영화 속 집은 관객에게 캐릭터의 중요한 세부 사항을 알려준다는 호소다의 신념에 따라 이 집을 '전통적이지도 않고 새롭지도 않은 집'이라고 묘사한다. 집은 먼지만 쌓인 채 방치되어 있는 마을 외곽에 있는 주택가에 있어야 했다. 나무와 녹지

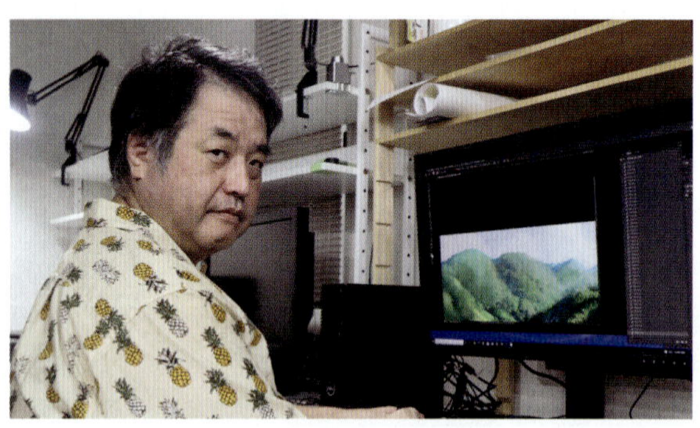

왼쪽

아트디렉터 이케 노부타카는 이렇게 설명한다. "저에게 이 이야기는 스즈가 잃어버린 자신의 일부를 되찾는 과정이라고 생각합니다. 이야기의 대부분에서 그녀는 이 부정적인 면을 극복하려고 노력합니다. 우리는 고치의 아름다움을 영화의 밝은 부분으로 설정했어요."

아래

시코쿠에 있는 고치현의 노즈 초등학교가 학교의 일부 모델이 되었다. 평면도와 항공 뷰에 적힌 메모는 주요 시설과 핵심 공간의 위치를 보여준다.

노즈 초등학교(폐교된 초등학교 모델) 배치도

〈能津小学校（廃校小学校モデル）見取り図〉

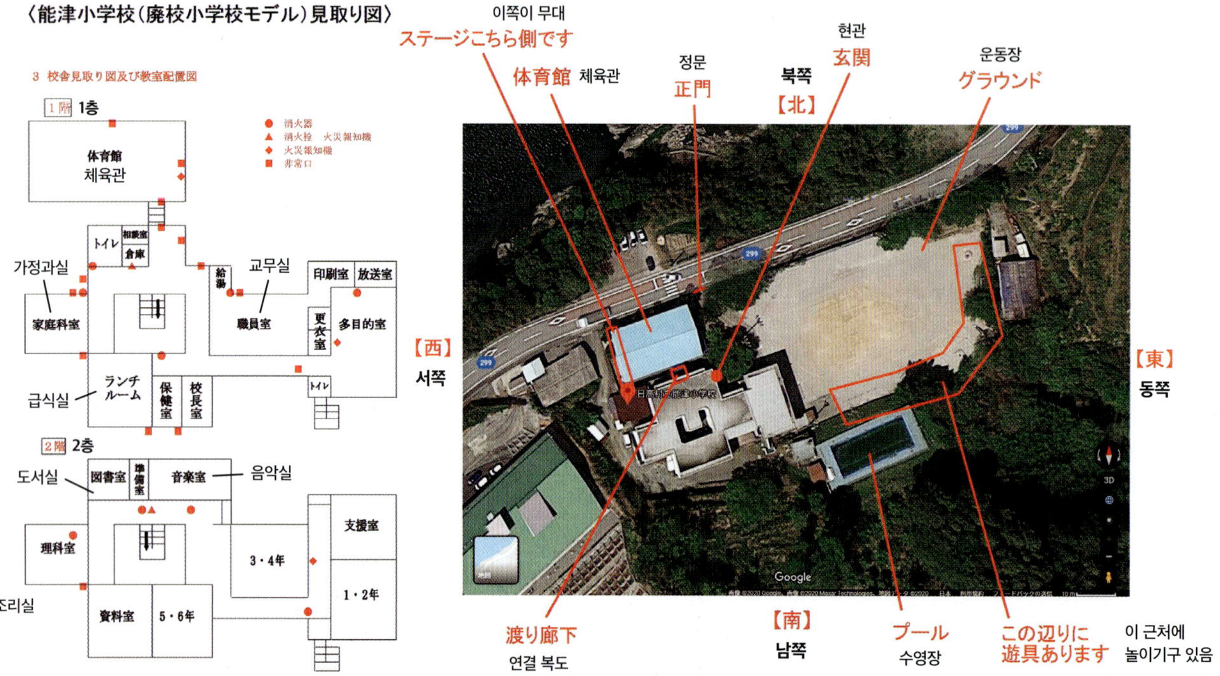

위
건물의 레이아웃 드로잉

아래
완성된 배경

로 둘러싸인 스즈의 집은 쾌적하지만 쇠퇴한 마을을 보여준다. 떠나가는 사람들은 많지만 오는 사람들은 거의 없다.

"스즈의 주변 환경은 그녀의 방입니다. 제가 참여했을 때는 이미 충분히 구상되어 있었어요." 이케는 말한다. "애니메이션 영화에서는 모든 풍경이 가짜입니다. 하지만 제 역할은 그 가짜를 가능한 현실감 있게 만드는 일입니다. 우리는 공간의 어두운 부분과 밝은 부분을 비교하면서 어디에 무게를 둘 것인지 이야기했고, 밝은 쪽을 선택하기로 했습니다. 공간의 어두운 부분과 밝은 부분은 스즈가 캐릭터로서 겪고 있는 힘든 일과 그녀의 밝은 주변 환경과의 대조를 더 강조하는 역할을 합니다."

스즈의 어질러진 침실과 고요한 시코쿠 시골 풍경과는 달리, 케이와 토모는 도쿄라는 비인격적인 구조 속에서 살고 있다. "스즈의 집과 케이, 토모의 집은 거의 정반대의 느낌입니다. 스즈의 경우 억제와 체념이 있지만 그 너머에서 무언가를 발견할 수 있을 거란 느낌이 있습니다. 하지만 케이와 토모의 집은 일종의 감옥과도 같습니다. 이케

와 저는 그 집과 집이 상징하는 것에 대해 오랜 시간 얘기했습니다. 고치를 묘사하는 것은 이케에게 큰 도전이었습니다. 그가 곤 사토시의 영화를 작업할 때는 도쿄의 풍경과 외로움에 초점을 맞췄기 때문입니다. 도시의 풍경, 절망, 외로움 등이 있는 케이와 토모의 집은 이케의 전문 분야였습니다. 그가 잘하는 것들의 집합체였죠." 호소다는 설명한다.

고치와 도쿄는 지리적이나 문화적으로 거리가 있지만 벨의 노래가 그 간극을 메우고 있다. 케이가 처한 곤경을 알게 된 스즈는 벨로서 케이에게 다가가려 하지만, 그는 많은 사람들이 도와주겠다고 약속했지만 변한 것이 없다며 그녀를 거부한다.

시노부는 그녀에게 말한다. "스즈, 노래해. 본래의 네 모습으로 노래해줘." 벨의 콘서트가 시작되자 용을 파괴하려는 저스틴이 모습을 드러낸다. 그는 U의 환상을 벗겨내 사람들의 본모습을 드러나게 하는 특별한 빛을 무기로 사용한다. 케이와 토모를 구하기 위해 필사적으로 노력하던 스즈는 저스틴에게 그 빛을 자신에게 비추라고 요구한

다. 그러자 빛나던 디바는 사라지고 평범한 여고생만이 남는다.

자신의 모습 그대로 노래하던 스즈는 그 어느 때보다도 청중을 감동시킨다. 그녀는 보호하고자 하는 학대받는 소년과 여전히 어머니를 그리워하며 슬퍼하는 내면의 어린 소녀를 위해 노래를 부른다. 그녀가 노래를 부르는 동안 카미신은 루카, 시노부, 히로의 도움을 받아 도쿄에 있는 케이의 집을 찾아낸다. 스즈 어머니의 친구들은 케이와 토모를 즉시 구할 수 없다고 판단하여 보호 서비스에 전화한다. 새롭게 결심한 스즈는 도쿄행 기차에 오른다. 폭우를 무릅쓰고 토모와 케이를 찾아낸 스즈는 그들의 잔인한 아버지와 마주한다. 그리고 다른 사람을 구하기 위해 기꺼이 스스로를 위험에 빠뜨렸던 어머니의 딸임을 증명한다.

자식을 학대하는 아버지와 자기 내면의 악마들에 대한 스즈의 승리는 벨이 아니라 스즈의 것이었고 이는 심리학자 브루노 베텔하임의 말을 연상시킨다. '모든 동화는 내면세계의 일부와 미성숙에서 성숙으로 나아가는 우리의 과정을 비추는 마법의 거울을 지니고 있다. 동화가 전하고자 하는 메시지는 처음에는 깊고 조용한 연못 같지만, 그 이면에는 내적 혼란이 존재하며 우리는 그 속에서 내면세계의 평화를 얻는 방법을 알게 되고 이것이 투쟁의 보상이라는 사실을 깨닫게 된다.' 스즈는 관객과 자신의 즐거움을 위해 계속 무대에 서겠지만, 더 이상 캐릭터 뒤에 숨을 필요가 없다. 스스로 설 수 있는 자신감을 갖게 되었기 때문이다.

호소다는 이전 영화에서도 가사가 있는 음악을 사용했지만, 노래와 공연이 영화의 서사에 엮여 있는 뮤지컬 영화는 〈용과 주근깨 공주〉가 처음이었다.

"이건 노래에 관한 영화가 아닙니다. 노래를 부름으로써 인터넷 세상과 연결되고 그곳에는 세상을 바꿀 수 있는 무언가가 있어요. 그것이 바로 음악입니다. 음악 감독은 루드비히 포셀, 반도 유타, 그리고 하자마 미호와 함께 작업했던 이와사키 타이세이였습니다. 이번 영화에서 처음 함께 작업했는데 그는 영화와 음악이 어떻게 연관되는지에 대해 숙고했고 우리의 파트너십은 매우 좋았습니다."

호소다는 벨이라는 매우 중요한 역할에 많은 미국 애니메이션 감독들처럼 실사 배우나 전문 성우가 아닌 뮤지션을 선택했다. 그는 이렇게 말했다. "나카무라 카호는 배우나 성우가 아니지만 표현력의 범위가 매우 넓었습니다. 연기 경험이 전혀 없는데도 오디션을 거쳐 업계 베테랑을 제치고 이 역할을 맡게 되었어요. 영화를 만들기 위해 저는 그녀의 광범위한 표현력에 베팅했습니다."

보통 영화 삽입곡은 애니메이션 아티스트들이 만드는 첫 번째 신에 들어가기 마련이라서 스토리를 만드는 단계에서 미리 만든다. "누군가에게는 노래를 먼저 작곡하고 그에 따라 애니메이션을 만드는 것이 장면에 접근하는 명확한 방법일 수도 있습니다. 그건 우리가 제일 먼저 해야 할 일이었습니다."

"하지만 〈용과 주근깨 공주〉에서는 그렇게 하지 못했습니다. 노래를 먼저 완성하지 못했어요. 작곡가는 '노래가 어떤 느낌이어야 할지 상상하려면 이미지를 더 많이 봐야 해요'라고 했습니다. 저는 벨의 세계로 몰입하려면 완성된 노래를 듣고 나서 스토리보드를 그려야 한다고 생각했어요. 하지만 음악이 없었기 때문에 스토리보드를 먼저

스즈의 집 설정을 보여주는 호소다의 스토리보드. 〈미래의 미라이〉의 건축적으로 세련된 집과는 달리 눈에 띄지 않는다.

아래

완성된 배경

그려야 했습니다. 어려움과 혼란이 있었지만 완성된 애니메이션에서는 모든 것이 맞아떨어졌어요. 이런 게 우리 작업의 정말 재미있는 부분이에요."

호소다가 예측한 대로 결국 모든 것이 맞아떨어졌다. 작곡가는 애니메이션 작업이 시작되기 전에 곡을 완성했다. 영화는 믿기 힘들 정도로 빠르게 진행되었고 2021년 봄, 호소다는 다시 한번 니시야마 시케루와 함께 편집을 시작했다.

"저는 호소다 감독과 거의 3년마다 함께 작업하고 있어요. 서로 붙어서 보내는 시간은 서너 달 정도지만 작업할 때마다 제 온몸이 호소다에의 리듬과 방식에 맞춰 재구성되는 것 같아요. 영화를 끝내고 다음 작품을 할 때면 거의 재활에 가까운 시간을 보내야 합니다. 마치 시퀀스를 자르고 모든 것을 재구성해야 하는 것처럼요." 니시야마는 이렇게 말한다.

사이토는 호소다의 영화 중 기술적으로나 시각적으로 가장 복잡했던 작품을 돌아보며 이렇게 말한다. "〈늑대아이〉를 만들 때 호소다 감독은 꽃을 애니메이션화하기 위해 CG를 사용하면 장면의 질감이 달라 보일까 봐 우려했습니다. 그는 아트디렉터와 CG 팀에게 스케치

한 장을 건네며 미적 감각을 해치지 않으면서 꽃에 움직임을 부여해 달라고 요청했죠. 불가능해 보이는 과업이었지만 CG 디렉터 호리베 료와 그의 팀은 언제나 도전에 나섰습니다."

"2년 전, 손 그림 애니메이션의 형식은 시점을 전환하는 등 어떤 변화가 없으면 지속하기 어렵다는 이야기가 나왔습니다. 하지만 〈용과 주근깨 공주〉를 만들면서 우리는 재능 있는 사람들을 모아 더 순수한 예술의 길을 추구하고 싶었어요. 동시에 디지털 표현으로의 전환을 향해 나아갔습니다. 저는 디지털과 미학적 공간에서 새로운 표현의 형태를 찾아야 할 때라고 생각했어요." 호소다는 이렇게 결론지었다.

코로나19 팬데믹으로 제작에 난항을 겪긴 했지만 〈용과 주근깨 공주〉는 결국 예정대로 완성되었다. 영화는 7월 16일 세계 최고 권위의 영화제인 칸에서 초연되었고 14분간 기립 박수를 받았다.

〈용과 주근깨 공주〉에 대한 초기 리뷰는 예외 없이 호평이었다. 데이비드 에를리히는 「인디와이어」에서 〈용과 주근깨 공주〉는 아주 아주 오래된 이야기와 아직 발명되지 않은 기술 사이의 섬뜩한 융합이다. 이 영화는 눈에 띄고 싶은 동시에 보여지기를 두려워하는 이들이 사는 세상을 배경으로 한다'라고 썼다. 「콜라이더」의 라파엘 몬타

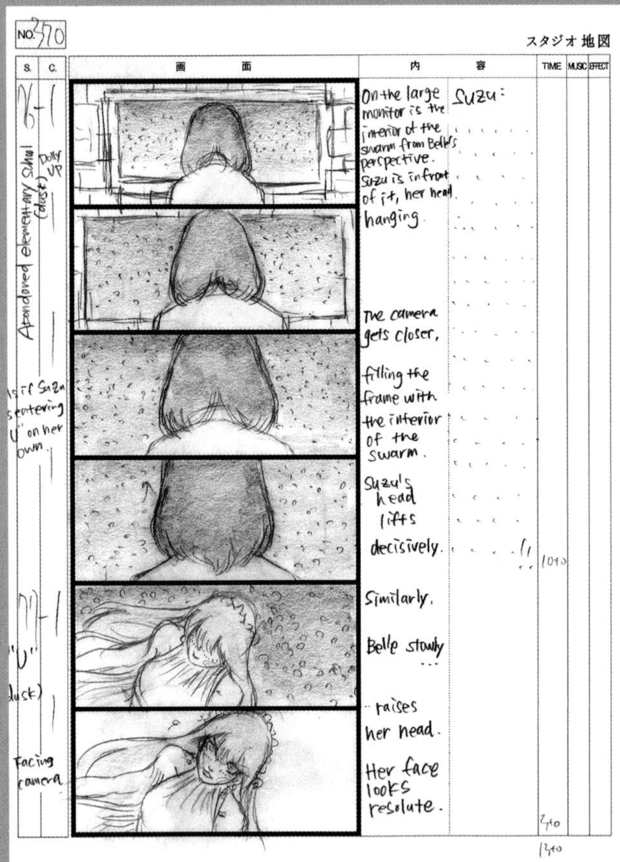
NO. 370
スタジオ 地図
S. C. 画 面 内 容 TIME MUSIC EFFECT
A pandored elementary school
Is it Suzu's entering "U" on her own
"U" (dusk)
Facing camera
On the large monitor is the interior of the swarm from Belle's perspective. Suzu is in front of it, her head hanging.
SUZU:
The camera gets closer,
filling the frame with the interior of the swarm.
Suzu's head lifts decisively.
Similarly,
Belle slowly...
raises her head.
Her face looks resolute.

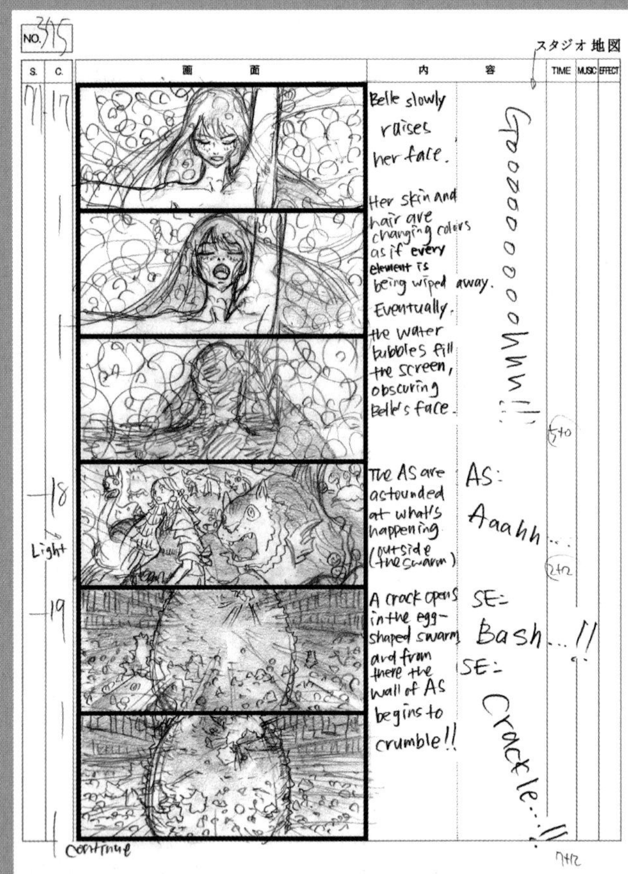
NO. 375
スタジオ 地図
S. C. 画 面 内 容 TIME MUSIC EFFECT
Belle slowly raises her face.
Her skin and hair are changing colors as if every element is being wiped away. Eventually, the water bubbles fill the screen, obscuring Belle's face.
Groooooooohhh!!
Light
The AS are astounded at what's happening (outside the swarm)
AS: Aaahh
A crack opens in the egg-shaped swarm and from there the wall of AS begins to crumble!!
SE: Bash...!!
SE: Crackle...!!
Continue

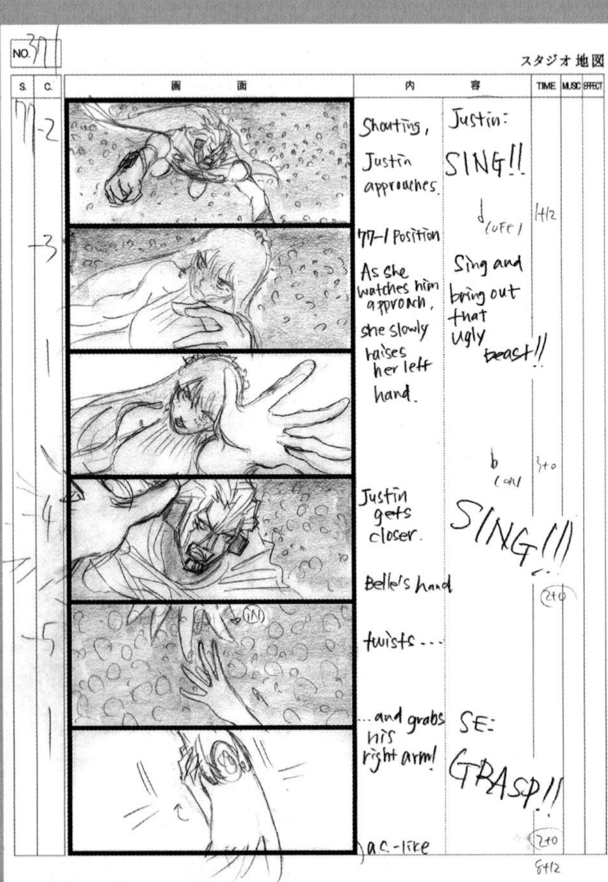
NO. 376
スタジオ 地図
S. C. 画 面 内 容 TIME MUSIC EFFECT
Shouting, Justin approaches.
Justin: SING!!
(UFC)
377-1 Position
As she watches him approach, she slowly raises her left hand.
Sing and bring out that ugly beast!!
Justin gets closer.
SING!!
Belle's hand
twists...
...and grabs his right arm!
SE: GRASP!!
AS-like

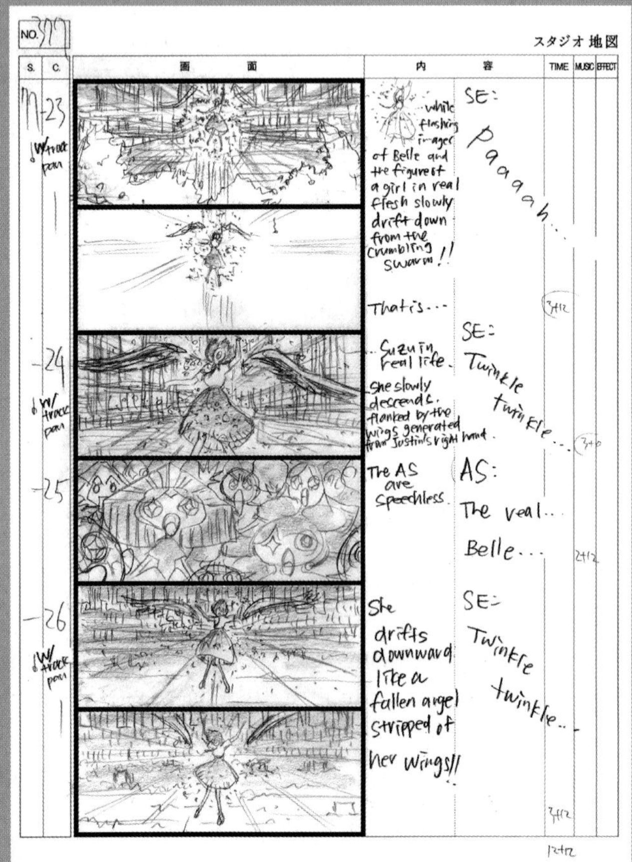
NO. 377
スタジオ 地図
S. C. 画 面 内 容 TIME MUSIC EFFECT
White flashing images of Belle and the figure of a girl in real flesh slowly drift down from the crumbling swarm!!
SE: Paaaah...
That is...
Suzu in real life. She slowly descends, flanked by the wings generated from Justin's right hand.
SE: Twinkle twinkle...
The AS are speechless.
AS: The real... Belle...
She drifts downward like a fallen angel stripped of her wings!!
SE: Twinkle twinkle...

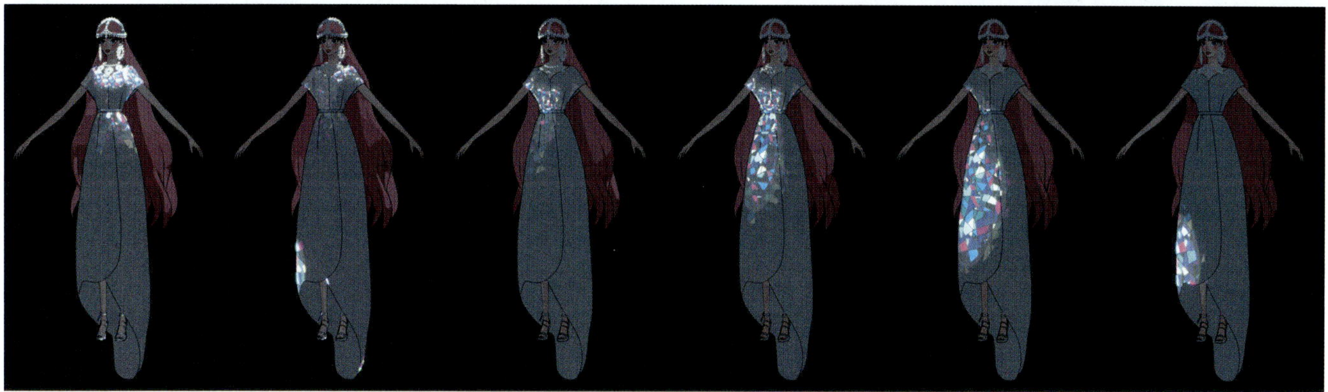

마요르는 디즈니적 미학을 부여해서 〈용과 주근깨 공주〉를 만들었다면 훨씬 쉬웠겠지만, 호소다는 그렇게 하지 않았다. 대신 지금까지 가장 시각적으로 아름답고 다채로운 영화인 동시에 올해 최고의 애니메이션 영화를 만들었다'라고 했다. 「데일리 텔레그래프」의 로비 콜린은 이렇게 결론지었다. '보통 칸 영화제는 매해 감정적으로 끌리는 영화가 있는데 올해는 〈용과 주근깨 공주〉였다. 온라인과 오프라인이라는 이중적 삶을 감각적이고 깊이 있게 그렸으며 공상과학 동화를 눈부신 애니메이션으로 표현했다. 이 영화는 2012년 〈늑대아이〉 이후 호소다 감독의 최고의 작품이며 어쩌면 지금까지 그의 영화 중 최고일지도 모른다.'

〈용과 주근깨 공주〉는 코로나로 인한 관객 수 제한이 있었는데도 불구하고 일본에서 괄목할 만한 성적을 거뒀다. 개봉 첫 6일 동안 416개의 극장(IMAX 38개 개봉관 포함)에서 92만 3,000명 이상이 관람하여 호소다의 영화로는 사상 최고인 13억 1256만 2,000엔(약 122억 원)를 벌어들였다. 그리고 곧 그의 최대 흥행작이 되었다. 토호 시네마는 개봉 기념 특별 책자를 발행했고 유니클로는 영화의 이미지가 담긴 티셔츠 라인을 출시했으며 밀레니엄 퍼레이드의 'U' 비디오는 일본 음악 차트에서 1위를 기록했다.

〈시간을 달리는 소녀〉로 시작된 두 사람의 직업적 관계를 되돌아보며 니시야마는 이렇게 회상한다. "호소다 감독은 도전자에서 챔피언이 된 것 같습니다. 그의 어깨에 애니메이션의 미래가 달려 있다는 발언이 과장일 수도 있습니다. 하지만 어느 정도는 사실이라고 생각합니다."

242쪽
스즈가 케이를 구하기 위해 벨로서의 이미지를 희생시키는 모습을 그린 호소다의 스토리보드

위
벨의 드레스 중 하나에 적용한 조명 패턴 테스트

아래
GKIDS 대표 에릭 베크만, 호소다 마모루, 사이토 유이치로가 2021년 칸 영화제에서 〈용과 주근깨 공주〉의 초연을 축하하고 있다.

244~245쪽
모듈식 적도 구조와 거대한 초승달, 해 질 녘의 하늘이 U를 찾은 방문객들을 환영한다.

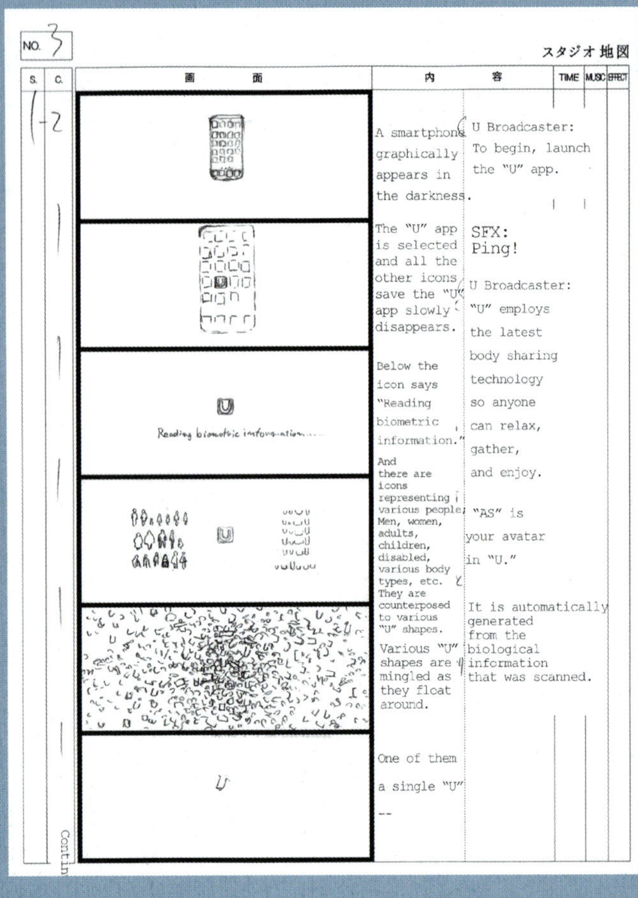

U 아이콘 U APP ICON

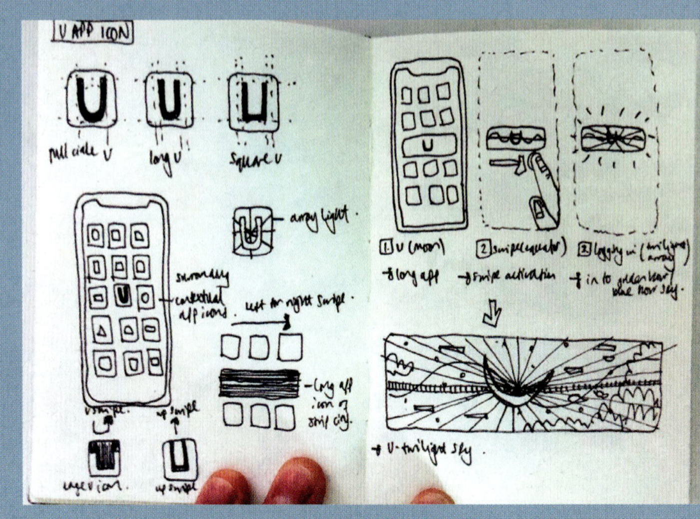

왼쪽 위

U로 들어가기 위해 휴대폰을 사용하는 과정을 그린 호소다의 스토리보드

오른쪽 위

윙은 자신의 스케치에서부터 U의 이미지에 대한 아이디어를 찾기 시작했다.

아래

유저들이 U에 접속하는 방법을 표현하기 위해 여러 가지 색과 아이콘을 이용한 윙의 초기 작품. 자신의 휴대폰은 아이콘이 세 줄이 아닌 네 줄로 배열되어 있다는 호소다 감독의 메모를 받고 초기 디자인을 수정해야 했다.

247쪽 왼쪽 위

벨이 U로 진입하는 모습을 그린 호소다의 스토리보드

247쪽 오른쪽 위

게이트웨이 디자인을 그린 윙의 스케치

247쪽 아래

윙은 처음에 열쇠 구멍과 알파벳 U를 중심으로 복잡한 출입구를 구상했다.

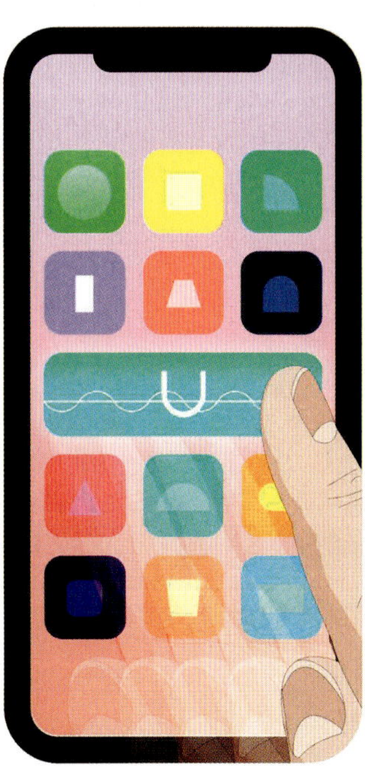

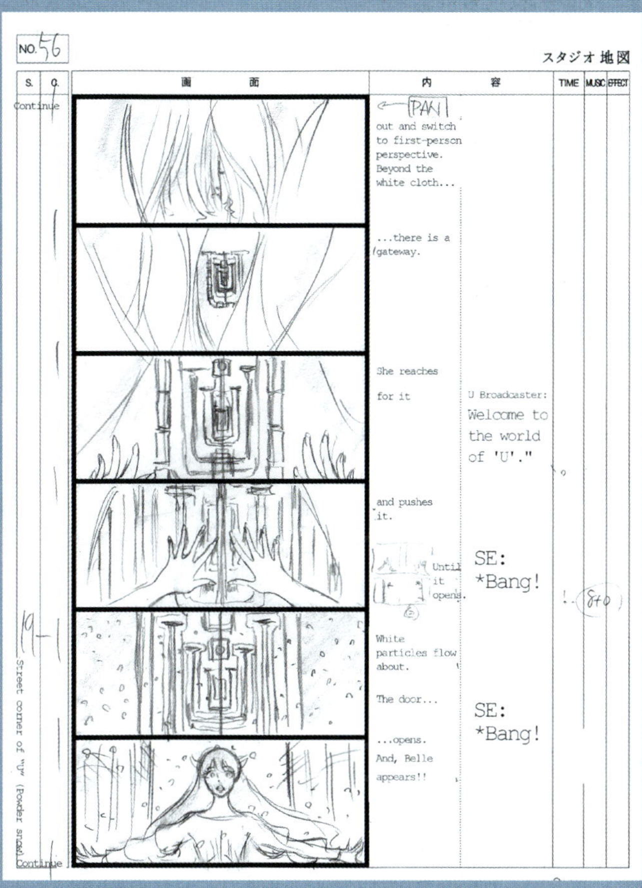

U로 향하는 길 U APP GATEWAY

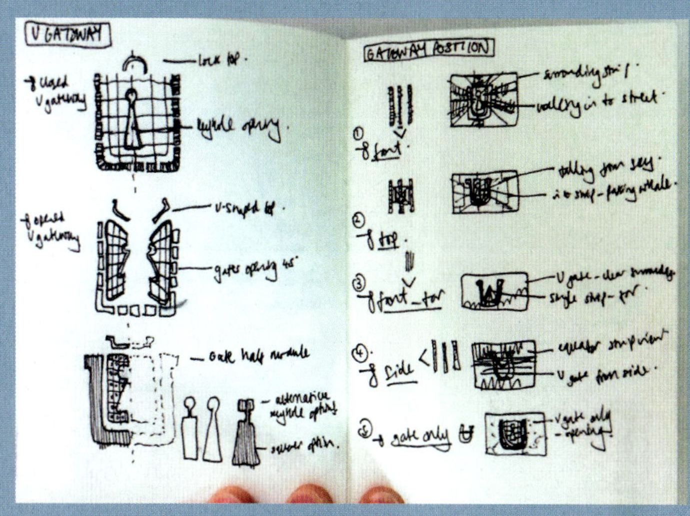

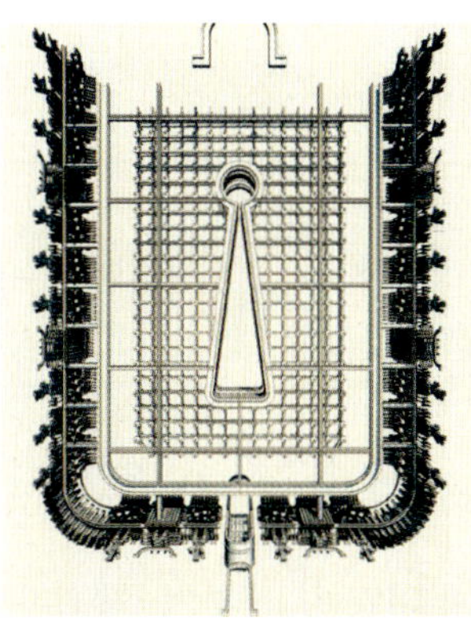

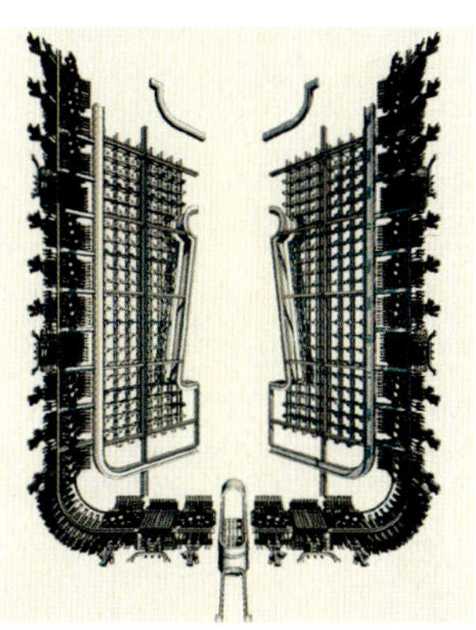

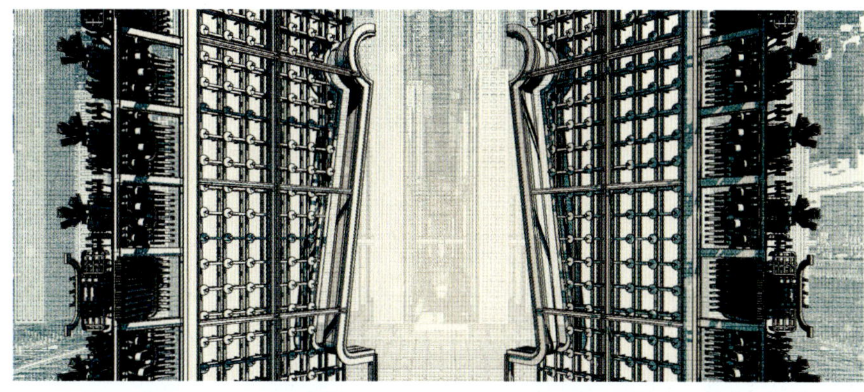

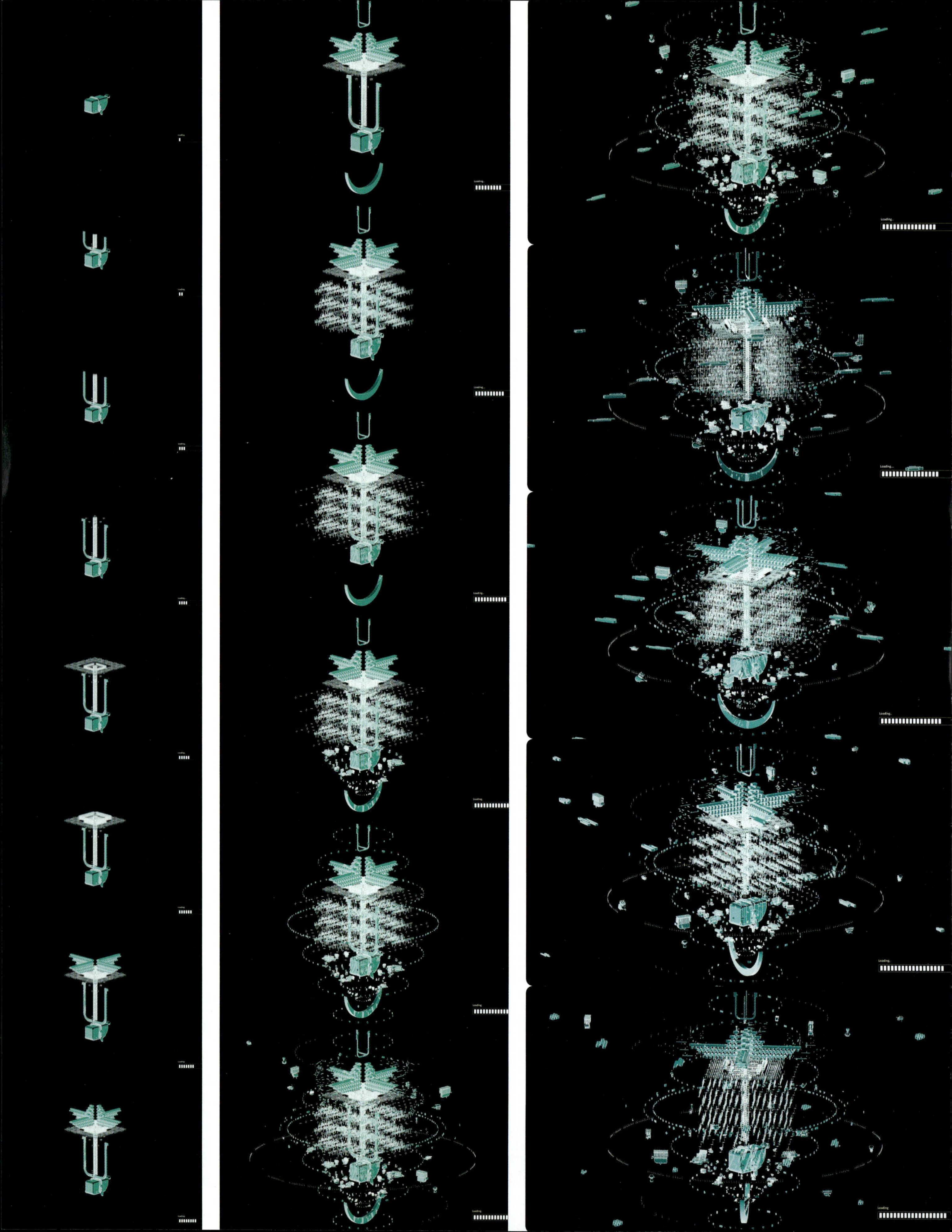

U 세계의 구조 UNIVERSE OF U CONFIGURATIONS

호소다는 처음에 U에 대해 '하늘도 땅도 없고 위아래도 없
으며 왼쪽 오른쪽도 없다'라고 기술했다.

248쪽

해당 설명에 맞는 구조를 만드는 단계

249쪽

U 버전을 구축하는 다양한 단계. 아티스트들은
나중에 더 수평적인 이미지로 결정했다.

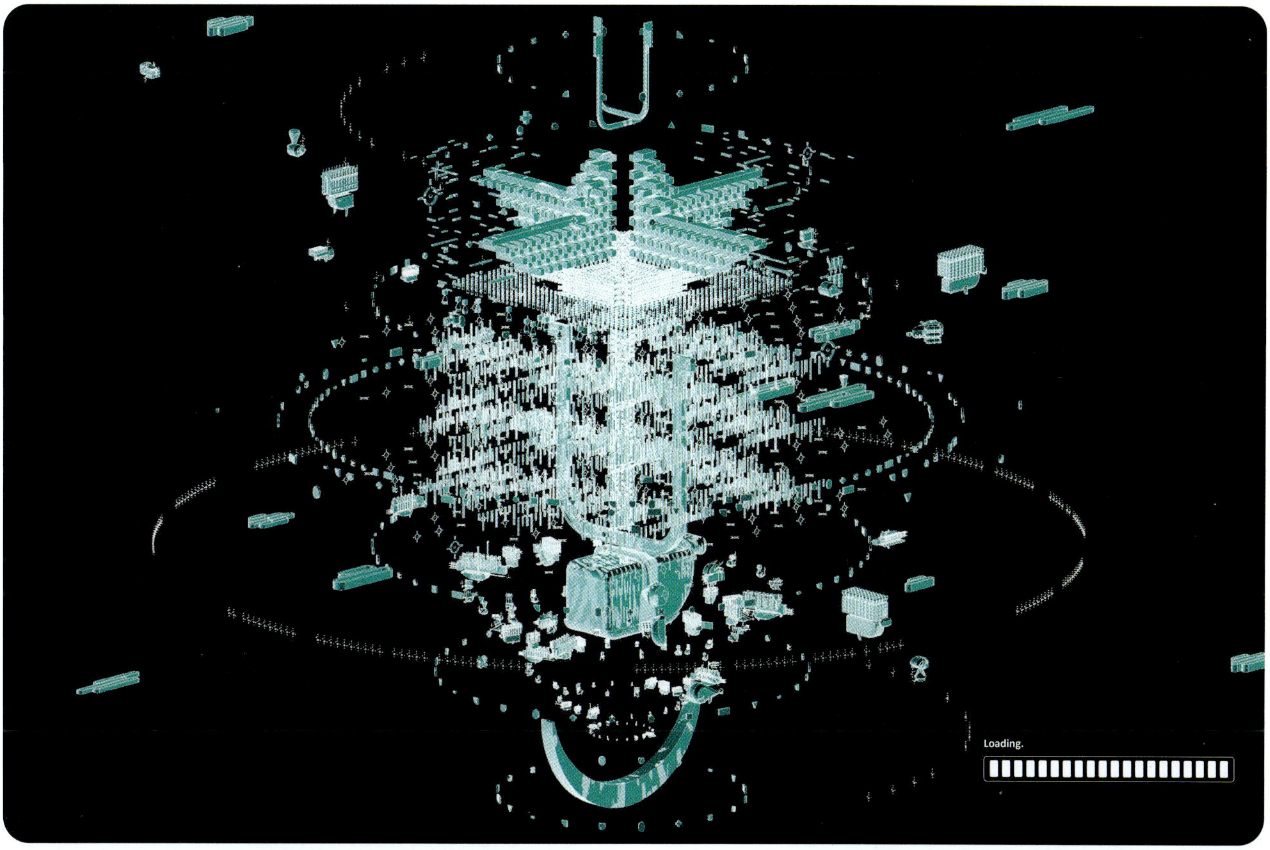

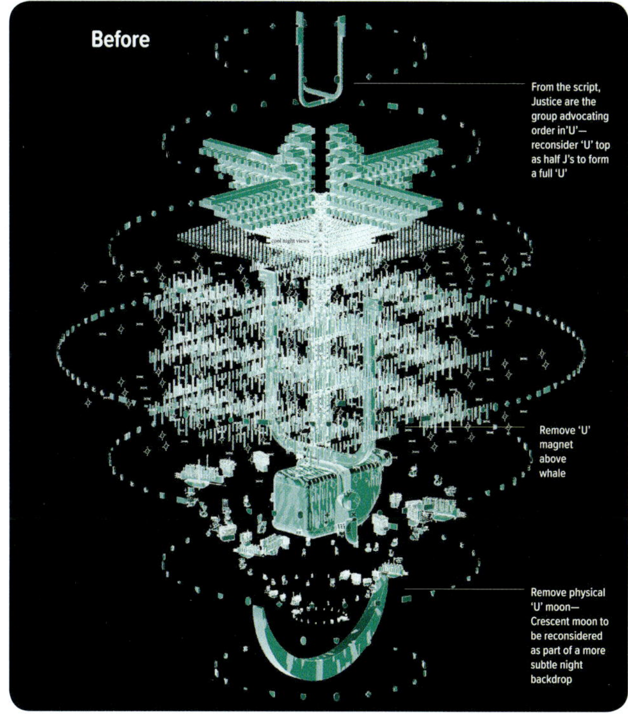

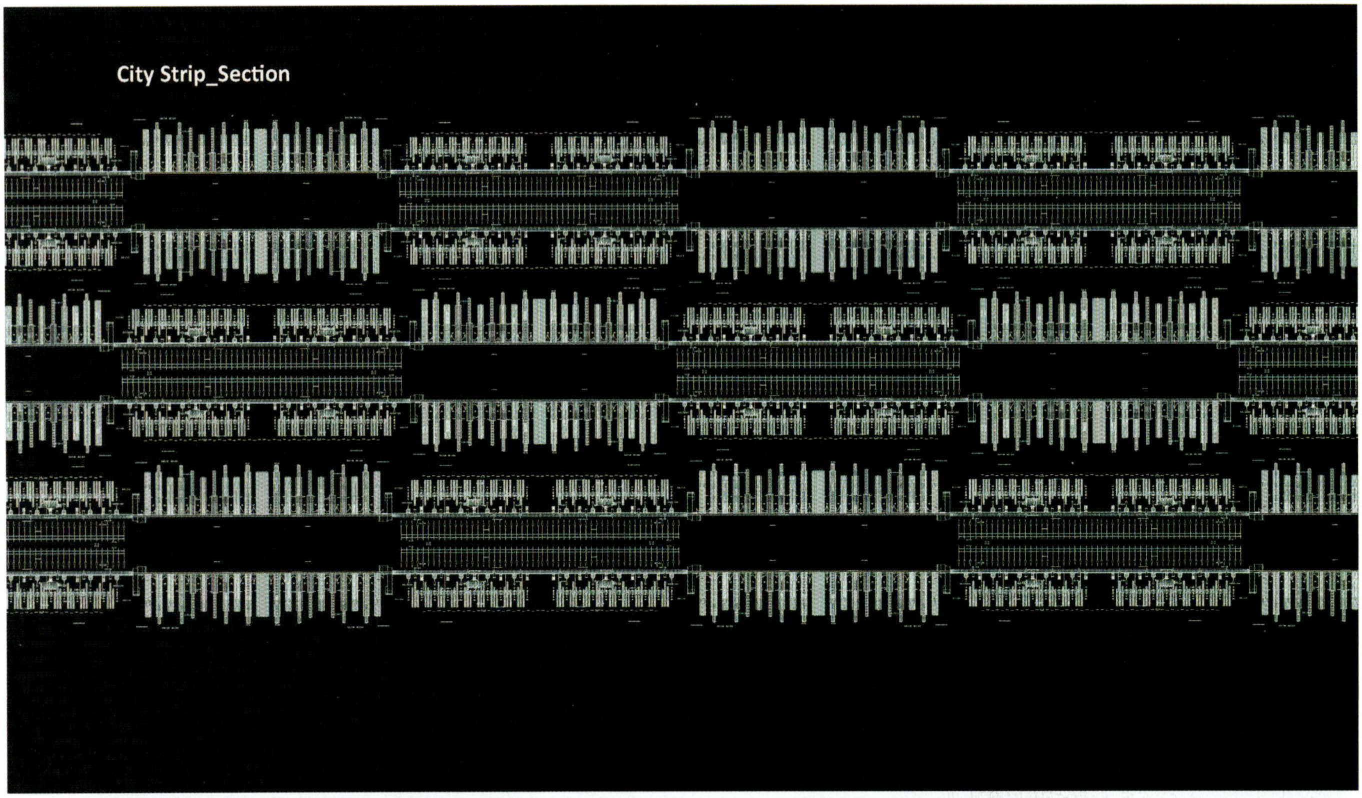

City Strip_Section

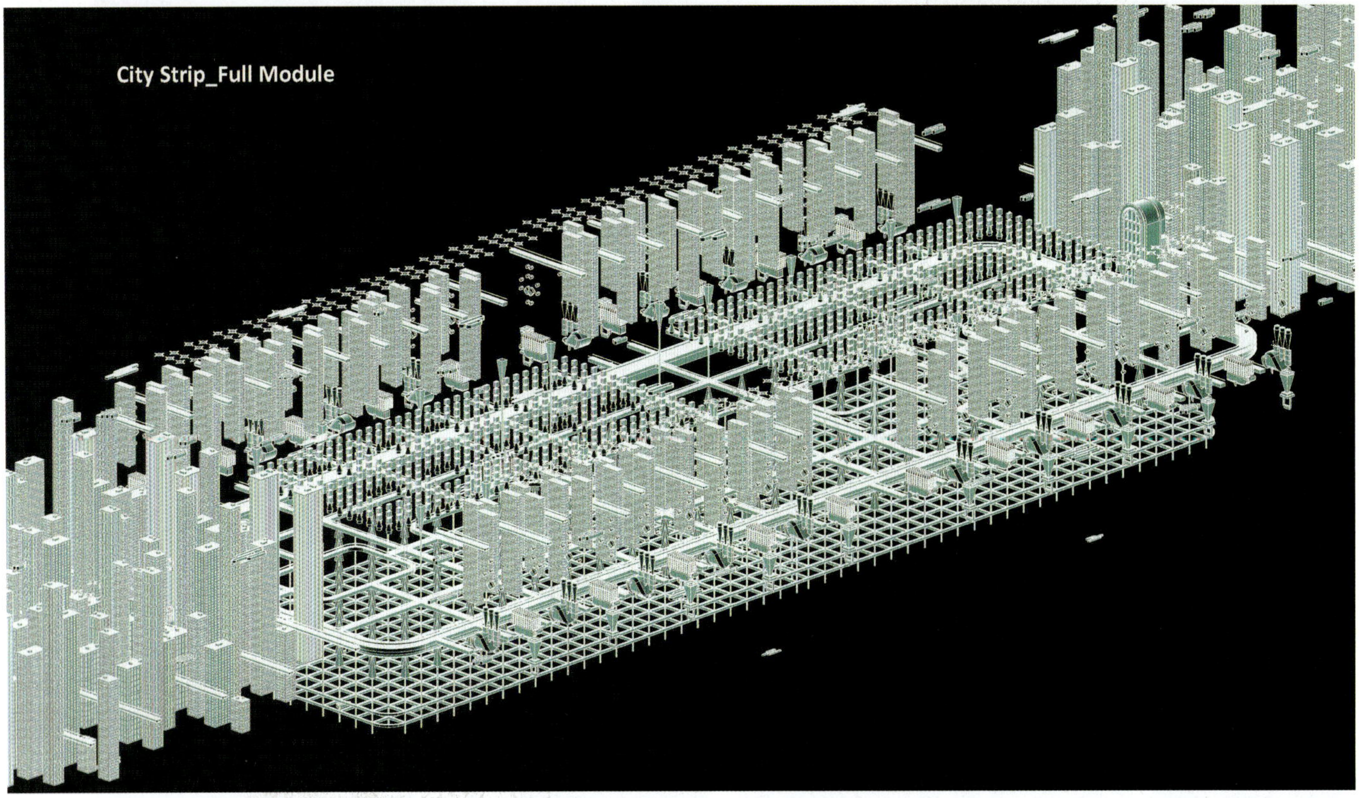

City Strip_Full Module

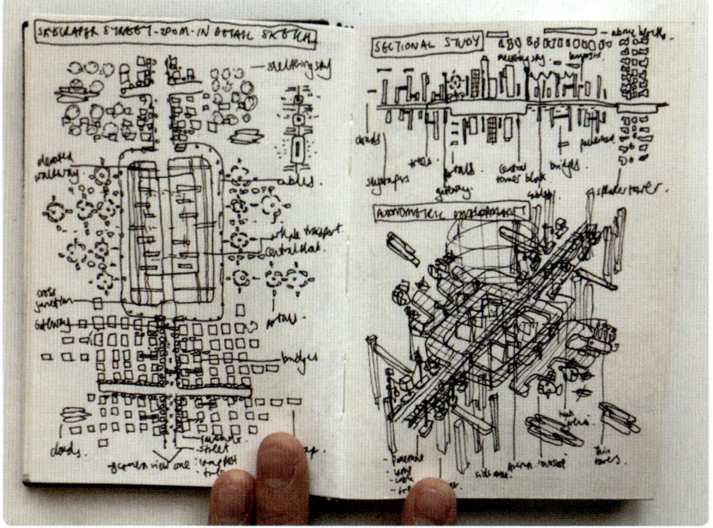

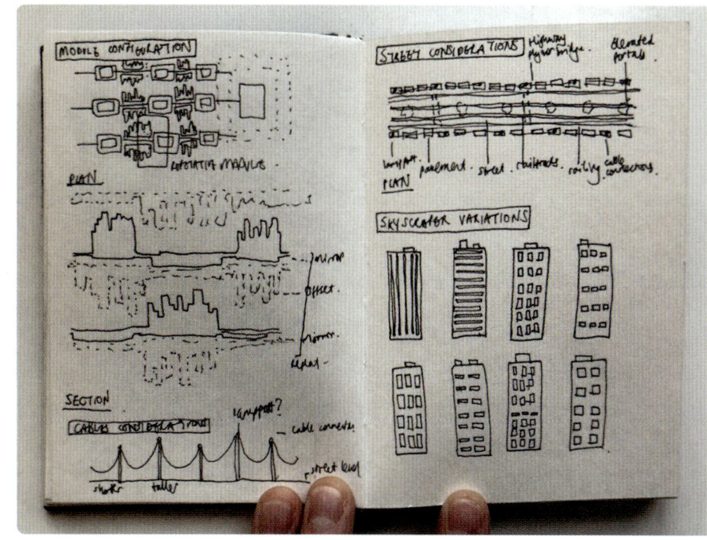

250쪽 위

웡은 디자인을 구성하는 모듈들을 어떻게 쌓을지 탐구했다.

250쪽 아래

하나의 전체 모듈에 대한 기계적 설계서

위

디자이너 에릭 웡의 스케치북 페이지에는 U의 외형에 대한
그의 초가 아이디어가 담겨 있다.

아래

마지막 배경은 인터넷이 제공하는 무한한 가능성과 고립성
모두를 시사한다.

용의 성 THE CASTLE OF THE DRAGON

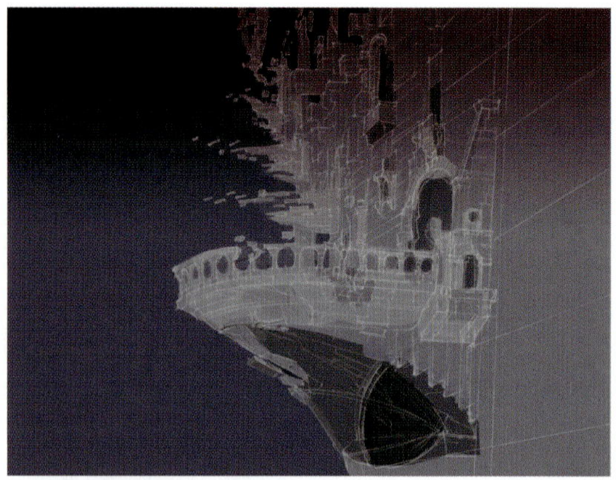

오른쪽 위

두 장의 발코니 이미지

오른쪽 아래

폐허가 된 웅장한 계단

용의 성에 대한 초기 연구. 사이버 세계에서는 환상적인 건축적 디테일과 바늘처럼 뾰족한 토대를 구현할 수 있다.

위
밤을 암시하는 듯 불이 켜진 용의 성
안의 무도회장

아래
저스틴과 그의 자경단이 공격하면서
용의 성이 불타오른다.

화려한 망토와 드레스를 입은 벨
아티스트: 김상진

255쪽
콜라주 패턴을 보여주는 용에 대한
초기 연구
아티스트: 아키야 카게이치

용의 코스튬과 비례, 포즈 등을 보여
주는 초기 연구
아티스트: 아키야 카게이치

257쪽

부유하지만 구부정한 어깨, 그리고
고개를 푹 떨군 모습은 용의 우울한
외로움을 나타낸다.
아티스트: 아키야 카게이치

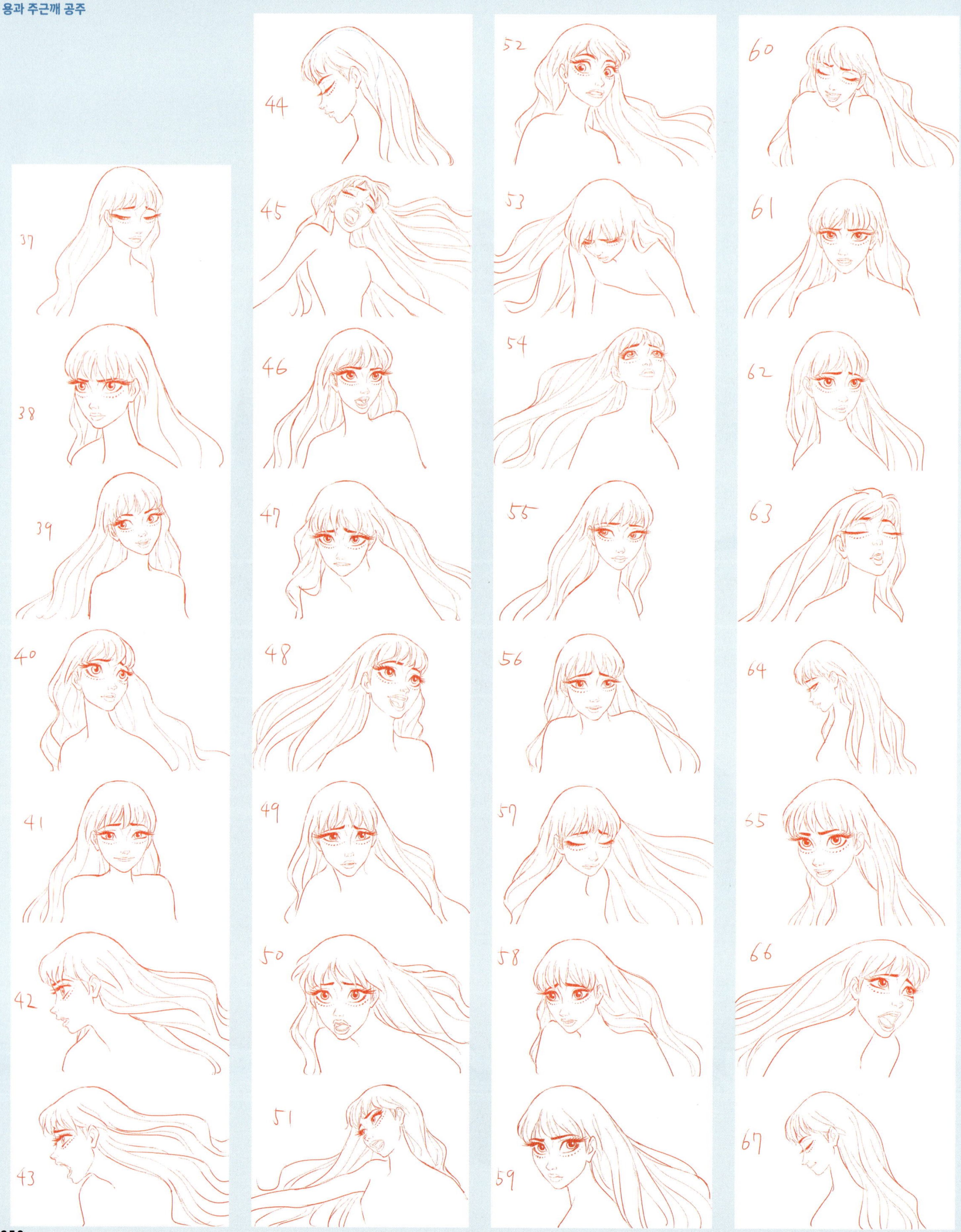
37
38
39
40
41
42
43
44
45
46
47
48
49
50
51
52
53
54
55
56
57
58
59
60
61
62
63
64
65
66
67

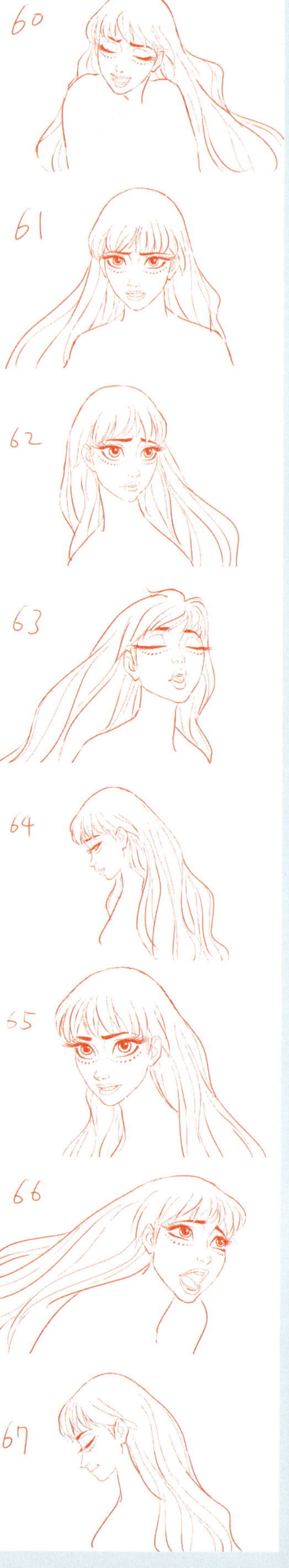

258쪽
야마시타 타카아키의 섬세한 애니메이션 드로잉들은
벨의 퍼포먼스가 지닌 마법을 보여준다.

259쪽
벨은 용이 살고 있는 비밀의 성을 방문했을 때
그의 깊은 슬픔이 어디에서 비롯되었는지 찾으려 했다.

U의 캐릭터 세계 UNIVERSE OF U CHARACTERS

인어④

허드렛일 담당 인어

인어⑤

집사 인어

눈알은 하나뿐이고,
양쪽 눈을 오가며 움직인다.

몸통은 야쓰하시(삼각형 모양으로 생긴 교토의 전통 과자) 같은 느낌이고, 가운데가 볼록하게 부풀어 있다.

U에 살고 있는 생명체들은 〈썸머 워즈〉에 등장하는 OZ의 아바타들을 연상시키지만 디자인은 한층 더 복잡하다.

고래 WHALE

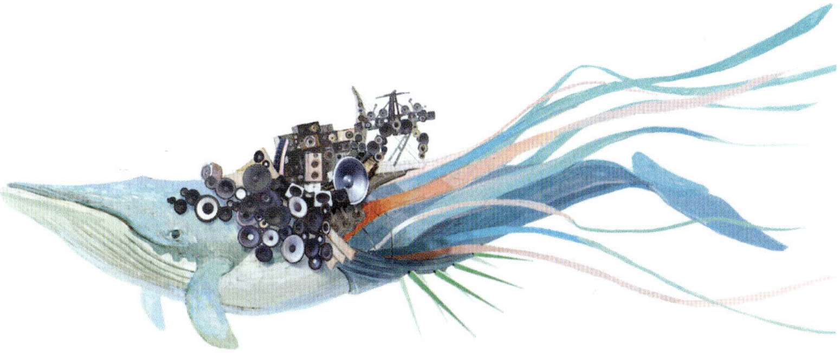

매우 인상적으로 등장한 벨은 수많은 스피커가 달린 혹등고래 위에 올라탄다. 이는 레이디 가가조차 따라 하기 어려운 멋진 장관이다.

숲과 바다 FOREST & OCEAN

오른쪽

용의 하인들이 미로를 만들어 그의 성을 방문하는 사람들을 혼란에 빠뜨린다는 설정을 담은 호소다의 스토리보드

맨 오른쪽과 아래

아일랜드의 스튜디오 카툰 살룬의 아티스트들이 디자인한 환상 같은 풍경. 밝은 색상의 파스텔 레이어는 종이를 잘라서 붙인 것처럼 보인다.

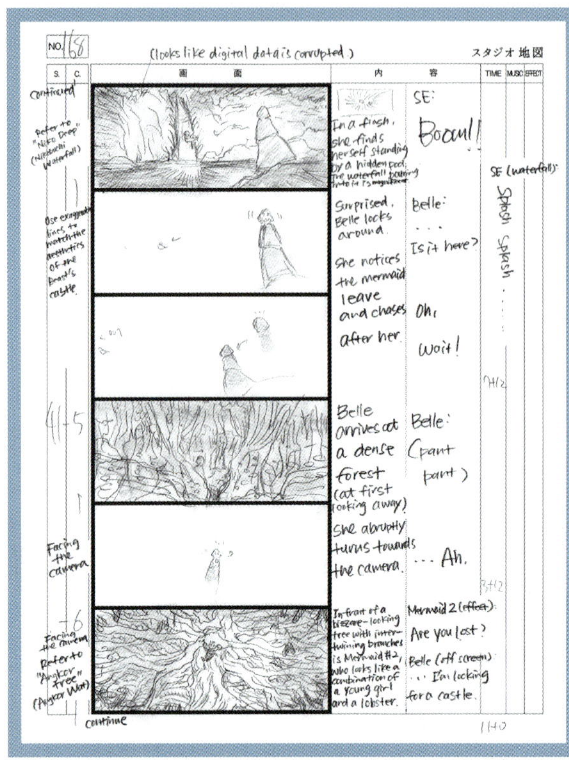

あなたは、誰？
竜とそばかすの姫
『時をかける少女』『サマーウォーズ』『おおかみこどもの雨と雪』『バケモノの子』『未来のミライ』
細田 守が辿り着いた、渾身の最新作
2021 SUMMER
企画・制作：スタジオ地図
配給：東宝 ©2021 スタジオ地図

마케팅 MARKETING

영화 관련 상품으로는 펜과 핀뱃지, 티셔츠를
비롯한 학생들이 가방에 걸 수 있는 작은 봉
제 인형 키링 등이 있다.

266쪽
〈용과 주근깨 공주〉 사전 포스터는 영화의 서
사와 복잡한 U의 세계관을 보여준다.

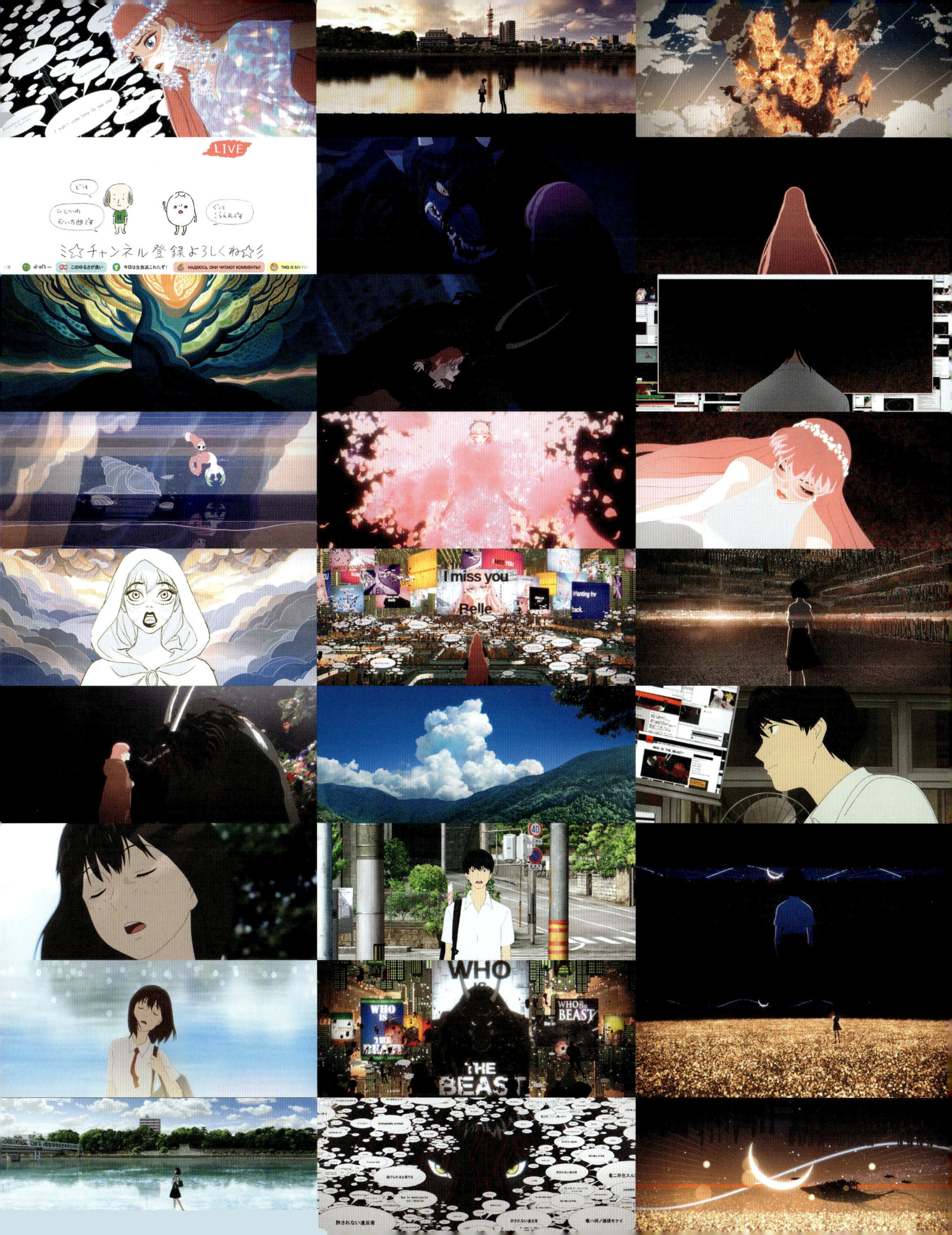

"감독했던 영화 중에서 가장 좋아하는 영화와 가장 도전적인 영화는 무엇이었나요?"라는 질문에 호소다는 영화 제작에 대한 자신의 태도를 이렇게 설명한다. "항상 다음 작품입니다. 이전에는 〈미래의 미라이〉가 최고이자 가장 도전적인 영화였습니다. 지금은 〈용과 주근깨 공주〉가 최고이자 가장 도전적인 영화예요. 언제나 다음 작품이 최고이며 가장 도전적인 영화일 겁니다."

감사의 말

이 책은 베벌리힐스의 로워리스에서 저녁 식사를 하며 시작되었습니다. 저는 프로듀서 사이토 류이치로에게 서양권에는 호소다의 작품을 다룬 책이 프랑스어로 쓰여진 책 한 권밖에 없다는 점을 이야기했습니다. 게다가 그 책에는 〈썸머 워즈〉에서 OZ의 보안코드를 해독한 인물을 켄지로 잘못 지목하는 등 오류까지 있었습니다. 그는 대답했어요. "그럼 더 좋은 책을 하나 쓰세요."

저는 이미 「로스앤젤레스 타임스」의 〈썸머 워즈〉 기사를 시작으로 여러 출판사의 기사를 위해 몇 차례 호소다 마모루와 인터뷰한 적이 있었습니다. 〈썸머 워즈〉는 제가 처음으로 봤던 호소다의 영화였는데 탁월한 그래픽과 독창적인 스토리텔링에 깊은 인상을 받았습니다. 이후 피터 드브루지와 에릭 버크먼의 요청으로 할리우드 애니메이션 이즈 영화제에 참가했을 때 호소다와 사이토를 만날 수 있었습니다. 질의응답 세션, 저녁 식사, 다른 애니메이션 아티스트들을 방문하면서 우리는 친구가 되었습니다. 〈용과 주근깨 공주〉를 만드는 중이었음에도 인터뷰를 위해 시간을 내주었던 두 분께 감사드립니다.

인터뷰와 콘퍼런스 일정을 잡아 준 스튜디오 치즈의 마치다 유키와 치즈 아카이브에서 놀라운 아트워크를 보내 준 고쿠라 레티시아에게도 감사 인사를 드립니다.

태평양 건너에서는 마이크 맥나마라가 (인터내셔널 데이트라인으로 복잡해졌던) 일정 문제를 해결하며 완벽한 기술 통역사로 활동해 주었습니다. 인내심 많은 나의 선생님 켄 엔도는 번역에 추가적인 도움을 주었습니다.

인터뷰를 위해 시간을 내주신 스튜디오 치즈 소속 아티스트와 임원 여러분께 진심으로 감사를 드립니다. 아오야마 히로유키, 호리베 료, 이가 다이스케, 이케 노부다카, 조조 안리, 김상진, 니시야마 시게루, 다카키 마사카츠, 다카하시 노조무, 다카마츠 요헤이, 에릭 웡, 야마시타 타카아키 등 다양한 아티스트들이 인터뷰에 참여해 주셨습니다. 또한 랄프 에글스턴, 폴 펠릭스, 글렌 킨, 톰 무어, 데이비드 실버맨 등 자신의 생각을 친절하게 공유해주신 아티스트도 있습니다. 또 서문을 써준 제 친구 돈 한에게도 특별히 감사를 전하고 싶습니다.

저의 탁월한 에이전트 리처드 커티스가 계약을 주관했습니다. 그렉 핀커스는 익숙한 속도와 정확성으로 인터뷰를 옮겼습니다. 「에이브럼스」의 클롭퍼는 다시 한번 인내심 있고 공감하는 편집자임을 입증했습니다. 디자이너 숀 달은 사려 깊고 아름다운 방법으로 이 책에 생명을 불어넣었습니다.

줄리안 버뮤데즈, 케인 케이피, 피트 닥터, 폴 펠리스, 에릭과 수잔 골드버그, 데이스 존슨, 제프 말렛, 존 라베, 스튜어트 수미 등 글을 쓸 때마다 참아주는 친구들에게 감사합니다. 또한 스콧과 매터에게 특별한 감사를 전합니다. 그리고 키보드가 자신의 보조 침대라고 주장하는 고양이 타이포에게도 특별한 감사를 전합니다.

찰스 솔로몬

참고 문헌

Books

Bloton, Christopher. *Interpreting Anime*. Minneapolis: University of Minnesota Press, 2018.

Chiu, Pa Ming. *Mamoru Hosoda*. Réalité Augmentée. Paris: Ynnis Éditions, 2018.

Hosoda, Mamoru. *The Boy & The Beast*. Translated by Sawa Matsueda. New York: YenOn, 2016.

——. *Mirai*. Translated by Winifred Bird. New York: YenOn, 2018.

——. *Summer Wars Material Book*. Translated by M. Kirie Hayashi. Richmond Hill, ON: Udon Entertainment, 2009.

——. *Wolf Children Ame & Yuki*. Translated by Winifred Bird. New York: YenOn, 2012.

Mizuki, Shigeru. *The Birth of Kitaro*. Translated by Zack Davisson. New York: Drawn & Quarterly, 2016.

Tsutsui, Yasutaka. *The Girl Who Leapt Through Time*. Translated by David Karashima. Richmond, UK: Alma Books, 2011.

Articles

A.B. "L'arbre Ghibli et la forêt japonaise." *Le Figaro Magazine*, June 5, 2010.

Abrams, Simon. "The Boy and the Beast." RogerEbert.com, March 4, 2016.

Blair, Gavin J. "Anime Director Mamoru Hosoda on Drawing by Hand and the Industry Post–Hayao Miyazaki." *Hollywood Reporter*, November 11, 2016.

Burr, Ty. "Time Stands Still in Enchanting 'Girl.'" *Boston Globe*, August 22, 2008.

Cena, Mathias. "Le réalisateur Mamoru Hosoda: 'Je ne pouvais pas être éternellement un fan de Miyzaki.'" *20 Minutes*, December 17, 2017.

Chapuis, Marius, and Mamoru Hosoda. "Il est impossible de porter un sensibilité divergente au sein du studio Ghibli." *Liberation*, December 25, 2018.

Collin, Robbie. "First-Rate Animation Finds Hidden Magic in the Gaps of Everyday Life." *Daily Telegraph*, November 1, 2018.

Coomes, Nina Li. "The Oscar-Nominated *Mirai* Is More Than a Moving Tale of Childhood." *Atlantic*, February 18, 2019.

Creamer, Nick. "The Girl Who Leapt Through Time." Anime News Network, June 27, 2016.

Debruge, Peter. "Anime Master Mamoru Hosoda Invents an Enchanted Way for an Only Child to Come Around to the Idea of Sharing His Home with a Baby Sister." *Variety*, June 15, 2018.

——. "The Boy and the Beast." *Variety*, September 23, 2015.

——. "Mirai." *Variety*, June 14, 2018.

Delorme, Gérard. "Summer Wars de Mamoru Hosoda." *Première*, June 2010.

Douhaire, Samuel. "Panique chez les geeks." *Télérama*, June 9, 2010.

Dudok de Wit, Alex. "Mamoru Hosoida Teams Up with Cartoon Saloon and Disney Vet Jin Kim for New Film 'Belle.'" *Cartoon Brew*, April 2, 2021.

Ebiri, Bilge. "A Charming Animated Trip into a Family's Past." *New York Times*, November 29, 2018.

Ellwood, Gregory. "The Animated 'Mirai' Takes the Life of a Real Boy and Laces It with the Fantastical." *Los Angeles Times*, January 29, 2019.

Felperin, Leslie. "'Mirai' ('Mirai, My Little Sister')." *Hollywood Reporter*, May 25, 2018.

Fallaix, Olivier. "Mamrou Hosoda: Summer Wars." AnimeLand, June 2010.

Hall, Sandra. "*Boy and the Beast* Review: Realism Enters the Fantastic Hand of Mamoru Hosoda." *Sydney Morning Herald*, March 1, 2016.

Henderson, Tim. "Summer Wars: Blu-Ray." Anime News Network, May 18, 2011.

Hikawa, Ryusuke. "Interview with Mamoru Hosoda." *Freestyle Magazine*, June 30, 2007. (氷川隆介。インタビューアー。フリースタイル マガジン。発売日2007年6月30日) translated by Ken Endo.

Ide, Wendy. "'Mirai' Cannes Review: Charming Animation from Japan Takes a Toddler-Eye View of a New Arrival in the Family." Screendaily, May 16, 2018.

Keslassy, Elsa. "Gaumont Dives into Japanese Animation with Mamoru Hosoda's 'The Boy and the Beast.'" *Variety*, December 12, 2014.

——. "Mamoru Hosoda's 'Belle' Lures Top-Notch International Creative Team and Unveils First Trailer." *Variety*, April 1, 2021.

Koffel, Laurent. "Interview: Mamoru Hosoda." *Coyote Magazine*, July 27, 2016.

Lorrain, François-Guillaume. "Cinema: Artillerie lourde." *Le Point*, June 10, 2010.

Mingot, Jérémy. "Mamoru Hosoda (Mirai, ma petite soeur): 'Ce film m'a été inspiré par mes propres enfants!'" *Télé-Loisirs*, December 25, 2018.

Odicino, Guillemette. "'Mirai, ma petite soeur': Mamoru Hosoda signe un merveilleux film sur la famille." *Télérama*, December 26, 2018.

Robey, Tim. "The Japanese Anime Film 'Wolf Children' Is a Hauntingly Romantic Fairytale." *Daily Telegraph*, October 24, 2013.

Roe, Matthew. "Ranking the Films of Mamoru Hosoda." Anime News Network, November 30, 2018.

Saito, Stephen. "Interview: Mamoru Hosoda on Tapping into His Inner Child for 'Mirai.'" *The Moveable Feast*, November 30, 2018.

Saltz, Rachel. "Young Math Wizard Stumbles Upon OZ, Deep in the Heart of the Internet." *New York Times*, December 28, 2010.

"Samouraïs virtuels." *Le Monde Magazine*, June 12, 2010.

"Summer Wars l'été RPG." AnimeLand, June, 2010.

Schilling, Mark. "Could 'Shoplifters' or 'Mirai' Pick Up an Oscar? The Chances Are Slim but Real." *Japan Times*, February 14, 2019.

——. "The Future King of Japanese Animation May Be with Us: Hosoda Steps Out of Miyazaki's Shadow with Dazzling New Film." *Japan Times*, August 7, 2009.

——. "Okami Kodomo no Ame to Yuki (Wolf Children)." *Japan Times*, July 20, 2012.

——. "Tokyo International Film Festival Welcomes Audiences to the Animated World of Mamoru Hosoda." *Japan Times*, October 26, 2016.

Schley, Matt. "'Mirai:' Mamoru Hosoda's latest anime is for the young at heart." *Japan Times*, June 25, 2018.

Sevakis, Justin. "The Girl Who Leapt Through Time." Anime News Network, March 5, 2007.

——. "Summer Wars." Anime News Network, November 27, 2009.

Solomon, Charles. "Animated 'Boy and the Beast' Draws on Emotional Depth to Rise Above Typical Martial Arts Saga." *Los Angeles Times*, December 3, 2015.

——. "Anime Review: Mamoru Hosoda Movie Collection." *Animation Scoop*, November 6, 2018.

——. "Mamoru Hosoda Q & A @ Animation Is Film Festival." Funimation, October 30, 2018.

——. "'Mirai': Adventures in Time Travel with Mamoru Hosoda." *Animation Magazine*, December, 2018.

Sotinel, Thomas. "'Mirai, ma petite soeur' psyché enfantine à grand spectacle." *Le Monde*, December 26, 2018.

Thomas, Kevin. "Summer Wars." *Los Angeles Times*, January 6, 2011.

Travers, Peter. "Animated Boy-and-Baby Sister Tale Hits Heartstring Bull's Eye." *Rolling Stone*, November 28, 2018.

Turan, Kenneth. "Mamoru Hosoda's 'Wolf Children' Anime Is Wild." *Los Angeles Times*, September 26, 2013.

——. "The Playfully Imaginative Anime 'Mirai' Tells a Family Story That's Not Just for Kids." *Los Angeles Times*, November 29, 2018.

Vié, Caroline. "'Le garçon et al bête'": Et si Mamoru Hosoda devenait le nouveau Miyazaki?" *20 Minutes*, January 13, 2016.

Yoshida, Emily. "'Mirai' Is a Galaxy-Brained Journey Through a Family's Past and Future." Vulture, November 30, 2018.

Yu, Michelle. "The Girl Who Leapt Through Time." Anime News Network, February 20, 2011.

찰스 솔로몬 Charles Solomon

국제적으로 존경받는 애니메이션 평론가이자 역사학자인 찰스 솔로몬은 「뉴욕 타임스」, 「뉴스위크 재팬」, 「로스앤젤레스 타임스」, 「버라이어티」, 「내셔널 퍼블릭 라디오」 등에 글을 기고해 왔다.

주요 저서로는 《울프워커스의 아트The Art of Wolfwalkers》(2020), 《시간만큼 오래된 이야기: 디즈니 애니메이션 클래식 '미녀와 야수' 아트와 제작Tale as Old as Time: The Art and Making of Disney's Animated Classic Beauty and the Beast》(2017), 《디즈니 골든 북 아트The Art of the Disney Golden Books》(2014), 《피너츠 애니메이션의 아트와 제작: TV 스페셜 50주년The Art and Making of Peanuts Animation: Celebrating Fifty Years of Television Specials》(2012), 《토이 스토리 영화들: 애니메이션으로 떠나는 여정The Toy Story Films: An Animated Journey》(2012), 《존재하지 않았던 디즈니The Disney That Never Was》(1995), 《마법에 걸린 드로잉: 애니메이션의 역사Enchanted Drawings: The History of Animation》(1989) 등이 있다.

이 가운데 《마법에 걸린 드로잉》은 「뉴욕 타임스」 '올해의 주목 도서'로 선정되었으며, 애니메이션 관련 서적으로는 최초로 전미도서비평가협회상(NBCC) 후보에 올랐다. 현재는 UCLA와 채프먼 대학교에서 애니메이션 역사를 가르치고 있다.

디즈니 프로덕션 디자이너 폴 펠릭스가 〈썸머 워즈〉의 OZ 아바타로 그린 저자의 캐리커처

호소다 마모루라는 세계

1판 1쇄 인쇄 2026년 2월 10일
1판 1쇄 발행 2026년 2월 27일

지은이 찰스 솔로몬
옮긴이 김지윤

발행인 양원석   **편집장** 차선화
디자인 최승원   **영업마케팅** 윤송, 김지현, 최현윤, 유민경, 김수윤
해외저작권 임이안, 이은지, 안효주

펴낸 곳 ㈜알에이치코리아
주소 서울시 금천구 가산디지털2로 53, 20층 (가산동, 한라시그마밸리)
편집문의 02-6443-8861   **도서문의** 02-6443-8800
홈페이지 http://rhk.co.kr
등록 2004년 1월 15일 제2-3726호

ISBN 978-89-255-6987-1 (03680)

※ 이 책은 ㈜알에이치코리아가 저작권자와의 계약에 따라 발행한 것이므로
　 본사의 서면 허락 없이는 어떠한 형태나 수단으로도 이 책의 내용을 이용하지 못합니다.

※ 잘못된 책은 구입하신 서점에서 바꾸어 드립니다.

※ 책값은 뒤표지에 있습니다.